Gorfo...

y Gair

Casgliad o ysgrifau yn myfyrio
ar gyfoeth Gair Duw

Penblwydd hapus (94)

a phob dymuniad da,

gan
D. HUGH MATTHEWS

I Gofio fy rhieni,
Daniel ac Ada Matthews, Caersalem Newydd
a rhieni Verina,
Arthur a Katie James, Salem Llangyfelach

'Hyffordda blentyn ym mhen ei ffordd, a phan heneiddia nid ymedy â hi'

⁕ Cyhoeddiadau'r Gair 2017

Testun gwreiddiol: D. Hugh Matthews
Golygydd Testun:
Golygydd Cyffredinol: Aled Davies

Argraffwyd yng Nghymru.
Cedwir pob hawl. Ni chaniateir copïo unrhyw ran o'r deunydd hwn mewn unrhyw ffordd oni cheir caniatâd y cyhoeddwyr.

Cyhoeddwyd gan
Cyhoeddiadau'r Gair, Cyngor Ysgolion Sul Cymru,
Ael y Bryn, Chwilog, Pwllheli, Gwynedd LL53 6SH.
www.ysgolsul.com

CYNNWYS

...beth a ddywedaf wrthynt os gofynnant am ei enw? (Exodus3:13)

RHAGAIR

Rhannwyd llawer o'r myfyrdodau hyn ymhlith aelodau Eglwys y Tabernacl, Caerdydd. Ar gyfer y llyfr hwn, ceisiais eu dosbarthu yn 'benodau' yn ôl cynnwys pob myfyrdod.

Verina arferai ddarllen unrhyw beth a ysgrifennais, gan wneud sylwadau a chywiro. Rwy'n dra diolchgar i Robin Gwyndaf am wneud y gymwynas y tro hwn drwy gywiro llawer o'r ysgrifau, ond rwy'n hawlio i mi fy hun y cyfrifoldeb am bob gwall all ymddangos yn yr hyn sy'n dilyn.

Diolch hefyd i'r Parchg Aled Davies a Chyhoeddiadau'r Gair am dderbyn y gyfrol i'w chyhoeddi.

D. Hugh Matthews
Pantmawr, Caerdydd

12 Chwefror 2017

1. Enwau am Dduw

Mae'n debyg ein bod yn gyfarwydd ag ugeiniau o'r enwau a welwn yn y Beibl heb feddwl am eu harwyddocâd. Ond mae'n werth oedi gydag ambell enw i ystyried a oes yno wers neu neges i ni. Wedi'r cwbl, yn yr Hen Destament roedd enw yn rhywbeth mwy na ffordd o adnabod a chyfeirio at rywun. Cyfeiriai at amgylchiadau ei eni neu ryw elfen o'i gymeriad - ac weithiau newidiwyd enw wrth i'r person ddatblygu, fel yn achos Abram - tra bod person a roddai ei enw i rywun arall yn cynnig ei nodded iddo. Dyna'r rheswm fod gwraig yn cymryd enw ei gŵr wrth briodi.

Dechreuwn gydag enw Duw cyn symud ymlaen at enwau *am* Dduw.

1 YHWH
(Exodus 3:13-22)

Cyflwyniad

Gan gymaint ei barch at yr enw y credid bod Duw wedi ei rannu â Moses, fe anghofiodd yr Iddew beth oedd yr enw hwnnw! Roedd enw Duw mor sanctaidd yn ei olwg nes i'r Iddew ofni ei ddefnyddio. Yn y dyddiau pan fodolai'r Deml yn Jerwsalem dim ond yr Archoffeiriad a ddefnyddiai'r enw a hynny ar Ddydd y Cymod yn unig.

Mewn Hebraeg clasurol ni chaiff llafariaid eu hysgrifennu - rhaid i ddarllenydd ychwanegu'r llafariad yn ôl ei ddeall ef ei hun o ystyr y testun - ac felly dim ond cytseiniaid enw Duw a ysgrifennwyd i ddechrau. Er mwyn gwneud yn siwr na chymerai enw'r Arglwydd ei Dduw yn ofer (Exodus 20:7) roedd yr Iddew wedi ychwanegu llafariaid gwahanol at y cyseiniau a chreu ffurf wahanol ar yr enw i'r hyn y credwyd i'r Arglwydd rannu â Moses. Wrth ysgrifennu cytseiniaid yr enw yn unig, YHWH ymddangosodd fel enw Duw yn yr Ysgrythur a mentrodd yr ysgolheigion gredu mai 'Yahweh' yw'r enw llawn - ond erys peth ansicrwydd ynghylch pa lafariaid ddylid eu hychwanegu at y cyseiniaid yn yr enw. [Llafariaid, wrth gwrs, yw W ac Y mewn Cymraeg.]

Ar y pedair cytsain - y *tetragrammaton* yw'r enw a roddir arnynt - y sylfeinir yr enw 'Iehwfa' (*Jehovah*). Ffurfiwyd yr enw hwn er mwyn sicrhau na ddefnyddid yr enw y credid bod y *tetragrammaton* yn ei gynrychioli. Crëwyd yr enw newydd drwy ychwanegu llafariaid *Adonai*, 'fy Arglwydd', er mwyn cwblhau'r enw ar gyfer gweddïo a darllen yr Ysgrythur yn gyhoeddus. 'Iehwfa' felly yw'r gair sy'n ymddangos fel 'ARGLWYDD' yn y Beibl Cymraeg. Sylwer ei fod yn ymddangos yn Hen Destament ein Beibl bob tro mewn prif lythrennau.

Cred yr ysgolheigion mai cynrychioli'r gair 'Yahweh' (*sef 'Ydwyf'*) wna YHWH - daw peth ansicrwydd am nad yw'r hyn a ddywedodd yr Arglwydd yn Exodus 3:14 yn cyfateb i enw **bod haniaethol** (h.y. person) ond yn hytrach mae'n amlygiad o **gymeriad** sydd i'w adnabod yn ei weithredoedd. Amlygodd Duw ei hunan drwy ei weithredoedd yn y gorffennol a'r presennol ac fe wna hynny hefyd i'r dyfodol. Dyna paham y mae rhai'n dadlau nad 'Ydwyf yr hyn ydwyf' ond 'Byddaf yr hyn fyddaf' yw'r cyfieithiad gorau o Exodus 3:14. [Yn y Gymraeg gall '*Byddaf* yn gwneud rhywbeth' gyfeirio at y presennol neu'r dyfodol.]

Cred eraill mai gwrthod rhoi ei enw i Moses a wnaeth Duw pan atebodd 'Ydwyf yr hyn ydwyf' oherwydd yn y meddwl Semitig roedd gwybod enw rhywun yn rhoi hawl arno. Onid dyna pam y dywedwn wrth blentyn am beidio â rhoi ei enw i ddieithryn? Ni fyddai gan neb hawl ar Dduw a dyna pam yr atebodd gwestiwn Moses (Exodus 3:13) yn y ffordd a wnaeth. Gellid gweld pwy ydoedd oddi wrth ei weithredoedd. 'Yn enw'r Arglwydd' y digwyddai pethau yn yr Hen Destament - nid oes eisiau dweud yr enw.

Myfyrdod

Y mae dweud na ddylem gymryd enw yr Arglwydd yn ofer yn ein hatgoffa y dylem fod yn ofalus o'r ffordd y defnyddiwn enw Duw - a Iesu Grist. Ni ddylem gymryd enw Duw yn ofer pan yn tyngu llw; ond geilw'r ffordd y byddwn yn defnyddio'r enw mewn sgwrs neu ebychiad am ofal hefyd. Gall enwau Duw a Iesu droi yn rheg ar ein gwefusau yn aml. Prin fod y Moslem mor ddiofal wrth enwi Mohamed ag y byddwn ni wrth gyfeirio at Dduw a Iesu. Mae'n ddiddorol sylwi bod y cyfryngau yn defnyddio enw'r Arglwydd a Iesu mewn ffordd anweddus yn aml erbyn hyn, er na fentrir gwneud hynny gydag enw Mohamed.

Gall distawrwydd y Beibl am enw Duw pan ofynnodd Moses amdano ein hatgoffa hefyd nad oes gennym *ni* unrhyw hawl ar Dduw, ond mai ef sydd â'r hawl arnom ni. Mae'n gwrando ar ein gweddïau yn ei gariad a'i ras, ond ni allwn hawlio ei sylw. Dywedodd Iesu wrthym ei fod yn sylwi ar bawb ohonom (Mathew 6:8, 26) eithr gwna hyn am mai Duw cariad ydyw nid am fod gennym ni unrhyw hawl i hynny.

Gweddi

Fy Arglwydd Dduw, daw im barchedig ofon
wrth feddwl am holl waith dy ddwylo di ...
cân f'enaid, cân fy Arglwydd Dduw, i ti
mor fawr wyt ti, mor fawr wyt ti. (E.H.G.)

Arglwydd Dduw, Crëwr a Chynhaliwr y bydysawd, rhyfeddwn fod un mor fawr yn cofio amdanom ni ac yn ymddiddori ynom yn unigol. Diolchwn am y cariad sy'n ysgogi'r cofio hwnnw a deisyfwn dy ras i ymateb i'r cariad hwnnw a'th garu a mawrhau dy Enw. Amen

2. Jehofa-Nissi : Buddugoliaeth i'r Arglwydd
(Exodus 17:8-16)

Cyflwyniad

Hyd yn oed os ofnai'r Iddewon ddefnyddio enw Duw, roedd ganddynt nifer o ffyrdd i'w gyfarch a sôn amdano heblaw 'Adonai', 'fy Arglwydd'. Mae pob un o'r enwau a ddefnyddient yn datgelu rhywbeth am eu hadnabyddiaeth ohono.

Nodwyd eisoes mai wrth ychwanegu llafariaid 'Adonai' at YHWH y ffurfiwyd yr enw 'Jehofa', enw sy'n gyfarwydd inni pe bai ond am ymweliadau 'Tystion Jehofa' â'n tai. 'Yr ARGLWYDD' (bob tro mewn prif lythrennau) yw'r cyfieithiad arferol o 'Jehofa' yn yr Hen Destament. Ddwywaith yn y *Beibl Cymraeg Newydd* (Exodus 17:15 a Barnwyr 6:24) cyfunir y gair 'Jehofa' â gair arall wrth sôn am allor sy'n gofeb i Dduw.

Daw'r ymadrodd *Jehofa-Nissi* o'r stori am ryfel Israel yn erbyn Amalec (Exodus 17:8-16). Yn y stori, Josua oedd yn arwain byddin Israel yn erbyn yr Amaleciaid tra bod Moses yng nghwmni Aaron a Hur yn gwylio'r frwydyr o ben bryn gerllaw. 'Pan godai Moses ei law byddai Israel yn ennill; a phan ostyngai ei law byddai Amalec yn trechu' (11). Fel hen ŵr, blinai Moses yn gyflym ac felly gosodwyd ef i eistedd ar garreg tra bod Aaron a Hur y naill ochr a'r llall iddo yn dal ei freichiau i fyny. Oherwydd hyn, enillodd Josua y frwydyr.

I ddathlu a choffáu'r fuddugoliaeth adeiladodd Moses allor yno a'i henwi'n '*Jehofa-Nissi*' sef 'Baner yw'r Arglwydd i mi'.

Myfyrdod

Hon yw'r stori a roes i'r Gymraeg yr ymadrodd 'cynnal breichiau ein gilydd' ac mae'r stori, fel yr ymadrodd, yn tanlinellu gwirionedd pwysig am yr angen inni sefyll gyda'n gilydd a chefnogi'n gilydd os ydym i lwyddo. Pwysleisiodd yr Arglwydd Iesu hyn pan rybuddiodd yntau:

Os bydd teyrnas yn ymrannu yn ei herbyn ei hun, ni all y deyrnas honno sefyll. Ac os bydd tŷ yn ymrannu yn ei erbyn ei hun, ni all y tŷ hwnnw sefyll (Marc 3:24-25).

Dyma wirionedd y mae'n rhaid inni ei ddysgu fel Cristnogion yn y dyddiau hyn. Fel aelodau, fel eglwysi, fel enwadau, rhaid inni sefyll gyda'n gilydd a chynnal breichiau ein gilydd er mwyn i waith y Deyrnas lwyddo.

Ond pam cyfeirio at Dduw fel Duw'r Faner? Dywed nodyn gwaelod y ddalen yn y *Beibl Cymraeg Newydd* fod yr Hebraeg yn yr adnod sy'n dilyn y cyfeiriad at *Jehofa-Nissi* yn aneglur ac felly mae'r ffordd i ddehongli'r enw yn ansicr hefyd. *Credir* bod yr adnod yn galw am godi baner yr Arglwydd. Roedd banner yn herio, yn ysgogi ac yn ysbrydoli; roedd yn galw ar ddynion i gasglu o'i chwmpas. Duw sy'n debyg i faner yw Duw'r Iddew. Wrth godi baner Duw byddai'r Arglwydd yn cael ei ddyrchafu hefyd.

Mae baner yn bwysig i filwyr - sonia'r Sais am *'rallying to the banner'* - ac fe'i defnyddir hefyd mewn gorymdeithiau, secwlar ac eglwysig. Ers talwm gorymdeithiai'r glöwyr y tu ôl i faner eu hundeb, fel y gwna Cyngres yr Undebau Llafur o hyd. Mae eu baneri gan eglwysi'r Cyfandir ac fe'u defnyddir ar wyliau crefyddol. Fe arferai llawer o'n capeli ni berchenogi baner a gorymdeithio y tu ôl iddi hi. Mae'r faner, felly, yn arwydd o ymroddiad i ryw achos, o gefnogaeth i ryw fudiad.

Mae Salm 20:5 yn galw am godi 'banerau yn enw ein Duw'. Sôn wna Eseia 13:2 am ddyrchafu baner i alw pobl Israel ynghyd yn erbyn Babilon; tra bod y bennod sy'n cynnwys adnodau cyfarwydd am Eneiniog yr Arglwydd ym mhroffwydoliaeth Eseia yn dweud y bydd y Meseia yn codi baner i alw'r cenhedloedd ynghyd (Eseia 11:12).

Awgryma hyn fod baner yr Arglwydd, sy'n ysbrydolaeth i'w ddilynwyr yn Exodus, yn alwad i ddod ato mewn rhannau eraill o'r Ysgrythurau. Ac mae'r cyfeiriadau a welir yn Eseia a'r Salmau yn ein hatgoffa o'n cyfrifoldeb i ymateb i alwad Duw'r Faner tra'n cefnogi'n gilydd wrth ei chodi.

Gweddi
Arglwydd Dduw, wrth gofio heddiw am stori'r gwŷr fu'n cynnal breichiau Moses ym mrwydr Reffidim, gad i ni, dy bobl, gynnal breichiau ein gilydd ym mrwydr y da a'r drwg, y gwir a'r gau, yn ein byd ni. Ac mewn byd lle mae pobl yn ymfalchïo wrth arddel rhyw faner neu'i gilydd - boed honno'n faner tîm pentre, neu ddinas, neu wlad, neu'n un o'r banerau eraill a chwifir yn ein byd - gad i ni ymfalchïo am gael bod o dan Faner yr Oen a chefnogi'n gilydd wrth i ni ei chodi heddiw. Amen

3 Jehofa-Jireh : Yr Arglwydd sy'n Darparu
(Genesis 22:1-19)

Cyflwyniad

Cedwir diwyg Hebraeg *Jehofa-jireh* yn y fersiwn o'r Beibl yr arferem ei ddefnyddio - sef Beibl Parry (1620)*** - er na wnaed hynny yn y *Beibl Cymraeg Newydd* na *beibl.net*. Fe'i gwelir yn stori Abraham ac Isaac - un o straeon y Beibl y mae pawb yn gyfarwydd â hi (Genesis 22:1-19).

Wedi i Abraham a Sara ddisgwyl yn hir am blentyn, ganwyd mab iddynt yn eu henaint. Enwyd ef Isaac. Yn naturiol, Isaac oedd cannwyll llygaid ei rieni - roedd eu byd yn troi o'i gwmpas. Dyna pryd, meddai'r Beibl, y penderfynodd Duw roi prawf ar Abraham drwy alw arno i gynnig ei fab fel poethoffrwm ar fynydd Moreia. Er yn drwm ei galon, ni theimlai Abraham y gallai anufuddhau ac aeth â'i fab ar daith tridiau i'r fan lle gorchmynnodd yr Arglwydd y dylid ei aberthu.

Gwyddai'r crwt mai pwrpas y daith oedd mynd i gyflwyno poeth offrwm i Dduw, ond methai ddeall o ble y deuai'r oen a fyddai'n cael ei aberthu i'r Arglwydd. Ateb ei dad pan ofynnodd iddo oedd, 'Duw ei hun fydd yn darparu oen y poethoffrwm, fy mab' (8).

Wedi cyrraedd mynydd Moreia paratôdd Abraham yr allor ar gyfer yr aberth, ac yna 'rhwymodd ei fab Isaac a'i osod ar yr allor, ar ben y coed' ond cyn iddo gael cyfle i barhau â'r weithred fe'i rhwystrwyd gan angel. Cymeradwywyd ei barodrwydd i aberthu'r un pwysicaf yn ei fywyd ac ufuddhau i Dduw, ond roedd Duw wedi rhoi hwrdd gerllaw ar gyfer y poethoffrwm.

'Ac Abraham a alwodd enw y lle hwnnw JEHOFAH-jire' - dyna yw fersiwn Beibl 1620 o 22:14, tra bod y *Beibl Cymraeg Newydd* yn darllen, 'Ac enwodd Abraham y lle hwnnw, "Yr ARGLWYDD sy'n darparu".'

Myfyrdod

Y Duw sy'n darparu yw ein Duw ni, fel y canodd Pedr Fardd:
> Cyn llunio'r byd, cyn lledu'r nefoedd wen,
> cyn gosod haul na lloer na sêr uwchben,
> fe drefnwyd ffordd yng nghyngor Tri yn Un
> i achub gwael, golledig , euog ddyn.
> Tebyg oedd profiad Cernyw pan ganodd

Duw'n darpar o hyd at raid dynol-ryw
yw'n cysur i gyd a'n cymorth i fyw ...

Mae Ysgrythur yn cadarnhau a chyfiawnhau safbwyntiau Pedr Fardd a
Chernyw am drefn iachawdwriaeth; ond heblaw am y bendithion ysbrydol,
a oes unrhyw ffordd arall y mae Duw yn darparu ar ein cyfer? Os oes ystyr
i Gwrdd Diolchgarwch, onid diolch a wnawn am ddarpariaeth Duw ar
ein cyfer?

A yw'r deffiniad o Wyddoniaeth a briodolir i'r gwyddonydd,
Johannes Kepler, yn taro tant yn ein cyfnod a'n deall ni? 'Ail-feddwl
meddyliau Duw yw Gwyddoniaeth' - 'thinking God's thoughts after him'
- oedd ymadrodd Kepler. Er bod anffyddwyr yn gwawdio syniad Kepler,
mae'n ddiddorol cofio bod y gwyddonwyr eu hunain yn sôn llawer am
'ddarganfod rhywbeth'. Onid yw'n rhaid i'r peth fodoli cyn y gellir ei
ddarganfod? Darganfod rhywbeth sydd yno eisoes wna gwyddonwyr. Os
felly, pwy a'i rhoddodd yno? Pwy a'i ddarparodd? Ateb y Cristion fyddai
ateb Abraham, 'Jehofa-jireh': yr Arglwydd sy'n darparu.

Gweddi
Fy noddfa ydyw Arglwydd nef, ac arno ef y gwaeddaf;
mewn cyfyngderau o bob rhyw, ar enw Duw y galwaf.
Clyw fy nghri, Arglwydd da; a derbyn ddiolch am dy ddarpariaeth ar fy
nghyfer, yn gorfforol, yn feddyliol ac yn ysbrydol. Amen

[*** Beibl Parry (1620) yw'r fersiwn diwygiedig o Feibl William Morgan.
Dyna'r fersiwn a ddefnyddiwyd yng Nghymru tan gyhoeddi'r *Beibl
Cymraeg Newydd* yn 1988.]

4 Jehofa-Raffa : Yr Arglwydd sy'n Feddyg
(Exodus 15:22-27)

Cyflwyniad

Ffordd arall o ddisgrifio Duw yn yr Hen Destament yw sôn amdano fel un â'r gallu i iacháu fel meddyg, a chaiff y meddyg ei alw'n *Iachawdwr* (Exodus 15:26). Daw'r gair yn y stori am ddyfroedd Mara.

Wedi iddynt ddianc o'r Aifft a mynd drwy'r Môr Coch, arweiniodd Moses yr Israeliaid i anialwch Sur. Yno buont heb ddŵr am dridiau tan iddynt gyrraedd lle a gafodd yr enw 'Mara' sef *chwerw*. Yr oedd dŵr yno ond yn rhy chwerw i'w yfed a dechreuodd y bobl rwgnach yn erbyn Moses - yn ôl eu harfer! Troi at yr Arglwydd wnaeth Moses yn ôl ei arfer yntau a dangoswyd iddo bren a allai felysu'r dŵr a galluogi'r Israeliaid i'w yfed.

Rhestrodd yr Arglwydd yr hyn a ddisgwyliai gan blant Israel a chyhoeddodd '...myfi yw'r ARGLWYDD dy iachawdwr.' ['*I am Adonai your healer*' yw cyfieithad y *Complete Jewish Bible*, cyfieithiad y Cristnogion Iddewig.] Addawodd na ddioddefai'r Israeliaid fel yr Eifftiaid. Byddai ef yn iachawdwr iddynt.

Myfyrdod

Bu dadlau brwd yng Nghymru ynglŷn â chywirdeb y gair '*iachawdwriaeth*' mewn perthynas â '*iachâd ysbrydol*'. Ffafrai'r Methodistiaid Calfinaidd '*iechydwriaeth*', tra bod y mwyafrif o'r enwadau eraill yn ffafrio '*iachawdwriaeth*'. Bu'r dadlau'n frwd ymhlith y Methodistiaid ar un adeg ynghylch pa air i'w ddefnyddio. Awgrymodd un gohebydd mai '*salvation*' oedd ystyr '*iachawdwriaeth*' ond '*sanitation*' oedd ystyr '*iechydwriaeth*'! Safai Syr John Morris Jones o blaid '*iechydwriaeth*' a Syr Ifor Williams o blaid '*iachawdwriaeth*'. Ym mhoethder y ddadl dywedir i Syr Ifor dderbyn cerdyn post gan Fethodist o Fodafon yn sir Fôn ac arno ddyfyniad sy'n addasiad o gwpled yn emyn mawr Ann Griffiths 'O am gael ffydd i edrych...' Dyna'i gyd oedd ar y cerdyn: cyfeiriad a'r geiriau,

I fôr yr *iechydwriaeth* / dirgelwch ynddi sy...

Ymatebodd Syr Ifor â'i gerdyn ei hun gyda llinell o emyn Thomas Jones, Dinbych:

Da iawn i bechadur **bod afon** ...!

'Iechydwriaeth' a welir ym Meibl William Morgan (1588) a dyna'r ffurf a ddefnyddiai Williams, Pantycelyn yn ei emynau; ond 'iachawdwriaeth' yw dewis Beibl Parry (1620), y *Beibl Cymraeg Newydd* a *Caneuon Ffydd*. Er bod *Geiriadur Prifysgol Cymru* yn awgrymu mai 'iachawdwriaeth' a enillodd y dydd yn y frwydr rhwng y geiriau, ni ellir gwadu mai 'iechyd' yw gwreiddyn y geiriau 'iachawdwr' a 'iachawdwriaeth' - ond mai am *iechyd ysbrydol* y sonnir. Er bod y gair 'iachawdwriaeth' i'w weld dros hanner cant o weithiau yn yr Hen Destament a dros ddeugain gwaith yn y Testament Newydd, mae'n syndod meddwl mai dim ond dwywaith y digwydd y gair 'iachawdwr' yn y *Beibl Cymraeg Newydd* (yma ac yn Eseia 12:2). 'Gwaredwr' yw'r gair a welir yn y Testament Newydd am yr un sy'n gyfrifol am 'iachawdwriaeth' - hynny yw, yr Arglwydd Iesu yw'r Gwaredwr, sy'n iacháu.

Gwelir y cysylltiad rhwng 'iachâd' a 'iachawdwriaeth' yn glir yn un o emynau Williams Pantycelyn:

O ras di-drai, diderfyn,
tragwyddol ei barhad:
yng nghlwyfau'r Oen fu farw
yn unig mae **iachâd**:
iachâd oddi wrth euogrwydd,
iachâd o ofnau'r bedd;
a chariad wedi ei wreiddio
ar sail tragwyddol hedd.　　(*Caneuon Ffydd* 509)

Dechrau iachâd bob amser yw cydnabod ein bod yn sal a throi at rywun - y meddyg - am help. Mae'r un yn wir am afiechyd ysbrydol. Rhaid cydnabod ein hafiechyd ysbrydol, ein gwendidau a'n methiannau - ein pechod, er fod hwnnw'n air hen-ffashwn bellach! - a throi at yr un a all ein helpu i wella. Galwodd D.R.Griffiths yr un hwnnw yn 'Ffisigwr mawr y byd' gan gydnabod nad oes 'na haint na chlwy' na chur na chilia dan ei ddwylo pur' (*Caneuon Ffydd* 301).

Gweddi

O! Iesu mawr, y Meddyg gwell, gobaith yr holl ynysoedd pell,
dysg imi seinio mâs dy glod, mai digyfnewid wyt erio'd ...　　(W.W.)
Dy nerth a'n cynnal ni, beth bynnag fydd gerllaw,
Dy weision ŷm, defnyddia ni, ymaflwn yn Dy law.
Ein cynorthwyo wnei
A'n harwain ar bob pryd
I'th helpu yn Dy waith o wella clwyfau'r byd.　　Amen　　　　(Verina)

5. Jehofa-Shalom : Yr Arglwydd sy'n Heddwch
(Barnwyr 6:1-24)

Cyflwyniad
Yr enw a roddodd Gideon o lwyth Manasse ar yr allor a adeiladodd i'r
Argwydd oedd 'Jehofa-Shalom' sef 'y mae'r Argwydd yn heddwch'
(Barnwyr 6:24). Adeiladwyd yr allor wedi i'r Arglwydd dawelu ofnau
Gideon a rhoi heddwch yn ei galon. Ofnau ac amheuaeth Gideon a'i
gwnaeth yn angenrheidiol i Dduw ymweld ag ef a rhoi iddo dangnefedd.
Y stori oedd bod angel yr Arglwydd wedi ymweld â Gideon a'i alw i
waredu Israel o afael Midian. Beiai Gideon yr Arglwydd fod Midian wedi
trechu Israel yn y lle cyntaf a'r Israeliaid wedi gorfod ceisio lloches yn y
mynyddoedd ac ogofâu. Yr oedd yn argyhoeddedig fod Duw wedi cefnu
arnynt ac felly amheuai ai angel yr Arglwydd a siaradai ag ef. Ei ymateb
felly oedd dweud wrth yr angel, '... fy llwyth i yw'r gwannaf yn Mannase,
a minnau yw'r distadlaf o'm teulu' (15). Gofynnodd felly am arwydd i'w
sicrhau mai angel yr Arglwydd a siaradai ag ef.

Fe gafodd yr arwydd y gofynnodd amdano pan ddaeth tân o ffon
oedd gan yr angel yn ei law a llosgi'r offrwm a gyflwynodd Gideon iddo.
Gwyddai wedyn mai oddi wrth yr Arglwydd y daeth y neges yn y lle cyntaf
a bu ofn arno nes iddo glywed llais Duw yn dweud, 'Heddwch iti; paid ag
ofni, ni byddi farw.'

Myfyrdod
Â ninnau'n cwrdd â phob math o enwau am Dduw yr Hen Destament,
mae 'Duw dialgar' yn eu plith. Ond mae'n bwysig cofio hefyd mai dim
ond un o ddisgrifiadau'r Hen Destament o Dduw yw hwnnw. Dylem gofio
hefyd fod yr Arglwydd yn cael ei alw'n 'Dduw heddwch'. Nid oes eisiau
gwneud mwy na throi at fynegair o'r Beibl i weld cymaint yw'r cysylltiad
rhwng Duw a heddwch. A rhaid cofio bob amser na ddaeth y datguddiad
llawn a therfynol o Dduw tan ddyfodiad Iesu Grist. Felly, rhaid mesur
gwirionedd pob enw a roddir ar Dduw wrth y datgudiad ohono a gafwyd
gan Iesu.

Fel arfer pan sonnir am 'heddwch Duw', at heddwch i'r unigolyn
y cyfeiria - fel yn achos Gideon. Mae'r Testament Newydd fel pe'n
tanlinellu hyn drwy ddefnyddio'r gair 'tangnefedd'. Ymhlith pethau eraill,

mae *Geiriadur Prifysgol Cymru* yn cynnig *llonyddu, tawelu, dyhuddo, esmwytháu, lleddfu* a *lliniaru* fel cyfystyron i *tangnefedd*. Mae'r cyfystyron hyn yn gydnaws â'r awgrym mai am rywbeth personol y sonnir. Dywed W.E.Vine yn ei eiriadur diwinyddol, mai un ystyr o'r gair *eirēnē* - gair y Testament Newydd Groeg am *shalōm* - yw '*the harmonized relationships between God and man*'. Ac meddai'r Testament Newydd ei hun fod 'tangnefedd Duw uwchlaw pob deall'.

Yn y Llawlyfr Moliant Newydd y ceir y pennill gan awdur anhysbys:
Pe cawn y ddaear gron a'i holl bleserau hi,
mae heddwch Duw o dan fy mron yn ganmil gwell i mi.

Fe sylweddolwn nad absenoldeb rhyfel yw heddwch ond presenoldeb cariad a chonsérn am eraill, fel y mae gan Dduw gariad a chonsérn am bawb ohonom ni. *The opposite of 'war' is not 'peace', it is 'creation'* - dinistrio wna rhyfel, creu wna heddwch. Os yw heddwch Duw o dan ein bron a ninnau'n dangnefeddus, byddwn ni ein hunain yn heddychlon ac yn greadigol.

Taenu trais ar drais yn drwch yw lladd yn enw heddwch
(John Penry Jones)
'*What is absurd and monstrous about war is that men who have no personal quarrel should be trained to murder one another in cold blood*', oedd sylw Aldous Huxley.

Tangnefedd Duw yng nghalon dyn sy'n arwain i heddwch yn y byd.

Gweddi
Pe cawn y ddaear gron a'i holl bleserau hi,
Mae heddwch Duw o dan fy mron yn ganmil gwell i mi ... (An)
Heddwch perffaith yw dy gwmni, mae llawenydd ar dy dde;
ond i ti fod yn bresennol, popeth sydd yn llanw'r lle:
ni ddaw tristwch fyth i'th gwmni tra bo nef. (W.W.)
Gad inni wybod a theimlo'r heddwch hwnnw na ŵyr y byd amdano, Arglwydd. Amen

6. Adonai-Sabaoth : Arglwydd y Lluoedd
(1 Samuel 17:38-54)

Cyflwyniad

Os yw'r Arglwydd yn *Dduw ein Heddwch*, y mae hefyd yn *Arglwydd y Lluoedd* ac mae'r enw hwnnw ar yr olwg gyntaf o leiaf yn ymddangos yn gwbl groes i 'Duw'r Heddwch'. Fel arfer, gair yn ymwneud â byddinoedd yw *Sabaoth* (y Lluoedd), fel yn 1 Samuel 17: 45 'Arglwydd y Lluoedd, Duw byddin Israel'.

Gwelir y gair 'lluoedd' amlaf yn yr Hen Destament yn yr ymadrodd *Arglwydd y Lluoedd*, ac yno mae'r gair yn datblygu o fod yn gyfeiriad at fyddinoedd i fod yn air sy'n cyflwyno'r syniad am Dduw sy'n frenin grymus ac yn Arglwydd ar luoedd o bobl (Salm 24:9-10; 84:3; Eseia 6:5). Yn wir, cymaint yw rhif y lluoedd y mae'n Arglwydd arnynt fel eu bod yn 'aneirif' ac roedd cyfyngu ar y rhifau yn gyfystyr â chyfyngu ar ei allu.

Pechodd Dafydd yn erbyn y syniad hwn fod lluoedd yr Arglwydd yn aneirif pan fentrodd drefnu cyfrifiad o'r bobl. Ni ellir cyfrif yr aneirif! Nid yw'r stori fel y'i chofnodir yn 2 Samuel 24 yn hawdd ei deall na'i hesbonio gan na ddywedir pam roedd yr Arglwydd am gosbi Israel; ac mae'n groes i'n syniad ni am degwch oherwydd mai ar anogaeth yr Arglwydd ei hun y trefnodd Dafydd y cyfrifiad. Sylweddolodd awdur 1 Cronicl 21 y broblem oherwydd yn ei fersiwn ef o'r un stori mae yntau'n beio Satan am hyrwyddo'r cyfrifiad. Os yw'r manylion yn ein drysu, mae'r neges yn glir: roedd Dafydd wedi pechu drwy gyfrif lluoedd Israel gan fod hynny'n awgrymu nad oedd lluoedd yr Arglwydd yn aneirif ac felly nad oedd ei rym a'i allu yn ddi-bendraw.

Roedd Solomon yn gallach na'i dad pan ddywedodd,
Yn awr o ARGLWYDD fy Nuw, gwnaethost dy was yn frenin yn lle fy nhad, Dafydd, a minnau'n llanc ifanc dibrofiad. Ac y mae dy was ynghanol dy ddewis bobl, sy'n rhy niferus i'w rhifo na'u cyfrif (1 Brenhinoedd 3:7-8).

Myfyrdod

Ymadrodd sy'n adlewyrchu *mawredd* a *gallu* Duw yw 'Arglwydd y Lluoedd' felly - Duw sydd â'i allu yn ymestyn dros bawb yn y byd, a phawb yn y byd yn ddeiliaid iddo. Cyfyngodd Dafydd ar allu Duw drwy feddwl bod

18

modd cyfrif ei luoedd. Ni sylweddolai Dafydd ei fod yn Arglwydd *pawb*. I Dafydd nid oedd yn ddim mwy nag yn Arglwydd o fewn i ffiniau un wlad fach ac ar nifer fach o bobl yr oedd modd eu cyfrif. Wrth gyfyngu Duw o fewn i Israel roedd Dafydd yn ei fychanu.

Ni fýn y Beibl arddel na chydnabod dim sy'n cyfyngu ar allu yr Arglwydd Dduw a'i fychanu. Dim ond un o'r ffyrdd o gyfyngu arno yw credu y gellir rhifo ei luoedd. Fe'i bychanwn hefyd pan anwybyddwn y ddysgeidiaeth moesol a gyflwynodd inni yn yr ysgrythyrau. Fe'i bychanwn ef eto trwy ei adael yn y gorffennol - rhywun yn perthyn i ddoe ydyw ac nid oes ganddo unrhyw arwyddocâd i ni heddiw.

Y ffordd mwyaf eithafol o'i fychanu oedd syniadau a gynigodd Friedrich Nietzsche a'i debyg a ddadleuai fod Duw wedi marw. Dyna oedd y tu ôl i Ddiwinyddiaeth y Duw Marw - *The God is Dead Theology*. Yn 1966, yr unig beth a ymddangosodd ar glawr blaen cylchgrawn *Time* oedd enw'r cyhoeddiad a chwestiwn mewn llythrennau bras, coch ar gefndir du: *Is God Dead?* Wrth gwrs, nid dyna'r tro cyntaf y gofynnwyd y cwestiwn ac heblaw'r diwinyddion mae athronwyr wedi gofyn yr un cwestiwn a dod i'r casgliad fod Duw (os bu un erioed) bellach wedi marw. Ymhlith diwinyddion Iddewig bu trafodaeth o'r un pwnc, gyda rhai yn dadlau i Dduw farw yn Auschwitz.

Mae cymaint o ffyrdd y gallwn ni ddirymu Duw y Lluoedd. Gallwn anwybyddu ei safonau ac ystyried ei fod yn perthyn i ddoe. Gall Duw fod yn farw *o ran ein profiad ni ohono a'n teyrngarwch ni fel Cristnogion iddo*, ond ni olyga hynny ei fod *ef ei hun* yn farw! Felly yr hyn a olyga cyfyngu ar Dduw yw bod gwneud hynny yn gyfystyr â lleihau ei bwysigrwydd yn ein bywyd ni. Fe drown Arglwydd y Lluoedd yn glai yn ein dwylo a'i fowldio ar ddull sy'n dderbyniol i ni ein hunain. Efallai y dylem gofio'r poster ymddangosodd flynyddoedd yn ôl bellach; mae'n darllen:

'*God is dead*.' - *Nietzsche, 1883*.
'*Nietzsche is dead*' - *God, 1900*.

Gan Dduw y mae'r gair olaf!

Gweddi

'Sanct, Sanct, Sanct yw Arglwydd y lluoedd; yr holl ddaear sydd lawn o'i ogoniant'. Agor fy llygaid i, Arglwydd Da, i weld dy ogoniant a sylweddoli yn y dydd blin na fyrhawyd braich yr Arglwydd. Amen

7. Duw a Ŵyr
(Salm 139)

Cyflwyniad

Dro ar ôl tro sonia'r Ysgrythurau am Dduw fel yr Hollwybodol. Roedd y Salmydd yn credu bod Duw yn gwybod popeth amdano (Salm 139) tra bod Hanna, mam Samuel, wedi dweud yr hyn a gredid yn gyffredinol: 'Duw sy'n gwybod yw'r Arglwydd' (1 Samuel 2:3). Rhybuddia'r Beibl yn gyson na ellir cuddio dim oddi wrtho.

Dywedodd Socrates na ddylid gofyn i'r duwiau am fendithion penodol oherwydd y duwiau ŵyr orau beth sydd arnom ei eisiau. Dyna sy'n wir am Dduw a Thad ein Hargwydd Iesu Grist. Dywedodd yr Iesu wrthym fod ein Tad Nefol yn gwybod ein anghenion cyn gofyn ohonom ganddo (Mathew 6:8).

Gall rywrai ymateb i hyn drwy ofyn, 'Pam felly mae eisiau gweddïo o gwbwl?' Gwendid amlwg y cwestiwn hwnnw yw ei fod yn awgrymu bod gweddi yn ddim mwy na chyflwyno'n ceisiadau a'n deisyfiadau i Dduw. Diau *fod* mwy o ddeisyf yng ngweddïau llawer ohonom - os nad y mwyafrif ohonom - nag sydd o ymdawelu yng nghwmni Duw a cheisio deall ei ewyllys Ef ar ein cyfer. Teitl y llyfr o sylwadau'r Brawd Lawrence (1614-1691) a gasglwyd ar ôl ei farwolaeth oedd 'Ymarfer Presenoldeb Duw' (*The Practice of the Presence of God*). Dyna, mewn gwirionedd, beth yw gweddi: treulio amser gyda Duw.

Myfyrdod

Mor hawdd yw hi i'n sylw gael ei ddenu pan fyddwn yn ymdawelu i ymarfer presenoldeb Duw wrth weddïo.

Ceir llawer o draddodiadau am y milwr, yr esgob a'r Sant, Martin o Tours. Dichon mai'r enwocaf o'r straeon amdano yw ohono'n torri ei glogyn milwrol yn hanner â'i gleddyf i'w rannu â chardotyn. Mae stori arall yn sôn am ddyn tlawd yn gofyn iddo pam yr oedd ganddo ef fel esgob geffyl a'r dyn tlawd heb yr un. Atebodd ei fod yn teithio llawer a bod mynd ar ei geffyl yn rhoi cyfle iddo fyfyrio a gweddïo. Dywedodd y dyn tlawd y gallai yntau hefyd wneud hynny pe bai ar ben ceffyl! Rhoes Martin her iddo: 'Adrodda di Weddi'r Arglwydd a chanolbwyntia ar y geiriau heb fod dim byd arall yn dod i'th feddwl, ac fe roddaf y ceffyl i ti!' Dechreuodd y cardotyn yn dda ond tri-chwarter ffordd drwy'r weddi oedodd, a gofyn 'A fydda' i'n cael y cyfrwy hefyd?'!

Er fod Duw'n gwybod y cyfan amdanom, mae troi ato mewn gweddi yn ddisgyblaeth sy'n cyfoethogi ein bywyd ac yn cydnabod ein dibyniaeth arno.

Dichon mai'r hyn sy'n brin yn ein bywyd Cristnogol yw disgyblaeth. Mae'n debyg ein bod ni'n ddisgybledig cyn belled â chadw'r gorchmynion moesol - maent wedi dod yn rhan ohonom ac os digwydd inni syrthio, fe sylweddolwn hynny. Ond beth am ein disgyblaeth ddefosiynol a'n bywyd ar lefel ysbrydol? Faint o le sydd yn ein bywyd prysur i'r ysbrydol ac i astudio'r Gair a gweddio?

Ni seilir y traddodiad mynachaidd ar orchymyn ysgrythurol er i fywyd Elias ac Ioan Fedyddiwr fwydo'r syniad. Pwysau'r materol ar yr ysbrydol, y dyddiol ar y defosiynol, oedd yn gyfrifol am feudwyaeth y gorffennol ac amlder y mynachlogydd. Er bod i'r mudiad ei le o hyd, ni chlywn gymaint am feudwyaeth heddiw ac mae nifer y mynachod a'r mynachlogydd yn lleihau. Y materol sy'n ennill y dydd.

'Yn y dwys ddistawrwydd / dywed air, fy Nuw' meddai'r emynydd; ond mewn dyddiau pan yw pobl (yr ifanc yn arbennig) yn cerdded o gwmpas yn gwisgo offer yn eu clustiau i wrando ar y gerddoriaeth ddiweddaraf, a phan geir sŵn o'n cwmpas ymhobman, rhaid gwneud ymdrech arbennig i glywed 'y llais distaw, fain' a beth ddywed 'y Duw a ŵyr' wrthym.

Gweddi

Arglwydd Dduw, cyn imi nawr agor fy ngwefusau a galw arnat, gwyddost fy ngwir anghenion; ymhlith rhain, er na chofiaf hynny bob amser, y mae ymdeimlad o'th bresenoldeb. Yn y dwys ddistawrwydd dywed air, fy Nuw torred Dy leferydd sanctaidd ar fy nghlyw - a chynorthwya fi yn y distawrwydd i glywed a gwrando. Amen

8. Y Duw Hollalluog
(Datguddiad 19:5-10)

Cyflwyniad

Yn yr Hen Destament gwelir y gair 'Hollalluog' yn aml fel cyfieithiad o'r Hebraeg *El-Shaddai*. Er y gwyddom mai 'Duw' yw *El*, y mae ystyr *Shaddai* yn ansicr, gyda rhai yn awgrymu bod yr ymadrodd yn golygu 'Duw - *yr un ar y mynydd*,' gan gofio bod yr Iddew yn dyrchafu ei lygaid i'r mynydd o ble y deuai ei gymorth (Salm 121:1). Mýn eraill mai 'Duw - *y fron*' (hynny yw, yr un sy'n cynnal bywyd) yw'r ystyr. Beth bynnag yw'r tarddiad, yr hyn a awgryma'r gair yw mai 'Un sy'n cynnal Israel' yw Duw.

Mae ystyr y gair a ddefnyddir am 'Hollalluog' yn y Groeg, sef *pantokratōr*, yn gwbl sicr. Hwnnw yw 'rheolwr pob peth'. Fe'i gwelir yn Nhestament Newydd y *Beibl Cymraeg Newydd* ddeg o weithiau - naw gwaith yn y Llyfr Datguddiad ac unwaith yn 2 Corinthiaid 6:18. Nid yw'n air a welir yn aml mewn Groeg secwlar a chredir iddo gael ei fathu fel ymgais i gyfuno syniadau'r Hen Destament am *El Shaddai* ac *Adonai Sabaoth* (Arglwydd y Lluoedd) a'u cynnwys mewn un gair Groeg: 'yr Hollalluog'. Yn ôl C.H.Dodd ei ystyr yw: '*one who has the power of control over all things*'.

Myfyrdod

Dywedodd Gandhi fod dau fath o allu a grym yn y byd. Mae'r naill yn dibynnu ar ofn a chosb tra bod y llall yn dibynnu ar gariad. Mae'r grym sy'n dibynnu ar gariad, meddai, yn gryfach o lawer ac yn fwy parhaol na'r grym sy'n dibynnu ar ofn a chosb. Grym cariad yw grym yr Arglwydd a'r Ffydd Gristnogol. Dyfyniad a welais un tro am Dduw yw :'Yn ei Gariad y mae ei gerydd!' Fel y byddai *edrychiad* Mam yn gallu'n ceryddu a'n cywilyddio heb iddi hi orfod dweud dim, felly y mae cofio am gariad Crist tuag atom yn gerydd sy'n arwain at edifeirwch. Onid dyna geir yn Luc 22:61?

Neges y Beibl yw bod gan ein Duw ni allu i reoli pob peth ac oherwydd ei gariad tuag atom gwyddom y gallwn ymddiried yn ein Crëwr a bod ei allu yn rhywbeth y gallwn ymddiried ynddo hefyd. Ond er inni gael ein hannog i ofyn er mwyn cael ganddo (Mathew 7:7-8), ni olyga hynny y bydd popeth yn digwydd yn ôl ein dymuniad ni ac mewn ateb i'n gweddïau ni. Rhaid inni ofyn mewn ffydd ond cawn ein siomi yn yr addewid hon os na chofiwn yr adnod sy'n dilyn yn yr un adran sy'n sôn am ein Tad Nefol yn rhoi 'pethau da i'r rhai sy'n gofyn ganddo' (Mathew 7:11). Nid yw pob peth y gofynnwn amdanynt o angenrheidrwydd yn dda i ni. Duw a ŵyr orau.

Y Duw a grëodd yw'r Duw sy'n cynnal hefyd; ond o'i fodd, trosglwyddodd gyfrifoldeb am ei greadigaeth i ddynion a rhoi iddynt ryddid i benderfynu'r ffordd y gofalant amdani. Er y gwyddai'r Hollwybodol beth ddigwyddai i'w greadigaeth, ni allwn ond dyfalu mai ei gariad a barodd iddo ollwng gafael ar yr hyn y gwyddai mai 'da oedd' a rhoi *cyfle* i'r sawl a fynnai i ymateb mewn cariad i'w haelioni. Ac eto, yn y pendraw, ganddo ef y mae'r gair olaf am fod ei gariad ef yn fwy nerthol na drygioni dyn.

Cofiwch hyn ac ystyriwch; galwch i gof ... myfi sydd Dduw, ac nid arall, yn Dduw heb neb yn debyg i mi. Rwyf o'r dechreuad yn mynegi'r diwedd, ac o'r cychwyn yr hyn oedd heb ei wneud. Dywedaf, 'Fe saif fy nghyngor, a chyflawnaf fy mwriad' (Eseia 46:8-10).

Felly, maes o law, ewyllys yr Hollalluog fydd yn trechu ac yn cario'r dydd, nid ewyllys dyn. A chystal nodi eto mai cariad sy'n penderfynu ewyllys Duw.

Gweddi

Diolch i Ti, yr Hollalluog Dduw am yr Efengyl Sanctaidd. Mewn byd sy'n chwalu oherwydd drygioni dynion, diolch am y Newyddion Da mai Ti sy'n dal wrth y llyw.

Hollalluog, nodda ni, cymorth hawdd ei gael wyt ti;
er i'n beiau dy bellhau, agos wyt i drugarhau;
cadw ni o fewn dy law, ac nid ofnwn ddim a ddaw;
nid oes nodded fel yr Iôr, gorfoledded tir a môr! Amen (Eifion Wyn)

9. Technoleg Fodern yn Gymorth?
(Eseia 40:18-31)

Cyflwyniad

Y mae cyffelybiaethau yn digwydd yn aml yn y Beibl pan sonnir am bethau ysbrydol, gyda sawl dyfyniad o eiddo Iesu yn cynnwys y geiriau 'Tebyg yw ... i ...'. Y mae pethau ysbrydol yn anodd i siarad amdanynt a'u disgrifio heb ddefnyddio cyffelybiaethau a dynnir o fywyd bob dydd.

'I bwy ynteu y cyffelybwch Dduw?' gofynnodd Eseia. Teirgwaith yn Eseia 40 yr holir am gyffelybu Duw i rywbeth. Pwysleisio wna geiriau Eseia bod cyffelybiaethau yn gymaint ag y gallwn ni eu cynnig wrth geisio siarad am ein Duw - ond maent yn gymorth mawr, serch hynny. Fodd bynnag, rhaid cofio bob amser mai dim ond cyffelybiaethau ydynt a bod y gwirionedd y ceisiant ei ddarlunio y tu hwnt i ddychymyg a deall dyn. Ni fedrant roi ateb terfynol, cyflawn i unrhyw gwestiwn a ofynnir am Dduw. Fel mae'r adnodau o lyfr Eseia'n awgrymu, mae'n Duw ni yn anfeidrol fwy nag unrhyw gyffelybiaeth y gallwn ni feddwl amdani. Rhaid cofio hyn, ond tybed a oes cymariaethau o'r byd modern all ein helpu i godi cwr yng nghornel llen ein methiant i amgyffred mawredd ein Duw?

Myfyrdod

'Newid mae gwybodaeth a dysgeidiaeth dyn; aros mae efengyl Iesu byth yr un ...' meddai emyn Elfed. Ond y mae'n siwr y byddai Elfed yn rhyfeddu at y newid yng ngwybodaeth dyn ers y flwyddyn y bu farw (1953), heb sôn am y newid a fu ers blwyddyn ei eni (1860)!

Cwestiwn y Salmydd oedd, 'Sut y mae Duw yn gwybod? A oes gwybodaeth gan y Goruchaf?' (Salm 73:11)

Synnais yn ddiweddar pan oedd paneli haul (*solar panels*) yn cael eu gosod ar do'r byngalo Roedd dau o'r darnau bach a ychwanegwyd at y cyfrifiadur a gysylltai'r peiranwaith â'i gilydd ac â'r grid cenedlaethol yn peidio ymateb i'w gilydd a chanfuwyd eu bod o fathau gwahanol. Roeddent wedi cael eu mewnforio (o Israel, fel mae'n digwydd), ac roedd yn ymddangos i mi y byddai'n rhaid aros am ddarnau arall i gael eu danfon cyn y gellid gorffen y gwaith. Ond, na! Cysylltodd y peiriannydd ar unwaith â'r cwmni â'u gwnaeth yn Israel. Siaradodd â rhywun yn Israel ar ei ffôn symudol - a byddai hynny wedi bod yn ryfeddod ac yn wyrth i'n tadau! - a gofyn am gyngor. Dywedwyd wrtho am wneud rhywbeth gydag un darn yn y byngalo ac yna byddai'r technegydd *yn Israel* yn gallu newid y darn arall i gyfateb. A dyna a ddigwyddodd! Nid oedd yn ddim llai na gwyrth i mi fod person ym mhendraw'r byd yn gallu newid teclyn bach yn fy nghartref i yng Nghymru, heb ei fod yn ei weld nac yn ei gyffwrdd - nac erioed wedi clywed am Bant-mawr, mae'n siwr!

Os yw gallu dyn yn ddigon i fedru gwneud y rhyfeddodau hyn, cymaint yn fwy yw gallu'r Un a grëodd ac a roes drefn ar y byd. Meddyliais am y Duw Hollalluog!

A beth am bethau eraill ym myd technoleg? Pan af ar y rhyngrwyd, mae fel pe'n gwybod popeth ac yn gallu cyflwyno'r wybodaeth mewn eiliadau ac mewn amrywiaeth helaeth o ieithoedd gan gynnwys y Gymraeg. Meddyliaf bryd hynny am y Duw Hollwybodol.

Mae rhyw raglen '*conferencing*' (rhagorach na Skype!) gan Tegid ar ei gyfrifiadur sy'n ei alluogi ef a'i deulu (sy'n byw ar ochr ddwyreiniol y Môr Tawel yn Bali) i gysylltu â Gethin a'i deulu yn Rhiwbeina ac â minnau ym Mhant-mawr *ar yr un pryd*. Rŷm ni'n un teulu, yn gweld ein gilydd a siarad â'n gilydd er y pellter sydd rhyngom. Bydd miloedd ar draws y byd yn gwneud rhywbeth tebyg ar yr union un adeg a lloeren fach o waith dyn yn y gofod yn ein 'gweld' ac yn dod o hyd i bawb ohonom ble bynnag y byddwn. Meddyliaf bryd hynny am y Duw sy'n gweld popeth ac yn gwybod am bob un ohonom wrth ein henwau.

Âf yn y car a dweud wrth beiriant bach i ble carwn fynd. Mae hwnnw'n dweud wrthyf y ffordd i fynd ac yn 'cadw llygad' arnaf. Mae'n rhybuddio pan drôf i'r cyfeiriad anghywir a'm cyfeirio nôl i'r ffordd gywir. Mae'n fy rhybuddio am unrhyw rwystrau yn y ffordd o'm blaen - a hyd yn oed yn dweud wrthyf ble mae perygl imi oddi wrth gamerau'r heddlu! Meddyliaf bryd hynny am y Duw sy'n gweld fy niwedd o'r dechrau.

Cymariaethau - ie! Ond maent yn help i anwybodusion fel fi i gofio am bosibilrwydd pethau sydd y tu hwnt i'm ddeall. Mae technoleg yn beth rhyfeddol - ond ni ellir ei chymharu â gallu'n Duw rhyfeddol ni.

Gweddi
Arglwydd Dduw, mewn oes fodern, na âd inni feddwl bod y Ffydd yn perthyn i ddoe ac nad oes a wnelo ddim â ni heddiw. Gad i'r pethau technolegol yn ein byd ein helpu pan fyddwn yn ceisio meddwl amdanat ti. Rŷm ni wedi cyfarwyddo â gweld rhyfeddodau yn ein byd ac mae perygl inni golli'r ddawn i ryfeddu. Na âd inni golli'r ddawn i adnabod a rhyfeddu at dy allu, dy gariad. Amen

2. Am Iesu'n bennaf

Pe deuai Iesu i'r byd heddi, ni fyddai'n cael ei groeshoelio. Gofynnai pobl iddo ddod i ginio, gwrando ar yr hyn a ddywedai, a'i wawdio.
(Thomas Carlyle)

Pa werth sydd mewn cael Gwaredwr all gerdded ar y dŵr heb i chi ddilyn ôl ei draed?

1. Yn Dduw ac yn Ddyn
(Ioan 1:1-18)

Cyflwyniad

Stori yw'r Efengyl am y Gair a wnaethpwyd yn gnawd. Rhaid, wrth gwrs ei dehongli a dirnad ei harwyddocâd, ond gwyliwn rhag troi'r Gair yn ôl yn eiriau. Mae'r Gair creadigol yn Genesis 1:3 yn ymddangos yn ddyn, yn ôl Ioan 1:1 a Iesu oedd y dyn hwnnw. Dyna'r stori.

Y mae cyfeirio at Iesu fel un sy'n dduw ac yn ddyn yn ein harwain i ddyfroedd dyfnion Diwinyddiaeth - ac mae'r mwyafrif ohonom yn ofni suddo ynddynt, ond mae'n rhaid inni *geisio* nofio ynddynt! Sut mae deall y syniad rhyfeddol hwn: fod y Duw tragwyddol hefyd yn ddyn meidrol fel ni - ac mai Iesu oedd y dyn hwnnw? Pwy all *ddechrau* ei ddeall? Mae emyn Ann Griffiths (*C.Ff.* 189) yn rhoi mynegiant i'r argyhoeddiad, ond heb fedru cynnig ateb i'n cwestiynau:

O, am gael ffydd i edrych gyda'r angylion fry
i drefn yr iachawdwriaeth, dirgelwch ynddi sy;
dwy natur mewn un person yn anwahanol mwy,
mewn purdeb heb gymysgu yn eu perffeithrwydd hwy.

Dweud wna'r emyn fod y natur ddwyfol a'r natur ddynol yn bodoli yn Iesu ond yn aros yn gwbl ar wahân. Mae Iesu fel pe'n ddau berson mewn un corff. Ni allwn ddeall sut y gall hyn fod. Sut all un person fod 'yn ddyn i gydymdeimlo' ac hefyd 'yn Dduw i gario'r orsedd' (*C.Ff.* 189)? O ble ddaeth y syniad hwn fod y dyn o Nasareth a gerddai ymhlith pobl Palestina yn dduw? Ac ai duw ydoedd (*d-* fach), ynteu Duw ei hun?

Mae'n amlwg fod rhai a'i hadnabu ym Mhalestina yn credu mai Iesu oedd y Meseia; ond a oedd hyn yn gyfystyr â dweud mai Duw ydoedd? Roedd y sawl a'i cyfarfu yn gweld rhywbeth arbennig ynddo ac yn cydnabod ei alluoedd arbennig, ond a gredent *hwy* ei fod yn ddwyfol? Mae'r cwestiynau hyn yn dangos pam y mae rhai pobl ar draws y canrifoedd wedi cael anhawster i wybod beth i'w gredu wrth feddwl am Iesu.

Ar y llaw arall y mae Efengyl Ioan yn gwbl glir ac yn ei gyflwyno fel Duw ei hun - ac nid duw.

Mae'r Efengylau i gyd yn dod at stori Iesu o gyfeiriadau gwahanol ac mewn eiconógraffi sy'n mynd yn ôl i hanes cynnar yr Eglwys mae ganddynt bob un ei symbol. *Fel arfer* symbol Mathew yw *dyn*, Marc *llew*, Luc *ŷch*, a symbol Ioan yw *eryr*. Credai diwinyddion cynnar yr Eglwys fod yr eryr yn gallu hedfan yn uwch na phob aderyn arall, ei fod yn gweld ymhellach nag adar arall a'i fod yn gallu edrych ar yr haul heb gael ei ddallu ganddo. Nodweddion Efengyl Ioan a wnâi'r eryr yn symbol addas. Cyrhaeddodd Efengyl Ioan uchelderau na chyrhaeddodd yr Efengylau cyfolwg wrth sôn am Iesu; fe dreiddiodd yn ddyfnach i'r gwirionedd am Iesu, ac ni chafodd yr awdur ei ddallu gan yr hyn a welodd. Ioan a uniaethodd Iesu â Gair creadigol Duw: 'a daeth y Gair yn gnawd a phreswylo yn ein plith ...' (Ioan 1:14). Brithir ei Efengyl â chyfeiriadau at dduwdod y Crist ac yn Efengyl Ioan y gwelir cyffes Thomas. 'fy Arglwydd a'm Duw.'

Caiff Ioan yr Efengylydd ei uniaethu â Ioan yr Apostol, ac felly roedd un o'r bobl a adnabu Iesu'n dda yn argyhoeddedig am ei dduwdod a bod hynny'n wir amdano ers diwrnod y creu.

Myfyrdod

Wrth siarad am Iesu rŷm ni'n ymgodymu â thestun sydd yn rhy fawr i feddwl y galluocaf ohonom ni ei ddeall. 'A rhaid inni'n unfryd gyffesu mai mawr yw dirgelwch ein crefydd,' meddai neb llai na Paul wrth Timotheus (1 Timotheus 3:16 B.C.N.). Os oedd y pwnc yn ddirgelwch i Paul, druan ohonom ni! Yn y pen draw nid oes dim i wneud ond troi at eiriau Blaise Pascal, y Ffrancwr a'r polymath yn y 17 ganrif a oedd ar yr un pryd yn Wyddonydd, Ffisegydd, Mathemategydd, Athronydd a Diwinydd. Meddai ef, 'Mewn ffydd y mae digon o olau i'r sawl sydd am gredu a digon o gysgodion i ddallu'r sawl na fŷn weld.'

Gweddi

"Ymhlith holl ryfeddodau'r nef
hwn yw y mwyaf un,
gweld yr anfeidrol ddwyfol Fod
yn gwisgo natur dyn." (W.W.)
"Rhyfeddu 'rwyf o Dduw
dy ddyfod yn y cnawd;
rhyfeddod heb ddim diwedd yw
fod Iesu imi'n frawd." (Dyfnallt)
Arglwydd ein Duw, gweddïwn gyda Morgan Rhys am y gallu i 'nabod Iesu, ein Prynwr, yn Dduw ac yn ddyn. A thrwy gyfrwng y myfyrdodau hyn, cymorth ni i anabod y Crist diderfyn *rhywfaint* yn well. Amen

2. Un o'r Drindod
(Galatiaid 3:7-14)

Cyflwyniad

Os mai ofni suddo yn nyfroedd dyfnion Diwinyddiaeth a wnaethom wrth ystyried 'dwy natur mewn un person' byddwn yn siwr o ofni boddi wrth inni ystyried y Drindod! Er hynny mentrwn i'r dyfroedd. Prin fod neb, hyd yn oed y diwinydd mwyaf a welodd y byd erioed - pwy bynnag yw hwnnw neu honno - yn deall yr athrawiaeth. Fel y nodwyd eisoes, nid oedd neb llai na'r Apostol Paul yn cyffesu mai mawr yw dirgelwch ein crefydd - ac mae'r athrawiaeth hon yn rhan o'r dirgelwch.

Nid yw'r gair 'Trindod' yn ymddangos yn y Beibl o gwbwl ond ceir cyfeiriadau at 'y Tad a'r Mab a'r Ysbryd Glân' yn Mathew 28:19 ac at rai o nodweddion y Drindod yn 'y Fendith Apostolaidd' (2 Corinthiaid 13:13); tra bod y geiriau Tad, Mab (neu Arglwydd neu Crist) ac Ysbryd yn ymddangos yn agos at ei gilydd mewn adrannau megis 1 Corinthiaid 6:11; 12:4-6; Galatiaid 3:11-14; Hebreaid 10:29 a 1 Pedr 1:2. Dylid sylwi, er hynny, bod y Testament Newydd yn cyfeirio at yr Ysbryd ar adegau fel 'Ysbryd *Duw*' neu 'Ysbryd *Crist*' a rhaid gofyn os mai'r un yw rhain â'r 'Ysbryd *Glân*', sydd hefyd yn cael ei enwi?

Yr Eglwys yng nghanrifoedd cynnar ei bodolaeth a geisiodd gysoni yr hyn a welai yn ddryswch ynghylch perthynas y Tad a'r Mab a'r Ysbryd Glân. Pan godai unrhyw broblem ddiwinyddol arfer yr Eglwys oedd galw Cyngor i'w thrafod a llunio Cyffes Ffydd i sicrhau uniongrededd. Bu'r cwestiwn am berthynas y Tad, y Mab a'r Ysbryd Glân ar agenda'r Cynghorau hyn sawl gwaith tan i'r diwinyddion gyrraedd rhyw fath o gonsensws. I bob pwrpas setlwyd y mater yn Nicea yn 325 O.C. pan gyhoeddwyd Credo 'Drindodaidd' Nicea - er nad oes gan hwnnw fawr i ddweud am yr Ysbryd Glân.

Gellid dweud mai Credo Nicea yw ffon-fesur uniongrededd ers hynny er i'r athrawiaeth gael ei thrafod droeon wedi hynny. Nid yw pawb yn uniongred o bell ffordd - er enghraifft, gwrthodir yr athrawiaeth gan yr Undodiaid. Y mae eu cryfder hwy yng Nghymru i'w weld yng Ngheredigion, yn y 'smotyn du' - yr ardal rhwng Llanbed, Llandysul a Dyffryn Aeron sydd heb un capel Methodist. Ymhyfrydant yn yr enw dirmygus hwnnw a roddodd John Elias arnynt mewn Sasiwn yn Llanbed yn y 1829.

Deffinio'r berthynas rhwng y Tad a'r Mab a'r Ysbryd Glân a wna Athrawiaeth y Drindod - ystyrir mai heresïau yw'r damcaniaethau eraill. Prif heresïau'r canrifoedd cyntaf oedd Ariaeth, Sabeliaeth ac Athrawiaeth Mabwysiad. Roedd **Ariaeth** yn gwadu bod Iesu'n ddwyfol. I bob pwrpas rhyw fath o deitl anrhydeddus oedd ei alw'n 'Fab Duw'. Enw arall ar **Sabeliaeth** yw 'Moddoliaeth' sef y gred mai'r un yw Duw'r Tad, Duw'r Mab a Duw'r Ysbryd Glân ond iddo ymddangos i ddynion mewn ffurfiau gwahanol ar adegau gwahanol mewn Hanes. Mae'n ymddangos fel Duw sy'n Dad - y Creawdwr Nefol; ac yna'n Fab Atgyfodedig ac yn olaf yn Ysbryd sy'n gweithio ymhlith ei bobl. Dysgai **Athrawiaeth Mabwysiad** i Dduw fabwysiadu Iesu Grist yn Fab iddo ar yr adeg y cafodd ei fedyddio - gyda rhai yn dweud iddo gefnu arno pan oedd ar y Groes ac mai dyna pam y dywedodd Iesu, 'Fy Nuw, fy Nuw, pam yr wyt wedi fy ngadael? (Mathew 27:46; Marc 15:34). Gwrthodwyd pob un o'r 'athrawiaethau' hyn gan yr Eglwys a gyhoeddai mai un yw'r Tad, y Mab a'r Ysbryd Glân.

Myfyrdod

Y mae'r athrawiaeth a dderbyniodd yr Eglwysi uniongred wedi'i chrynhoi mewn fformiwla syml, slic iawn sy'n ymddangos yn emyn 'Gwyllt y Mynydd':

Y Tri yn Un a'r Un yn Dri
yw'r Arglwydd a addolaf fi (*C.Ff.* 14).

Ffordd arall o ddweud yr un peth yw: 'Wrth i Dduw edrych a meddwl amdanom ni, y mae'n Un; wrth i ni edrych a meddwl am Dduw, y mae'n Dri.' Ond er bod y fformiwla'n syml, rhaid wrth athrylith i'w deall!

Credai'r Arlywydd Thomas Jefferson (yr honnir ei fod o dras Gymreig) yn y *dyn* Iesu ond ymhlith pethau eraill gwrthodai athrawiaeth y Drindod. Paratôdd fersiwn '*cut and paste*' o'r Testament Newydd dan yr enw *The Life and Morals of Jesus of Nazareth.* Ni chaniataodd i'w fersiwn ef o'r Testament Newydd gael ei gyhoeddi yn ystod ei fywyd ond cyhoeddwyd ef yn 1895 fel the *Jefferson Bible.* 'Abracadabra' oedd athrawiaeth y Drindod iddo ac mewn llythyr at gyfaill dywedodd Jefferson am bobl a gredai yn y Drindod: '*With such persons, gullibility which they call faith, takes the helm from the hand of reason, and the mind becomes a wreck*'.

Nid Jefferson oedd y cyntaf, ac nid ef fydd yr olaf, i gyhuddo Cristnogion o fod yn hygoelus, yn *gullible*. Ond bodola llawer o bethau na ddeallwn ond a brofasom yn ein bywyd. Nid oes disgwyl inni ddeall

30

popeth mewn bywyd a chydnabyddwn *na ddeallwn bopeth* yn ein Ffydd. Pe baem yn deall ac yn gwybod yr ateb i bopeth pa le fyddai i ffydd? Nid *gullibility*, hygrededd, yw Ffydd i'r Cristion; pwerdy bywyd ydyw.

Gweddi
O Arglwydd ein Duw, pan na fedrwn ni ddeall, dysg ni i ymddiried. Na ad i ni anghofio wrth blygu ger dy fron ein bod yn cael y fraint o ddod gerbron y Duw trosgynnol sy'n fodlon dod lawr i'n lefel ni ac a wnaeth hynny yn Iesu Grist. Mae yntau'n dal yn ein byd ac yn ein plith ym mherson yr Ysbryd Glân. Amen

3. Yr Ysbryd Glân
(Marc 3:20-30)

Cyflwyniad

Â'r Ysbryd Glân yn un o dri pherson y Drindod, rŷm ni'n dal gydag un o bynciau mwyaf anodd y Beibl; a chystal cyfaddef o'r dechrau ei bod yn haws codi cwestiynau amdano na chynnig atebion!

Cafodd yr Eglwys drafferth i drafod ac esbonio'r Ysbryd Glân o'r dechrau. Credo'r Apostolion yw un o'r credoau cynharaf. Er nad yw'n hir o'i gymharu a chredoau eraill, mae'r darn helaethaf ohono'n ymwneud â'r Tad a'r Mab. Yna daw, 'Credaf yn yr Ysbryd Glân' - y cyntaf o chwe chymal moel, byr. Y pump arall yw cred yn yr eglwys lân gatholig; cymundeb y saint; maddeuant pechodau; atgyfodiad y cnawd a bywyd tragwyddol. Ni ddywedir mwy am yr Ysbryd Glân yng Nghredo'r Apostolion, fel pe bai'r Eglwys yn ansicr o beth ellid dweud amdano a sut oedd egluro ei rôl er ei bod yn credu ynddo. Hyn, mae'n debyg sydd y tu ôl i'r ddwy weddi sy'n ymwneud â'r Ysbryd ac sy'n ymddangos eu bod yn croesddweud ei gilydd: 'O! anfon di yr Ysbryd Glân ...' a 'Na chymer dy Lân Ysbryd oddi wrthym'. Ni phallodd yr Ysbryd Glân â gweithio yn yr Eglwys, ond ar adegau y mae'n fwy nerthol nag arfer, a dymuno gweld mwy o hynny a wna'r Eglwys.

Myfyrdod

Er bod lle amlwg i'r Ysbryd Glân yn ein gweddïau ac erfyniwn y daw i adfywio'n heglwysi, y mae siarad amdano'n beth digon anodd. Credwn ein bod yn gallu gweld a theimlo ei effeithiau ar adegau, *er enghraifft* pan gawn rhyw brofiad arbennig neu deimlad rhyfedd mewn oedfa. Ond beth yn union a ddigwyddodd ar yr adegau hynny a pham na ddigwydd hynny bob tro y byddwn mewn oedfa? Credwn i'r Ysbryd fod yn gyfrifol am ddigwyddiadau mawr yn hanes yr Eglwys a dywedwn gyda T. H. Parry Williams yn ei gerdd am Ddiwygiad 1904,

Gwarchod pawb! Dyna danchwa sy'n dod i'r byd

Pan fo'r Awel yn chwythu dynion a Duw ynghyd.

Felly, gofynnwn yn ein gweddïau am rywbeth tebyg i ddigwydd eto yng Nghymru yn ein dyddiau ni ac ni ddeallwn pam na ddaw.

I ni, rhyw bŵer - grym - yw'r Ysbryd Glân, ond dywed Athrawiaeth y Drindod mai 'Person' ydyw. Sut all ysbryd fod yn berson? A pham cyfeirio ato dan dri enw: Ysbryd Duw, Ysbryd Crist a'r Ysbryd Glân? Mae'r cwestiynau'n dod yn hawdd i'n meddwl, ond mae eu hateb yn anodd. Ni allwn ond cydnabod eto gyda Paul fod yn 'rhaid inni'n unfryd gyffesu mai mawr yw dirgelwch ein crefydd' (1 Timotheus 3;16).

Cymhlethdod pellach yw'r hyn a ddywedodd Iesu mai dim ond un pechod anfaddeuol sydd, a hwnnw yw pechod yn erbyn yr Ysbryd Glân. Beth yw'r pechod hwnnw?

Prin yw'r sôn am bechod o gwbl yn yr oes fodern hon ac nid oes gennym ddiddordeb mewn pechod yn erbyn yr Ysbryd Glân - os, yn wir, y *clywsom* sôn amdano! Pryd clywyd pregeth arno? Ni phregethais i ar y pwnc erioed, na chlywed neb yn gwneud hynny ers dyddiau Emrys Davies yng Nghaersalem Newydd ar ddiwedd y pedwar-degau. Ydw, *wir*, rwy'n cofio hynny - yr unig bregeth a gofiaf yn gynnar yn fy arddegau. Cododd ofn arnaf!

Yr Ysbryd Glân sy'n argyhoeddi'r byd 'ynglŷn â phechod, a chyfiawnder, a barn' meddai Iesu (Ioan 16:8) ac ef a soniodd am bechod yn erbyn yr Ysbryd Glân. Gwnaeth hynny pan briodolwyd i Beelsebwl, 'pennaeth y cythreuliaid', y pethau da a wnâi'r Arglwydd ei hun. Ymddengys felly mai pechod yn erbyn yr Ysbryd Glân yw bychanu Duw, sarhau Duw, gwrthod Duw. Y mae hefyd yn wir mai pechod yn erbyn yr Ysbryd Glân yw priodoli iddo y pethau ffiaidd a wna dyn. Dywedodd Iesu fod hynny'n anfaddeuol er bod maddeuant ar gael am *bob* pechod gan gynnwys cabledd (Marc 3:28). Mae Duw'n fodlon maddau *popeth* ond i ni gyffesu'r pechod ac mae gan yr Ysbryd Glân ran yn y broses honno. Rhybuddiodd Steffan y gallwn wrthwynebu'r Ysbryd Glân, y gallu sy'n gyfrifol am ein goleuo am wirionedd, pechod a maddeuant (Actau 7:51). Gwrthwynebu'r Ysbryd Glân, felly, sydd wrth wreiddyn y cyhuddiad am sarhau Duw a glynu wrth y drwg. Ond beth olyga hynny?

Gofynnodd athrawes Ysgol Sul i blant beth oedd rhaid gwneud cyn cael maddeuant am bechod? 'Pechu!' oedd yr ateb a gafodd gan un crwt! Wel, ie! Ond rhaid hefyd wrth rhywbeth arall: rhaid cydnabod y pechod a *derbyn* y maddeuant sydd ar gynnig.

Mae pechod yn erbyn yr Ysbryd Glân yn anfaddeuol pan wrthwynebir yr Ysbryd, methu cydnabod yr angen am faddeuant a gwrthod y maddeuant sydd ar gynnig. Allwch chi ddim rhoi rhywbeth i berson sy'n gwrthod ei dderbyn!

Roedd ateb y crwt i gwestiwn yr athrawes yn gywir cyn belled ag oedd yn mynd, ond ni all maddeuant a chymod fod yn gyflawn os nad yw'n cael ei dderbyn. Gwrthod cydnabod y drwg, Gwrthod derbyn y maddeuant sydd ar gynnig yw'r hyn wna pechod yn erbyn yr Ysbryd Glân yn 'anfaddeuadwy.'

Gweddi
Ysbryd Glân, golomen nef, gwrando'n rasol ar ein llef;
aethom yn wywedig iawn, disgyn yn dy ddwyfol ddawn.
Oer ein serch, a gwan ein ffydd, ein Hosana'n ddistaw sydd;
tyred, tyred, Ysbryd Glân, ennyn ynom nefol dân.   (Roger Edwards)
Dywed wrthym, Arglwydd, ai ni sy'n gwrthwynebu a rhwystro'r Ysbryd rhag dod? Amen

"Os cewch chi'r gair heb yr ysbryd fe fyddwch chi'n sychu lan, os cewch chi'r ysbryd heb y gair fe fyddwch chi'n chwythu lan!"

4. Duw: y Tad a'r Fam
(Mathew 3:13-17)

Cyflwyniad

Credwn fod Iesu'n Fab i Dduw ac yn Frawd i ni - ac fe'i darlunnir yn aml fel ein 'Brawd hynaf'. Mae emyn Dafydd William (*C.Ff.* 327) yn crynhoi perthynas ein Brawd hynaf â ni:

Hosanna, Halelwia, fe anwyd Brawd i ni;
fe dalodd ein holl ddyled ar fynydd Calfari;
Hosanna, Halelwia, Brawd ffyddlon diwahân;
Brawd erbyn dydd o g'ledi, Brawd yw mewn dŵr a thân.

Ond mae sôn am Iesu'n Fab yn codi problem i rai gan ei fod yn cael ei ddarlunio fel Mab 'i'r Tad', sef Duw - ac mae hynny'n gwneud Duw yn wryw! Yn nyddiau'r *Suffragettes* cyngor Emmeline Pankhurst i'w dilynwyr oedd, '*Trust in God, she will provide*'! Ers i fudiad 'rhyddid merched' ymddangos mae'r agwedd ffeministaidd hon wedi rhoi bod i 'ddiwinyddiaeth ffeministaidd' a cheir mwy a mwy ohonynt yn ymwrthod â'r ddelwedd o Dduw fel Tad. Mae hyd yn oed un fersiwn o Weddi'r Arglwydd yn Saesneg sy'n dechrau, 'Ein Mam a'n Tad yn y Nefoedd ...'. Clywais sgwrs ar y radio yn America un tro am Dduw a chyfeiriwyd ato fel Tad a Mam - *She/He* - am yn ail ym mhob brawddeg.

Gelwir Duw yn 'Dad' yn yr Hen Destament ond yr enw ffurfiol am *tad* a ddefnyddir bob tro. Er bod yr enw ffurfiol am *tad* i weld yn y Testament Newydd Groeg, yr enw am Dduw ar wefusau Iesu oedd yr enw y byddai plentyn yn ei ddefnyddio wrth siarad â'i dad ar yr aelwyd. Roedd Iesu mor agos i Dduw â hynny.

Mae rhai'n dadlau bod mwy o'r syniad o Dduw fel mam nag a feddyliem yn y Beibl a gwelant nifer o'r cymariaethau sy'n ymwneud â Duw yn dod o fyd mamolaeth (e.e. Deuteronomium 32:18; Eseia 42:14; 46:3-4; 49:14-15; 66:12-13; Hosea 11:1-4, &c.). Ond dichon mai'r adnodau pwysicaf yn y ddadl yw Genesis 1:26-27: 'Dywedodd Duw, "gwnawn ddyn ar ein delw, yn ôl ein llun ni ...". **Felly creodd Duw ddyn ar ei ddelw ei hun; ar ddelw Duw y creodd ef; *yn wryw ac yn fenyw y creodd hwy*.'** Delw Duw yno yw'r gwryw a'r fenyw ac mae yn y ddelwedd honno le i'r Tad a'r Fam. Roedd Duw megis Tad a Mam i Iesu.

Myfyrdod

Dywedodd Iesu ei hun, 'Ysbryd yw Duw' (Ioan 4:24), ac felly ni ddylid ei uniaethu â gwryw na benyw. Ond cofiwn, er hynny, fod yr Ysbryd hwn yn 'berson' (fel yr Ysbryd Glân) am fod iddo nodweddion person: mae'n gwrando, cyfathrebu, dysgu, arwain, gorchymyn, cyfarwyddo, ac ati; a gellir ei siomi, ei dristáu, ei sarhau, &c. Ni allwn feddwl am berson heb feddwl am ŵr neu wraig.

Roedd dewis y ddelwedd o Dad am Dduw mewn cymdeithas batriarchaidd yn ddewis naturiol er mwyn dianc oddi wrth ddelwedd amhersonol. Ni fyddai neb ohonom yn gyffyrddus yn cyfeirio at Dduw fel 'It'. Y gymdeithas Batriarchaidd, wrth gwrs, oedd yn gyfrifol fod y ddelwedd o Dduw wedi para i fod yn ddelwedd gwryw ymhlith Cristnogion, er fod duwiesau i'w gweld yn y *Pantheon* clasurol. Y gymdeithas o'u cwmpas oedd yn gyfrifol mai dynion fu'n rheoli yn y grefydd Gristnogol yn yr Eglwys Fore, er fod lle cryf i feddwl nad felly buodd hi yn nyddiau Iesu ei hun. Dim ond yn gymharol ddiweddar y dechreuwyd torri'n rhydd o afael patriarchiaeth ar y byd Cristnogol ac ni lwyddwyd i wneud hynny'n llwyr hyd yn hyn. Mae rhannau o'r Eglwys megis yn Affrica yn dal i lynu wrth y ddelwedd honno ac yn gyndyn i ollwng gafael ynddi.

Un ffaith ddiddorol i'w nodi yw mai gair gwrywaidd yw 'Ysbryd' yn y Groeg fel yn y Gymraeg; ond Aramaeg oedd yr iaith a siaradai Iesu â'i ddisgyblion ac yn yr iaith honno benywaidd yw'r gair am 'Ysbryd'!

Gweddi

Diolchwn iti Iesu am ein dysgu i alw Duw yn Dad i ni, gan ddefnyddio gair plentyn am dad. Ond Arglwydd, cynorthwya ni i gofio bob amser, ym mhob sefyllfa, os oes gan y Duw tragwyddol y gofal a chryfder a gysylltwn â Thad mae'n arddangos hefyd y cariad a chonsyrn a gysylltwn â Mam; tra bod gennyt ti, Arglwydd, ddiddordeb Brawd ym mhawb ohonom. Amen

5. Y Meseia
(Mathew 16:13-20)

Cyflwyniad

Y cyfieithiad Groeg o'r gair Hebraeg 'Meseia' yw 'Crist.' Ystyr y ddau air yw 'un wedi ei eneinio(ag olew).'

Roedd eneinio swyddogion pwysig ag olew - brenin neu offeiriad, &c. - yn ddefod a oedd yn gyffredin ymhlith yr Iddewon. Roedd yn arwydd fod y person hwnnw yn dderbyniol gan Dduw ac wedi ei gomisiynu ganddo. Cyfeirid at frenhinoedd Israel fel 'eneiniog yr Arglwydd' (e.e. 1 Samuel 24:6). Bydd y rhai ohonom a welodd ar y teledu goroni'r Frenhines yn cofio iddi hi gael ei heneinio ag olew gan Archesgob Caergaint.

Yn dilyn alltudiaeth pobl Israel i Babilon cofiwyd am gyfnod llewyrchus Dafydd fel brenin a dechreuwyd gobeithio a breuddwydio am frenin eneiniog a fyddai'n rhagori hyd yn oed arno ef. Dywedodd y proffwydi y deuai Meseia wedi ei ddanfon gan Dduw i arwain ac achub y Genedl.

Ni ellir bod yn siwr pa bryd y cysylltwyd y teitl 'Crist' ag enw Iesu (ffurf Groeg o'r enw Josua yw 'Iesu' a chofiwn mai ef oedd yr un a arweiniodd Israel i fewn i Wlad yr Addewid). Epistolau Paul a gofnododd y cyfuniad o'r enwau gyntaf gan i'r llythyrau gael eu hysgrifennu cyn unrhyw un o'r Efengylau. Cred rhai fod Paul yn cydio'r enw 'Crist' wrth enw Iesu a'i ddefnyddio bron fel cyfenw nid fel teitl ac os felly ni fyddai unrhyw arwyddocâd diwinyddol yn perthyn iddo. Y rheswm am y ddadl hon yw na fyddai'r Cenedlddynion y cyfeirir yr epistolau atynt yn gwybod dim am obeithion meseianaidd yr Iddewon. Ond awgryma Actau'r Apostolion fod y pwnc wedi codi'n gynnar ymhlith yr Iddewon yn yr Eglwys Fore gan fod ymdrechion yno i berswadio'r Iddewon (a hwy fyddai aelodau cyntaf yr Eglwys) mai Iesu oedd y Crist disgwyliedig er na chydymffurfiai â'r patrwm disgwyliedig.

Myfyrdod

Mae'r stori am y Meseia yn dangos na all dyn ragweld na phenderfynu sut y bydd Duw yn gweithredu. Rhaid cofio'r geiriau a roddodd Eseia 55:8 yng ngenau Duw: '...nid fy meddyliau i yw eich meddyliau chwi, ac nid eich ffyrdd chwi yw fy ffyrdd i'. Roedd y proffwyd wedi rhagweld y gallai

Duw weithredu mewn ffyrdd annisgwyl.

Ni weithredodd Duw yn y ffordd yr oedd yr Iddewon wedi disgwyl mewn perthynas â'r Meseia. Nid oedd Iesu'n cydymffurfio â'u syniad hwy o Feseia. Gall Duw hefyd weithredu mewn ffyrdd nad ydynt yn cydymffurio â'n syniadau a'n disgwyliadau ni. Pan alwom ar Dduw mewn gweddi i weithredu mewn rhyw ffordd neu'i gilydd rhaid inni sylweddoli mae ef ei hun sy'n dewis sut a pha bryd y bydd yn ymateb - os, yn wir y gwna hynny o gwbl! Mae ffydd yn golygu ein bod ymddiried ynddo ac yn cydnabod mai ef ŵyr orau a bod ganddo'r hawl i weithredu fel y mýn.

Sawl gwaith, tybed, *na* chafodd ein gweddïau rhesymol eu hateb - o leiaf yn y ffordd y dymunem ni? Ond yn aml - er nad bob tro efallai - wrth edrych yn ôl, fe welwn fod canlyniad gwell wedi digwydd na'n hateb ni i'r sefyllfa y buom yn gweddïo amdani.

'Mae Calfaria'n profi digon' oedd cred Herber Evans (*Caneuon Ffydd*, 726) a gallwn droi at Galfaria am enghraifft o'r ffordd mae Duw yn gweithredu er lles pawb. Ar y Groes gofynnodd Iesu i'r cwpan yr oedd ar fin yfed ohono fynd heibio *os mai dyna oedd ewyllys ei Dad nefol.* Ond nid dyna a ddigwyddodd. Fodd bynnag rhoes y weithred erchyll ar y Groes gyfle i'r Tad ddangos maint ei gariad wrth i'r Meseia ddioddef gwaethaf dyn. '*He loved like that!*' meddai John Williams Hughes, gan bwyntio at ddarlun o'r Crist yn hongian ar y Groes.

Troes Duw weithred erchyll dynion yn ddarlun ac yn ddatguddiad o'i gariad ef i'r byd. Ar y Groes dangosodd y Meseia na allai gwaethaf dyn ladd y cariad maddeugar, dwyfol. Mae hyd yn oed yn cynnig esgus dros ymddygiad ei arteithwyr: 'O Dad, maddau iddynt oherwydd ni wyddant beth y maent yn ei wneud' (Luc 23:34).

Gweddi

Arglwydd ein Duw, cofiwn nad adnabyddodd y mwyafrif y Meseia yn nyddiau ei gnawd; cymorth ni i'w 'nabod heddiw yn yr Ysgrythurau ac yn ein bywyd. Pan nad yw pethau'n mynd fel y dymunem ni, a'n gweddïau heb eu hateb, gad inni gofio am brofiad Iesu ar y groes:
Ei gwpan ef, mor llawn a chwerw ar ei fin,
a droes, yn rhin ei gariad mawr, i mi yn awr yn win. (J.Tywi Jones)
A chynorthwya ni i gofio bob amser y gall ein Duw dynnu pethau da allan o'r sefyllfaoedd gwaethaf. Amen

6. Y Bugail a'r Oen
(Eseciel 34:1-16)

Cyflwyniad

Mae rhyw 140 o adnodau yn y Beibl yn sôn am *fugail* a *bugeilo*, naw ar hugain o'r cyfeiriadau hyn sydd i'w gweld yn y Testament Newydd. Yn yr Hen Destament roedd nifer o bobl oedd yn amlwg yn stori Israel yn fugeiliaid gan gynnwys Abel, Abraham, Lot, Laban, Brodyr Joseph, Moses, Dafydd, &c. Nid yw'n syndod, felly, fod y ddelwedd o fugail wedi cael ei gysylltu â brenhinoedd ac arweinwyr Israel ac â Duw ei hun.

Roedd y defaid yn anifeiliaid gwerthfawr a'r praidd yn symbol o gyfoeth eu perchennog yn nyddiau'r Beibl. Roedd bugeilio, felly, yn waith pwysig. Cyfrifoldeb y bugail oedd gofalu am y defaid, eu *harwain* i 'borfeydd gwelltog', dod o hyd i ddŵr iddynt gael yfed a'u hamddiffyn rhag lladron ac anifeiliaid rheibus. Mae Salm 23 a Ioan 10:1-6 yn rhoi darlun clir o fywyd, gwaith a chyfrifoldeb y bugail yn y cyfnod hwnnw. Mae'n wahanol iawn i'r hyn a ddisgwyliem ni gan fod y defaid (sy'n anystywallt yn ein golwg ni) yn nabod llais eu bugail hwy ac yn ei ddilyn heb gymorth cŵn defaid! [Cofiaf glywed gyfeirio at y diaconiaid fel 'cŵn defaid bugail eglwys' ar un achlysur!]

Mae Iesu yn ei gymharu ef ei hun i fugail, gan awgrymu bod yr arweinwyr crefyddol a aeth o'i flaen yn 'lladron ac ysbeilwyr' er iddynt gael eu galw'n fugeiliaid. Ef yw'r Bugail *Da*. Yn ei gyfieithiad ef o'r T.N, mae gan Dr William Edwards (cyn-Brifathro Coleg y Bedyddwyr ac aelod yn y Tabernacl) sylw hir am y gair 'da' (*kalos*) a ddefnyddir yn yr adnod hon:

> 'Dynoda *kalos* ddaioni mewnol yn tori allan yn *brydferthwch* a *thegwch* diledryw, yn pelydru yn y llygad, yn gerddoriaeth yn y llais, yn nawseiddio y dymher, yn nefoleiddio y gwyneb-pryd, yn gwneud y person yr harddaf a'r goraf yn mhlith dynion'

Yn syml, dweud y mae mai daioni atyniadol yw daioni'r Bugail Da.

Ond yn y Llyfr Datguddiad nid bugail yw Iesu ond 'Oen' ac ar ddechrau Efengyl Ioan y mae Ioan Fedyddiwr ddwywaith yn cyfeirio ato fel 'Oen Duw' (Ioan 1:29, 36). Mae'r disgrifiad yn addas gan fod i'r oen le amlwg ym mywyd crefyddol Israel. Aberthid oen yn gyson fel defod yn y Deml ac roedd y cyfan yn dwyn i gof y genedl yn cael ei rhyddhau o gaethglud yr Aifft. Gwelir y stori am y ddegfed pla a enillodd eu rhyddid i Blant Israel ac a sefydlodd y Pasg yn Exodus 11-12:42.

Y ddegfed pla oedd marw'r cyntafanedig ym mhob teulu 'a chyntafanedig pob anifail hefyd'. Byddai 'angel marwolaeth' yn hedfan drwy'r wlad a tharo pob cartref ond fe elai heibio i dai Plant Israel. Er mwyn i hyn ddigwydd byddai'n rhaid fod y teulu ym mhob tŷ wedi lladd oen gwryw blwydd oed heb unrhyw nam arno gan gymryd 'peth o'r gwaed a'i daenu ar ddau bost a chapan drws y tai lle byddir yn bwyta'. Roeddent i rostio cig yr oen i wneud pryd o fwyd a bwyta hwnnw gyda bara croyw tra wedi gwisgo'n barod i ddianc (Exodus 12:11).

Dyma sut y sefydlwyd Gŵyl y Bara Croyw a Gŵyl y Pasg - 'gwledd y myned heibio' yn ôl William Edwards. Ac yn ystod Gŵyl y Pasg y lladdwyd Iesu, 'Oen Duw'.

Myfyrdod

Mae'n rhyfedd meddwl bod y 'Bugail Da' hefyd yn 'Oen Duw' - ond eto, a ddylem ei ystyried yn beth rhyfedd? Roedd y Bugail Da yn barod i roi ei einioes dros y defaid; rhoi ei einioes dros y bobl a wnaeth 'Oen Duw' ac wrth farw â'r geiriau 'Maddau iddynt' ar ei wefusau dangosodd fod y cariad dwyfol yn anorchfygol (Jer 11:19; Eseia 53:7).

Nid oherwydd fod Oen Duw wedi dioddef a marw mewn ffordd erchyll ar y Groes y carodd Duw y byd:
Nid dim rhinweddau ynom ni na dim a wnaed ar Galfarî
fu'n *achos* iddo garu dyn, fe'i carodd er ei fwyn ei hun. (Azariah Shadrach)
Fe'i carodd er gwaetha'r ffaith fod Iesu wedi cael ei ladd gan bechaduriaid didrugaredd. Dim ond trwy fod Iesu'n fodlon ei aberthu ei hun a'i roi i farwolaeth gan ddynion pechadurus y gallai Duw ddangos maint ei gariad tuag atynt.

'Y ffurf eithafol o gariad yw maddeuant' oedd sylw Reinhold Niebuhr, tra bod Mark Twain yn dweud: *'Forgiveness is the fragrance that the violet sheds on the heel that crushed it'*.

Gweddi

Dyma gariad, pwy a'i traetha? Anchwiladwy ydyw ef;
dyma gariad, i'w ddyfnderoedd byth ni threiddia nef y nef;
dyma gariad gwyd fy enaid uwch holl bethau gwael y llawr,
dyma gariad wna im ganu yn y bythol wynfyd mawr.   (Mary Owen)
Diolch, Arglwydd, am y fath gariad at bobl fel ni. Amen

7. Yr Eiriolwr
(Ioan 14:15-21)

Cyflwyniad

Y mae nifer o eiriau sydd a'u hystyr yn ddigon amlwg, ond wedi iddynt gael eu defnyddio fel geiriau diwinyddol nid yw eu harwyddocâd mor amlwg gan fod y ffordd y bydd pobl yn eu dehongli yn amrywio i gyfateb â safbwynt diwinyddol y sawl sy'n eu defnyddio. Y mae'r gair *'paraklētos'* yn un o'r geiriau hyn. 'Eiriolwr' yw trosiad y *Beibl Cymraeg Newydd* ond 'Diddanydd' yw trosiad Beibl 1620; tra bod y beiblau Saesneg yn cynnig *Paraclete, Comforter* neu *Advocate.*

Nid yw Eiriolwr yn air sy'n ymddangos yn aml yn y *Beibl Cymraeg Newydd.* Fe'i gwelir bedair gwaith yn *Efengyl Ioan* (14:16, 26; 15:26 a 16:7) ac unwaith yn *Epistol Cyntaf Ioan* (2:1). Ystyr llythrennol *parakētos* yw 'un wedi ei alw i sefyll wrth ochr rhywun arall (i'w helpu)' - 'un sy'n sefyll gyda chi' geir yn *beibl.net.* Mae un esboniwr yn cyffelybu'r *paraklētos* i ddyn yr A.A. neu'r R.A.C. yn ymateb i alwad gyrrwr i'w gynorthwyo. Mae'n dod ac yn sefyll gyda'r gyrrwr i edrych ar y broblem gyda'r car ac yn ei gynghori a'i helpu!

Myfyrdod

Y mae'r esbonwyr yn gweld cyfeiriad at yr Ysbryd Glân yn yr enghreifftiau o *Paraklētos* yn *Efengyl Ioan* gan fod Iesu'n defnyddio'r gair pan ddywed ei fod ef ei hun yn danfon yr Ysbryd oddi wrth y Tad. Mae nodyn gwaelod y ddalen yn *Beibl Cymraeg Newydd yn* cynnig 'Cyfnerthwr' fel cyfieithiad arall o *paraklētos* ac mae hynny'n cydfynd â'n syniad ni am waith yr Ysbryd Glân. Fel 'cyfnerthwr' yr Eglwys - yr A.A. neu'r R.A.C.! - y mae llawer o'n hemynau yn sôn am yr Ysbryd Glân. Tywalltiad o'r Ysbryd oedd y rheswm a roddwyd am Ddiwygiad 1904 ac am hynny y gweddïwn heddiw wrth ganu 'O! anfon di yr Ysbryd Glân...' a

> Bywha dy waith, O Arglwydd mawr, dros holl derfynau'r ddaear lawr
> drwy roi tywalltiad nerthol iawn o'r Ysbryd Glân a'i ddwyfol ddawn.

Ond yn 1 Ioan 2:1 nid oes amheuaeth mai at Iesu ei hun y mae'r gair yn cyfeirio:

> 'Fy mhlant, yr wyf yn ysgrifennu'r pethau hyn atoch i'ch cadw rhag pechu. Ond os bydd i rywun bechu, y mae gennym Eiriolwr gyda'r

Tad, sef Iesu Grist, y cyfiawn.'

Golyga hyn mai darlun gwahanol a geir o *paraklētos* wrth ddweud mai dyna yw Iesu ei hun. Dywed William Edwards yn ei gyfieithiad ef o'r Testament Newydd mai 'Dadleuydd' yw prif ystyr y gair mewn Groeg Clasurol, hynny yw 'Un a elwir i ymyl un arall, er ei gynorthwyo, ei gynghori, er dadlau ar ei ran, fel Dadleuydd mewn Llysoedd Gwladol.' Iesu ei hun yw'r 'Dadleuydd' neu'r 'Eiriolwr' yn Epistol Cyntaf Ioan.

Bydd rhai yn cofio'r record hir o Jubilee Young yn pregethu pregeth Christmas Evans am Ddydd y Farn. Roedd y record deuddeg modfedd yn boblogaidd iawn ar un adeg. Llys barn yw'r olygfa ac ar ffurf drama clywir llais y Crist yn eiriol dros y pechadur o flaen ei Dad, y Barnwr - yn ymbil, yn wir, am drugaredd i bechadur sy'n haeddu ei daflu i dân Uffern. Mae'n ddramatig iawn gan mai llys ar batrwm heddiw geir yn y bregeth ac nid un o'r math a welwyd yn Rhufain yn nyddiau Iesu. Mae'n debyg fod hwnnw'n fwy tebyg i'r llys a welir yn America lle mae'r cyfreithiwr sy'n amddiffyn yn eistedd wrth ochr y sawl a gyhuddwyd. Cwnsel dros yr amddiffyniaeth yw'r *paraklētos* yn yr achos hwn ac nid dyn yr A.A. neu'r R.A.C.

Er hynny, nid oes rhaid meddwl am lys o gwbl wrth feddwl am Iesu'n eiriol drosom. Onid yw ei eiriau ar y Groes yn eiriolaeth dros *bawb* ac nid dim ond dros y bobl o'i gwmpas a'r lladron a groeshoeliwyd gydag ef? Mae pawb ohonom wedi 'croeshoelio' Iesu mewn rhyw ffordd neu'i gilydd a chawn ni ein cynnwys yn ei weddi fawr, 'O Dad, maddau iddynt, oherwydd ni wyddant beth y maent yn ei wneud' (Luc 21:34).

Mae'r Ysbryd Glân yn barod i'n cynorthwyo bob amser ac mae Crist eisoes wedi eiriol drosom ar y Groes.

Gweddi

Diolch, Arglwydd, am barodrwydd yr Ysbryd Glân i sefyll gyda ni a'n cynorthwyo ond inni alw ar ei enw; ac am y Cariad a amlygodd ei hun ym mherson Iesu ar y Groes a'i weddi yn galw am faddeuant inni. Amen

8. Iesu'r Gwaredwr
(Titus 1:1-4)

Cyflwyniad

Mae'r gair 'Gwaredwr' yn ymddangos pedair ar hugain o weithiau yng nghyfieithiad y *Beibl Cymraeg Newydd* o'r Testament Newydd a chwe gwaith yn yr Hen Destament. Mewn Groeg Clasurol y mae'r ferf am 'waredu' yn cael ei ddefnyddio am 'iacháu' a chaiff ei ddefnyddio yn yr ystyr hwnnw yn y T.N. (e.e. Mathew 9:21). Ar sail hyn gellir dadlau fod 'Iachawdwr' yn gystal cyfieithiad o'r enw (*noun*) a ddaw o'r ferf ag yw 'Gwaredwr'. Fodd bynnag, ni welir y gair 'Iachawdwr' o gwbl yng nghyfieithiad y *Beibl Cymraeg Newydd* o'r Testament Newydd. er bod 'iachawdwriaeth' i'w weld yn amlach na 'gwaredigaeth'. ('Iachawdwr' yw cyfieithiad Beibl Parry (1620) bob tro ac nid 'Gwaredwr'.) Mae gair arall i'w weld yn yr Hen Destament y gellir ei gysylltu â 'Gwaredwr' ac 'Iachawdwr' a hwnnw yw 'Prynwr'- ond rhaid cofio mai yn yr Hen Destament yn unig y gwelir y gair hwn.

Yn y T.N. mae'r gair 'Gwaredwr' weithiau'n cyfeirio at Dduw y Tad; mae Iesu ei hun ar adegau yn cyfeirio at y Tad fel y Gwaredwr. Ond mae 'Gwaredwr' hefyd yn cael ei ddefnyddio am Iesu Grist ei hunan ac ambell waith mae'n cyfeirio at y ddau gyda'i gilydd. Y ffordd y mae'r ysgolheigion yn egluro hyn yw trwy ddadlau mai Iesu yw asiant Duw i waredu ac iacháu. Mae'r tri gair, *Gwaredwr, Iachawdwr* a *Phrynwr* yn cyfeirio at ymwneud y Duwdod â phechadur. Dichon mai'r ffordd orau i ddeall y geiriau yw cyfuno'r syniadiadau a gynrychiolant: roedd Iesu'n *gwaredu* wrth *iacháu* ac yn *iacháu* wrth *waredu* ac yn gwneud hyn drwy *brynu* gwaredigaeth a iachâd i'r unigolyn. Rŷm ni'n gyfarwydd â phrynu rhyddid (gwystlon) a phrynu gofal meddygol (drwy'r Gwasanaeth Iechyd -neu'n breifat i'r cyfoethog).

Myfyrdod

Ond *pwy* sy'n cael eu hiacháu a'u gwaredu, ac *o beth* y maent i gael eu prynu? Ateb y Cristion i'r cwestiynau hyn yw: *Pawb* sydd am gael ei rhyddhau o afael a melltith Pechod.

O'i ddechrau i'w ddiwedd (Genesis 4:7 - Datguddiad 18:5) y mae'r Beibl yn sôn am Bechod ac mae'n ei gymryd o ddifri - ond sylwer mai ar **Bechod** y mae pwyslais y Beibl ac nid yn gymaint ar **bechodau**. Os meddyliwn ni o gwbl am Bechod, graddoli pechodau a wnawn. Ystyriwn fod rhai pechodau yn waeth na'i gilydd a gall safle'r pechodau yn ein rhestr ni o ddifrifoldeb newid o gyfnod i gyfnod a gwahaniaethu o gymdeithas i gymdeithas. Ni ellir dibynnu ar gymdeithas i osod safonau gan fod ei safonau mor gyfnewidiol. [Cofier nad sôn a wnawn am *effeithiau a chanlyniadau* Pechod nad oes modd eu hosgoi, ond am y pethau a ystyriwn ni sydd yn bechodau.] Mae gan y Sais air '*peccadillo*' sy'n tarddu o'r un gair a 'pechod' a'r deffiniad ohono yw '*a trifling offence, a venial sin*'. Yn ôl Geiriadur yr Academi, 'pechod bychan, trosedd fechan' yw'r trosiad o *peccadillo*. Ond, er nad at bechodau bychain y cyfeiria Waldo, mae gwirionedd am ein hagwedd *ni* at Bechod yn ei eiriau: 'Daw dydd ni bydd mwy y rhai mawr' *yn ein golwg ni*! Ond cofiwn y rhybudd fod dewis y lleiaf o ddau ddrwg yn dal i olygu mai drwg a ddewiswn.

Mae llawer o bobl wedi croesi ar draws Gogledd America ar feic, ond y syndod yw bod sawl un wedi *cerdded* ar draws y wlad. Gofynnwyd i un a gyflawnodd y gamp aruthrol hon beth oedd y rhwystr mwyaf a wynebodd ar ei daith - rhywbeth fu bron yn achos iddo roi'r gorau i'w ymdrech? Synnodd yr holwr at yr ateb: 'Y tywod yn fy 'sgidiau!' - ac nid y mynyddoedd a'r anialwch y bu'n rhaid iddo eu croesi. Geiriau arall Waldo sy'n dod i'r cof: 'Daw dydd y bydd mawr y rhai bychan.'

'Byddwch lawen a chedwch eich ffydd a'ch cred, a gwnewch y pethau bychain a welsoch ac a glywsoch gennyf fi,' oedd geiriau olaf Dewi Sant, yn ôl traddodiad - ac mae gwneud y math o bethau bychain a wnaeth ac a ddysgodd Dewi yn bwysig. Ond dylem gofio bod math o bethau bychain *nad* ystyriwn ni sy'n bwysig - y *peccadilloes* - yn gallu llesteirio'n cerddediad mewn bywyd!

Gweddi
Arglwydd Dduw, cynorthwya ni i gofio bod Pechod yn beth real a'i fod yn bodoli yn ein bywyd ni fel rhyw feirws. Cymorth ni i'w adnabod yn ein bywyd a throi atat ti am iachâd. Amen

9. Iesu'r Athro
(Ioan 13:1-20)

Cyflwyniad

Y mae'r **Efengylau** yn cynnwys nifer fawr o enghreifftiau o'r Arglwydd Iesu'n cael ei gyfarch fel 'Athro', *Rabbi*; ond pan drown i edrych ar yr **Epistolau** a gweddill y Testament Newydd chwiliwn yn ofer am gyfeiriadau ato fel Athro. Sylwn mai sôn a wna'r llythyrau at yr eglwysi am *Gristnogion* fel athrawon a *chyngor* iddynt hwy sydd ar y tudalennau.

Er hynny, mae digon o gyfeiriadau at ddysgeidiaeth yr Arglwydd yn yr Efengylau i wybod ei fod yn athro heb ei ail a bod ei ddysgeidiaeth foesol yn unigryw ac yn rhagori hyd yn oed ar ddysgeidiaeth foesol yr Hen Destament. Roedd yr Hen Destament yn cynnig gwell safon foesol nag a welai'r Iddew yn y byd o'i gwmpas. Mewn byd lle roedd dial creulon yn rhemp, roedd dweud 'Dim mwy na llygad am lygad a dant am ddant' yn welliant mawr ar y safonau tra bod yr hyn ddwedodd Iesu'n rhagori ar hynny.

Ond fel Athro mae Iesu hefyd yn cynnig cymorth i ymgyrraedd at y safonau uchel y mae'n eu gosod. Meddai'r awdur Americanaidd, William Arthur Ward: 'Mae'r athro canolig yn adrodd. Mae'r athro da yn egluro. Mae'r athro gwell yn dangos. Mae'r athro gorau yn ysbrydoli.' Athro sy'n ysbrydoli yw Iesu.

Myfyrdod

Mae dysgeidiaeth foesol Iesu yn dyngedfennol mewn byd sydd mor gyfnewidiol. Dyfynnai'r Arlywydd Jimmy Carter beth glywodd ei athrawes yn yr ysgol uwchradd yn dweud: '*We must adjust to changing times and still hold to unchanging principles.*' Onid perygl yr Eglwys heddiw yw bod y byd yn newid a'r Eglwys yn fodlon newid ei safonau i blesio'r byd? Caniatáu i'r 'byd' benderfynu beth sy'n foesol wna'r Eglwys heddiw ac yna mabwysiadu'r safonau hynny.

Ond er pwysiced dysgeidiaeth foesol yr Arglwydd, fe wnaeth lawer mwy na gosod safonau moesol newydd ac ysbrydoli ei ddilynwyr. Ef a'n dysgodd y gwirionedd am Dduw - ac y mae'r ddysgeidiaeth honno mor gyflawn fel ei bod yn ddatguddiad llawn o Dduw yn hytrach na dim ond yn ddysgeidiaeth amdano. Oherwydd Iesu gallwn nabod Duw. Roedd cyflawnder y duwdod yn trigo ynddo a daethom i nabod Duw trwy Grist. Oherwydd Iesu gwyddom am amynedd Duw, am gariad Duw, am faddeuant Duw ac am y Duw sydd gerllaw bob amser - y Duw sydd yn *Abba* Dad.

Adroddir am Spurgeon yn ymweld â chyfaill o ffermwr a oedd wedi adeiladu sgubor newydd a rhoi ceiliog y gwynt ar ei ben â'r geiriau 'Duw cariad yw' arno.

'Odi hynny'n golygu dy fod yn meddwl fod cariad Duw yn gyfnewidiol fel y gwynt?' gofynnodd Spurgeon iddo.

'Na!' atebodd ei ffrind, 'mae'n dangos mai cariad yw Duw pa ffordd bynnag mae'r gwynt yn chwythu!'

Crist yr Athro ddysgodd hynny inni.

Gweddi
Athro ac arweinydd ydwyt ti ym mhob oes
a thra pery'r ddaear pery golau'r Groes.
Cynorthwya ni i ddysgu rhywbeth newydd gennyt ti heddiw, Arglwydd da. Amen

10. Y Barnwr
(Actau 10:34-43)

Cyflwyniad

Am a wn i, ni fyddem byth yn cysylltu'r gair 'beirniad' â Iesu. Beth, felly, yw'r gwahaniaeth rhwng 'beirniad' a 'barnwr', rhwng 'beirniadaeth' a 'barnedigaeth'? Yr un yw gwreiddyn y geiriau ond *ar y cyfan* mae'r naill yn cael ei ystyried yn llai difrifol na'r llall. *Yn fras*, cymharu a dewis rhwng dau neu fwy o bethau wna beirniad tra bod barnwr wedi ei ddewis i ystyried ffeithiau ac ar eu sail hwy yn dod i benderfyniad ai da, ai drwg, ydynt. Ar ei ganllawiau ei hunan y dibynna beirniad fel arfer, tra bod y barnwr yn pwyso ar gyfraith. Gall ymddangos fod rhywbeth mwy mympwyol yn perthyn i feirniadaeth. [Gwn hynny'n dda wedi dilyn eisteddfodau bach sir Aberteifi gyda Verina pan oeddem yn byw yn Llanbed - a hithau'n cael cam sawl gwaith gan feirniad gwael!] Mae rhywbeth mwy cadarn yn perthyn i farnedigaeth. *Mynegi* barn a wna un ond *cyhoeddi* barn a wna'r llall.

Mae olrhain y geiriau sy'n berthnasol i'r pwnc yn yr Efengylau yn ddadlennol. Y mae *krinō*, y gair Groeg a gyfieithir fel 'barnu' yn cyfleu'r syniad o ddod i benderfyniad. Y gair am 'farnedigaeth' yw *krisis* (a roes inni'r gair *'crisis'*), tra bod y gair *krima* am 'ddyfarniad' y tu ôl i'r gair *'crime'*, trosedd. *Os pwyswn ar y geiriau hynny yn unig* gellid dadlau mai ffordd Iesu yw dod i <u>benderfyniad</u> am weithred; tynnu sylw at yr <u>argyfwng</u>, y crisis ddaw o ddilyn ambell lwybr; a dysgu bod yr hyn a wneir yn <u>drosedd</u> yn erbyn cyfraith Duw - a bod i hynny ganlyniadau anochel.

Myfyrdod

Ni fyddai Cristion yn amau fod gan y Crist hawl i farnu'r byd. Gallai ei farn fod yn un llym iawn ar y byd - a'r Eglwys - heddiw. Nid yw'r byd yn llwyddo i wneud 'pob peth yn ôl y patrwm a ddangoswyd i ti ar y mynydd' (Hebreaid 8:5) heb sôn am ddehongliad yr Arglwydd o'r pethau hynny. A phrin fod yr Eglwys yn llwyddo i gadw ei safonau ef chwaith. Ac eto nid oes fawr o sôn am Iesu fel Barnwr *yn yr Efengylau*. Paul sy'n sôn amdano fel Barnwr. Yn wir , pan gafodd Iesu gyfle i gondemnio'r wraig a ddaliwyd mewn godineb heriodd y sawl oedd heb bechod i daflu'r garreg gyntaf, a phan fethodd neb a gwneud hynny yr hyn ddywedodd wrthi oedd, 'Nid wyf finnau'n dy gondemnio chwaith. Dos, ac o hyn allan paid â phechu mwyach' (Ioan 8:11).

Mae gwahaniaeth rhwng condemnio a cheryddu.

Condemniai Iesu rhagrith, a chondemniodd yr ysbrydoedd aflan oedd yn rhwygo bywydau dynion; ond ceryddu a wnâi fel arfer. Ceryddu ei ddisgyblion a wnâi. Mae'n eu ceryddu am rwystro plant bychain i ddod ato. Yn yr Oruwch Ystafell mae'n eu ceryddu am eu hanghrediniaeth wedi'r Atgyfodiad (Marc 16:14) - a oes elfen o gerydd yn ei eiriau i Thomas (Ioan 20:24-29)? Ceryddodd Pedr yng Nghesarea Philipi. Yn Luc 9:51-56, pan wrthododd pentrefwyr yn Samaria dderbyn Iesu, collodd Iago ac Ioan eu tymer ac awgrymu 'galw tân i lawr o'r nef a'u dinistrio'. Ond nid condemnio'r pentrefwyr hynny a wnaeth yr Arglwydd eithr ceryddu'r Disgyblion am awgrymu'r fath beth! '... Ac aethant i bentref arall.'

Ceryddu yw ffordd Iesu, nid condemnio a'r darlun traddodiadol a gawn ohono yn Nydd y Farn yw fel amddiffynydd pechaduriaid, nid eu herlynydd. 'A gâr a gerydd', meddai'r hen ddihareb Gymraeg. Ymadrodd arall sy'n gweddu wrth feddwl am yr Arglwydd Iesu yw, 'Yn ei gariad y mae ei gerydd'.

Gweddi

Ni buasai gennyf obaith am ddim ond fflamau syth,
y pryf nad yw yn marw, a'r t'wyllwch dudew byth,
oni buasai'r hwn a hoeliwyd ar fynydd Calfari
o ryw anfeidrol gariad yn cofio amdanaf fi. (W.W.)
Diolchwn am dy amynedd, dy drugaredd a'th gariad, Arglwydd.
Amen

11. Yn Arglwydd a'r Gwas
(Ioan 13:1-20)

Cyflwyniad

Mae stori'r Arglwydd Iesu'n golchi traed y disgyblion yn yr Oruwch Ystafell yn ddigon i gyfiawnhau'r disgrifiad o Iesu fel 'Arglwydd' a 'Gwas'. Mae'n hawdd dychmygu agwedd y Disgyblion yn yr Oruwch Ystafell at y gorchwyl isel-radd hwnnw o olchi traed rhywun arall - gorchwyl yr oedd Iesu'n ddigon gwylaidd i'w chyflawni .

Gwaith y person mwyaf distadl yn y tŷ oedd golchi traed ymwelwyr neu wahoddedigion a gyrhaeddai wedi iddynt gerdded yn eu sandalau ar hyd ffyrdd llychlyd y wlad neu'r dref. Gwaith gwas neu gaethwas ydoedd. Mae'n debyg y byddai pob un o'r Disgyblion wedi bodloni golchi traed Iesu - ond byddai hynny'n golygu y byddai disgwyl iddynt olchi traed pawb arall yn yr Ystafell, a doedd dim un ohonynt yn barod i wneud hynny. Roedd yn ormod i ddisgwyl hynny ganddynt!

Nid yw'r Efengylau Cyfolwg yn sôn dim am Iesu'n golchi traed y Disgyblion; Ioan yn unig sy'n adrodd y stori honno, er nad yw yntau'n sôn dim o gwbl am sefydlu'r Cymun. Ond ceir cyfeiriad yn Luc 22:24 at rywbeth ddigwyddodd yn yr Oruch Ystafell sy'n ymddangos yn gysylltiedig â stori Ioan am olchi'r traed. Dywed Luc, 'Cododd cweryl hefyd yn eu plith [sef y Disgyblion]: prun ohonynt oedd i'w gyfrif y mwyaf?' Hawdd credu mai mewn ymateb i hyn y gwnaeth Iesu'r hyn a wnaeth yn y stori a adroddodd Ioan.

Mae dameg fach ddiddorol ynghudd ymhlith dywediadau'r Arglwydd yn Luc 17:7-10. Yr hyn a ddywed yw mai cyfrifoldeb y gwas yw gwasanaethu ac nad yw ei Arglwydd mewn unrhyw ddyled iddo am wneud hynny. Mae'n rhywbeth y gall yr Arglwydd ei ddisgwyl gan ei was. Dylem gofio geiriau Iesu yn Efengyl Ioan wrth ddarllen dameg fach Luc: 'Os wyf fi, felly, a minnau'n Arglwydd ac yn Athro, wedi golchi eich traed chwi, fe ddylech chwithau olchi traed eich gilydd' (Ioan 13:3).

Myfyrdod

Fe fyddwn ni, heddiw, yn cyfeirio at Iesu fel 'yr Arglwydd' heb gofio bob amser am yr esiampl a roddodd inni fel 'gwas'.

Nid yw'n syndod i neb ohonom pan glywn rhywun yn dweud,

'Dwy'i ddim yn mynd i fod yn was bach i neb!' Efallai i ni ein hunain ddweud y geiriau. Ond parodrwydd i fod yn was bach, os bydd eisiau hynny, yw'r hyn a ddisgwylir gan Gristion wrth iddo wasanaethu'r Arglwydd.

Gall yr alwad i fod yn was beri i rai *ffugio* mai dyna ydynt - dyna a wna'r gwleidyddion yn ôl Charles de Gaulle: ' I fod yn feistr mae'r gwleidydd *yn cymryd arno* mai gwas ydyw!'

Mewn llyfr, *Liberating Ministry from the Success Syndrome*, adroddir am Samuel Brengle, myfyriwr diwinyddol tra galluog o Indiana a gafodd alwad i fugeilio un o eglwysi mwyaf y Methodistiaid yn America. Proffwydwyd pethau mawr amdano ond gwrthododd yr alwad a chroesi'r Iwerydd yn 1878 i ymuno â Byddin yr Iachawdwriaeth yn Lloegr. Roedd William Booth yn ddrwgdybus o'i amcanion ar y dechrau a phenderfynodd roi prawf arno. Rhoddodd iddo'r dasg o lanhau esgidiau y bobl eraill a ddaeth am hyfforddiant yng ngwaith y Fyddin. Siomwyd Brengle ond ei ymateb oedd, 'Os allai Iesu olchi traed ei ddisgyblion, gallaf fi roi polish du ar eu hesgidiau!'

Profodd burdeb ei amcanion ac ymhen rhai blynyddoedd dychwelodd i America lle'r apwyntiwyd ef yn Gomisiynydd Byddin yr Iachawdwriaeth yno; ond er ei 'ddyrchafiad', tystiolaeth pawb a'i hadnabu oedd na pheidiodd â bod yn was gwylaidd a gostyngedig i'r Arglwydd.

Cyfrifoldeb Cristnogion yw bod yn barod i olchi traed yn y gymdeithas lle maent yn byw - '... ond cofiwch mai gweision ydych a pheidiwch â'u golchi â dŵr berwedig!' oedd sylw Tom Ellis Jones.

Gweddi
Arglwydd Iesu,
Rho imi nerth i wneud fy rhan i gario baich fy mrawd,
i weini'n dirion ar y gwan a chynorthwyo'r tlawd. Amen.   (Nantlais)

12. Yr Alffa ac Omega
(Datguddiad 22:6-21)

Cyflwyniad

Dywed Efengyl Ioan wrthym mai Iesu yw 'Gair Duw' (Ioan 1:14) ac mae llyfr Datguddiad Ioan wrth sôn am y Crist yn cyfeirio ato fel *Alffa*, llythyren gyntaf yr wyddor Groeg, ac *Omega* y llythyren olaf. Os trown i'r bennod gyntaf o Genesis gwelwn i'r byd gael ei ffurfio trwy Air Duw: 'A *dywedodd* Duw, "Bydded ... A bu ..."' (Genesis 1:3 cymh. 6, 9, 11, 14, 20, 24, 26) Os trown i bennod olaf y Llyfr Datguddiad, mae'n gorffen drwy enwi Iesu, y Gair, yn y ddwy adnod olaf (Datguddiad 22:20-21). O safbwynt y Beibl felly, Iesu (y Gair) yw'r cyntaf a'r olaf, yr Alffa a'r Omega - mae e' fel yr wyddor lawn.

Myfyrdod

Sais a fu'n weinidog gyda'r Bedyddwyr yn Seland Newydd ac Awstralia oedd F.W.Boreham (1871-1959). Cyhoeddodd o gwmpas hanner cant o lyfrau yn cynnwys ysgrifau a phregethau ac yn ôl y *Banner of Truth Trust* roedd ymhlith yr ugain pregethwr gorau *erioed* - oes, y mae'r fath restrau'n bod! Mewn un bregeth o'i eiddo mae'n trafod y gymhariaeth o Grist â'r wyddor gan awgrymu peth mor hyblyg yw'r wyddor - sy'n pwysleisio 'hyblygrwydd' Iesu. Ar y bregeth honno y seilir y Myfyrdod hwn.

Mae'r wyddor yno ar gyfer pob un ohonom. Heb feddwl am hynny, bydd pawb yn ei defnyddio gannoedd - miloedd, yn wir! - o weithiau bob dydd yn y geiriau a lefarwn neu a ysgrifennwn. Ni chyfyngir y defnydd ohoni i un person neu grŵp o bobl; mae yno ar ein cyfer ni i gyd. Ac onid yw hynny'n wir am Iesu? Er i rai geisio'i berchnogi drwy eu diwinyddiaeth, nid yw'n eiddo i neb. Nid Pabydd, Eglwyswr nac Anghydffurfiwr mohono, er iddynt hwy ac Eglwysi eraill geisio'i hawlio ar adegau. Fel yr wyddor, mae Crist yn cyffwrdd â phawb ohonom mewn rhyw ffordd neu'i gilydd - a hynny heb inni sylweddoli hynny.

Peth arall am yr wyddor yw na fedr iaith fodoli hebddi, pa un a yw'r iaith honno'n cael ei siarad neu ei hysgrifennu. Ac y mae gan bob iaith ei wyddor ei hun a'r un yw pwrpas pob wyddor sef i roi mynegiant i'r hyn y dymunir ei gyfathrebu. Fe'i defnyddir gan y werin ond hefyd gan feddylwyr mawr y byd, gan athronwyr a beirdd. Mae ar gyfer pawb - fel y

Crist.

Wedyn, pa mor gymhleth bynnag yw'r iaith nid yw'n drech na'r wyddor. Mae gramadeg ieithoedd yn newid yn fawr; mae nifer y llythrennau ar gyfer geiriau yn gwahaniaethu'n fawr - 52 mewn un enw Cymraeg; mae'r synau o fewn i ieithoedd yn gwahaniaethu - sawl iaith arall sydd â sŵn '-ll-' ? Ond er hyn i gyd, mae'r wyddor a ddefnyddia pob iaith yn medru cwrdd â phob gofyn yn yr iaith honno. Un sy'n medru cwrdd â phob gofyn yw'r Crist.

Ac yna y mae'r cyfuniad o lythrennau y gellir eu defnyddio yn ddiddiwedd. Sawl gair sydd yn y Gymraeg? Wn i ddim - miloedd, degau o filoedd? - ond mae'r wyth ar hugain o lythrennau yn y wyddor Gymraeg (29 os gyfrifwch chi 'J'!) yn ddigon i gwrdd â'r gofyn i gyd wrth eu hysgrifennu. Ac mae hynny'n wir am bob iaith. Mae Crist yn ddigon i bob sefyllfa a wynebwn, beth bynnag yr amgylchiadau. Crist annherfynol ydyw.

Fel yr wyddor, mae Iesu'n anffaeledig, anhepgorol, anorfod, annherfynol, anorchfygol, anfeidrol

Rhaid cofio geiriau Edward Jones, Maes-y-plwm, am Iesu:
mae oll yn oll a'i allu'n un,
anfeidrol, annherfynol Fod
a'i hanfod ynddo'i hun. (*C.Ff* 215)

Gweddi

Iesu, Iesu, 'rwyt ti'n ddigon 'rwyt ti'n llawer mwy na'r byd;
mwy trysorau sy'n dy enw na thrysorau'r India i gyd;
oll yn gyfan ddaeth i'm meddiant gyda'm Duw. Amen (W.W.)

Ôl Nodiad: *Wrth edrych yn ôl dros yr adran hon, 'Am Iesu yn bennaf', sylweddolwn cymaint y dibynasom ar Efengyl Ioan - yr efengyl â'r eryr yn symbol iddi hi. Nodwyd eisoes y gred fod yr eryr yn hedfan yn uwch ac yn gweld ymhellach nag unrhyw aderyn arall ac mai ef yw'r unig aderyn all edrych ar yr haul heb gael ei ddallu ganddo - sef nodweddion Efengyl Ioan mewn perthynas â'r Duwdod. Hyn sy'n gyfrifol mai ar adenydd eryr y gorwedd y Beibl yn y darllenfeydd a welir mewn eglwysi. Ond mae hen draddodiad hefyd fod y dryw wedi cuddio ym mhlu eryr mewn cystadleuaeth i wybod pa aderyn fedrai hedfan uchaf. Yr eryr oedd hwnnw ond am fod y dryw ar ei gefn, y dryw aeth uchaf. Ar adenydd Efengyl Ioan fe fedrwn ni fynd yn uchel iawn yn ein hymdrech i wybod y gwirionedd am Iesu.*

3. Iesu a'r Bobl

1. Iesu a'i Gefnogwyr
(Ioan 1:43-51)

Cyflwyniad

Mae'n rhyfedd fel y daw i'n meddwl yn sydyn gwestiynau na'n blinodd o'r blaen. Fe ddigwydd pan fyddwn yn hel achau a gall ambell stori fod mor gyfarwydd nes inni fethu sylwi ar brinder gwybodaeth am rai pethau sydd ynddi. Tybed a ddigwyddodd hynny erioed wrth ddarllen yr Efengylau? Er enghraifft, beth oedd hanes Iesu fel crwt? Neu beth oedd ei stori rhwng deuddeg oed a deg ar hugain oed? Roedd y Cristnogion cynnar yn gofidio mwy na ni am y bylchau hyn yn hanes Iesu a dyna pam y ceir efengylau annilys sy'n honni adrodd hanesion am ei blentyndod, &c., gan fenthyca ac addasu hen chwedlau - a rheiny o ffynonellau paganaidd ar adegau.

Efallai bod cynhaliaeth a threfniadau Iesu a'i Ddisgyblion yn ystod ei weinidogaeth ymhlith y cwestiynau hynny na thalasom unrhyw sylw iddynt. Gwyddom am y damhegion a adroddodd, y gwyrthiau a wnaeth, am ambell ddigwyddiad arall a'r gwrthwynebiad a brofodd; ond beth wyddom ni am drefniadau Iesu a'r Deuddeg yn ystod y tair blynedd y buont yn crwydro'r wlad? Dim llawer! Ond y mae ambell i gipolwg yn yr Efengylau a'i gwna'n bosibl inni ddyfalu rhai pethau am drefniadau'r genhadaeth.

Mae'n amlwg fod Iesu a'i ddisgyblion wedi teithio dipyn o gwmpas y wlad yn ystod tair blynedd ei weinidogaeth, ond pan fyddent yng nghyffiniau Môr Galilea byddent yn aros yn eu cartrefi eu hunain, ymhlith eu pobl eu hunain. Gwyddom fod Pedr yn briod a chanddo gartref yn Bethsaida. Gwyddom hefyd fod cartref gan Nathanael ym Methsaida (Ioan 1:48). Roedd busnes bysgota ar lannau Môr Galilea gan dad Iago a Ioan - a mam oedd yn uchelgeisiol am ei meibion! Yn ôl i bysgota ym Môr Tiberias, Galilea, yr aeth o leiaf saith o'r Disgyblion *ar ôl* yr Atgyfodiad (Ioan 21); onid yw hyn yn dangos iddynt gadw'u cysylltiadau agos â'r lle? Awgryma rhai esbonwyr y tebygolrwydd fod gan Iesu ei hun gartref yng Nghapernaum. Dynion o'r ardal honno oedd y mwyafrif o'r Disgyblion, gydag ond Judas Iscariot yn dod o Dde'r wlad.

Pan fyddai'r Arglwydd a'i Ddisgyblion ar grwydr, gallwn ddychmygu y byddai croeso iddynt yng nghartrefi rhai o'r bobl a glywodd neges Iesu a'i chofleidio. Gwyddom fod croeso iddo yng nghartref Mair, Martha a Lasarus ym Methania a bod Goruwch Ystafell at ei wasanaeth ef a'i ddisgyblion yn Jerwsalem. Cofnodir i'r Iesu *ddweud* wrth Sacheus ei fod am aros yn ei gartref ac i'r bobl gwyno am hynny (Luc 19:5,7). Mae sôn amdano'n cael gwahoddiad i fwyta gyda Simon y Pharisead (Luc 7:40-44) a bu'n bwyta yng nghartref Mathew (Lefi fab Alffeus) yng nghwmni casglwyr trethi a phechaduriaid (Mathew 9:10-11; Marc 2:15-16; Luc 5:30). Yn fersiwn Luc o'r stori trefnodd Mathew (Lefi) wledd fawr i ddathlu'r ffaith i Iesu ei alw i fod yn Ddisgybl, ac iddo alw ynghyd gasglwyr trethi arall i gwrdd â Iesu.

Yn ei esboniad ef o Efengyl Luc, awgryma Leon Morris mai Mathew fyddai'r mwyaf cyfoethog o'r Disgyblion ac fe fedrai ef gyfrannu'n hael i goffrau'r cwmni bach wrth iddynt grwydro'r wlad. Ond roedd hefyd nifer o wragedd 'yn gweini [ar Iesu a'r Deuddeg] *o'u hadnoddau eu hunain*' ac enwir tair ohonynt (Luc 8:2-3) - '*looking after his comfort from their own resources*' yw trosiad J. B. Phillips. *Yn* Luc 23:55 sonnir am 'y gwragedd oedd wedi dod gyda Iesu o Galilea' i Jerwsalem ac roedd dwy o'r tair a enwyd yn Luc 8 ymhlith y gwragedd hynny (Luc 24:10).

Roedd mathau gwahanol o westai yn bod ym Mhalestina yn nyddiau Iesu, rhai yn ddigon cyntefig ar gyfer bugeiliad a'u hanifeiliaid, ond eraill yn fwy moethus. Mae'n sôn am un math o westy yn nameg y Samariad Trugarog lle mae'r Samariad yn talu am le a gofal i'r sawl a syrthiodd ymhlith lladron. Mae'n bosibl fod Iesu a'i Ddisgyblion wedi aros mewn gwestai o'r fath pan oeddent ymhell o'u cynefin yng Ngalilea. Tybed a oedd gwesty tebyg rhywle ar y ffordd rhwng Jerwsalem a Jerico fel yn y ddameg ac i Iesu aros yno?

Myfyrdod

O gofio i Paul ddweud bod Iesu wedi gwacáu ei hunan o'i ddwyfoldeb gan gymryd ffurf caethwas a dyfod ar wedd dynion (Philipiaid 2:7), nid yw'n ormod i awgrymu ei fod hefyd wedi dibynnu tipyn ar eraill pan ar ei deithiau fel Meseia o gwmpas y wlad? Bu'r Mab Duw yn ddigon gostyngedig i bwyso ar ei gyfeillion a'i ddisgyblion am gymdeithas, cefnogaeth a chynhaliaeth yn ystod tair blynedd ei weinidogaeth.

Gellir dweud ei fod yn dal i wneud hynny - a *ni* yw ei gyfeillion a'i ddisgyblion bellach. Mae'n dibynnu arnom ni nawr i wneud drosto y math o beth a wnaeth gyda'r Disgyblion yn ystod ei ddyddiau ar y ddaear.

'Dwylo ffeind oedd dwylo Iesu' meddai *Caneuon Ffydd* 372; ond rhaid inni gofio mai *ni* yw ei ddwylo - a'i draed a'i lais - yn awr.

Gweddi
Arglwydd Iesu, Ti, yr un a gefais imi'n gyfaill, cymorth fi i gofio nad oes gennyt ti ddwylo nawr ond fy nwylo i, dim traed ond fy nhraed i, dim llais ond fy llais i; nertha fi i wneud yr pethau rwyt ti am eu gwneud, i fynd i'r mannau rwyt ti am ymweld â hwy a llefaru'r geiriau rwyt ti am eu llefaru. Gad imi fod yn ffrind i ti mewn gair a gweithred. Amen

2. Iesu a'r Wraig *na* ddigalonnodd
(Marc 7:24-30)

Cyflwyniad

Digwyddodd hyn ar un o'r ychydig ymweliadau a wnaeth Iesu â mannau y tu allan i Balestina. Ceisiodd rhai o'r esbonwyr ddadlau nad yw 'cyffiniau Tyrus' yn golygu iddo groesi'r ffin i Phenicia ond yn hytrach nad oedd yn bell o Tyrus. Awgrymant hyn oherwydd credant y byddai mynd allan o Balesteina wedi arfogi ei elynion gan iddo adael Gwlad yr Addewid, rhywbeth y dywedir *na* wnâi'r Meseia. Gan iddo fynd allan i 'wlad y Garaseniaid' (Luc 8:26-39) nid yw'r ddadl hon yn dal dŵr.

Mae rhediad y stori'n awgrymu i Iesu groesi'r ffin a gadael Palestina, gan iddo gwrdd yno â Groeges sy'n ymbil arno i iacháu ei merch oedd gartref ac yn dioddef o ryw afiechyd meddwl - epilepsi, mae'n debyg. Ym Mhalestina, prin y byddai gwraig wedi mentro dynesu at Rabbi Iddewig yn y fath fodd ag a wnaeth hon. Yn fersiwn Mathew o'r stori mae Iesu'n ei hanwybyddu'n llwyr i ddechrau (Mathew 15:23) a phan wnaeth ei hateb mae'r hyn a ddywedodd wrthi hi'n wahanol i'r hyn a ddisgwyliem: mae'n sarrug os nad yn sarhaus. Nid yw hyn yn ei thramgwyddo oherwydd roedd ei hymateb hithau i'r hyn a ddywedodd ef yn wylaidd ond eto'n ddisgwylgar; ac fe gafodd ei dymuniad.

Myfyrdod

Mae'r stori fach hon wedi achosi trafferthion i esbonwyr am ei bod yn rhoi darlun o Iesu inni sy'n groes i'r hyn a ddisgwyliem. I ble'r aeth y graslonrwydd a gysylltir ag ef yn gyson yn y straeon arall amdano yn yr Efengylau?

Roedd tuedd ymhlith yr Iddewon i gyfeirio at y Cenhedloedd fel 'cŵn' - pobl israddol, anifeilaidd. Ond mae llawer o'r esbonwyr yn tynnu sylw at y ffaith mai'r gair am 'gi bach' a ddefnyddir yn y stori - anifail anwes i bob pwrpas. Mae F.F.Bruce yn sôn am Iesu'n siarad â'r wraig '*with a twinkle in his eye*' ac na all y gair ysgrifenedig gyfleu hynny na chwaith goslef garedig ei lais. Gan na ddigalonnodd y wraig ar ei eiriau, meddai, mae'n rhaid mai felly y bu.

Mae esbonwyr eraill yn rhoi gogwydd diwinyddol i'r hyn a ddigwyddodd rhwng Iesu â'r wraig.

Cyhoeddi a wna Iesu, meddant, y caiff y cenhedloedd eu cyfle hwy, maes o law; ond mai ei ddyletswydd gyntaf ef yw cynnig 'bara'r Efengyl' i blant Israel, gan mai hwy a gafodd y datguddiad am ddyfodiad Meseia. Fe gynigir y bara iddynt hwy felly *cyn* y caiff ei rannu â'r 'cŵn bach' - y cenhedloedd.

Posibilrwydd arall yw mai pwrpas y stori yw dangos pwysigrwydd taerineb ffydd.

Taerineb ffydd ddisgwylgar y wraig sy'n cael ei amlygu yn yr hanes. Mae ei ffydd hi'n fwy trawiadol am ei bod yn cael ei hamlygu **mewn lle** ac **mewn person** na fyddem yn disgwyl gweld ffydd ganddi o gofio ei chefndir, ac **mewn amgylchiadau** oedd yn ymddangos yn anaddawol. Mae'n bwysig cofio bod ffydd i'w chael yn y mannau ac ymhlith y bobl mwyaf annisgwyl. A phan fydd ffydd yn ddi-ildio ac yn dyfalbarhau mae'n anorchfygol; ac er nad oes sicrwydd o hynny bob tro, gall y canlyniadau fod yn rhyfeddol.

Gweddi
'Llawer a ddichon taer weddi y cyfiawn.' Arglwydd, diolchwn i ti mai gwrandawr gweddi wyt ti; rho inni'r taerineb y mae gweddi'n galw amdano, yn enwedig pryd y mae'n rhaid inni ddisgwyl am ymateb gennyt ti. Amen

3. Iesu a'r dyn a aeth i guddio
(Luc 19:1-10)

Cyflwyniad

Pam ddringodd Sacheus y goeden?

Dywed Luc fod yr Iesu'n mynd drwy Jerico a phobl am ei weld. ond cymaint oedd y dyrfa nes bod Sacheus, a oedd yn ddyn byr, wedi gorfod dringo coeden i'w weld. Gwelsom olygfeydd tebyg droeon: pobl yn sefyll ar ben wal, neu'n dringo postyn lamp, er mwyn gweld rhywun amlwg yn mynd heibio. Ac nid yw'n beth anarferol i newyddiadurwyr i ddefnyddio *steps* er mwyn gallu gweld a chael llun da!

Ond, heb amau beth ddywed Luc am ei faint, tybed a oedd rheswm arall dros ddringo i'r goeden yn achos Sacheus?

Casglwr trethi ydoedd - ac nid yw honno'n alwedigaeth y mae pobl fel arfer yn ymffrostio ynddi hi! Pan oedd Verina a mi'n byw yn Llundain roeddem yn byw am gyfnod byr y drws nesa' i un oedd yn 'ddyn mawr' gyda'r Gwasanaeth Sifil. Dyna a ddeallem, fodd bynnag. Pan ddywedais wrtho mod i'n weinidog, 'O! meddai, rŷch chi wedi dringo'n uwch na mi yn y Gwasanaeth Sifil, felly!' Roedd yn ddigon cyfeillgar ond ni wyddem tan ar ôl iddo symud ei fod yn swyddog pwysig gyda'r Cyllid Gwladol! Tybed ai oherwydd hynny na ddywedodd erioed beth oedd ei swydd gyda'r Gwasanaeth Sifil?!

Ag yntau'n swyddog trethi pwysig fe wyddom fod Sacheus yn hynod amhoblogaidd (19:8). 'Mae'r casglwr trethi yn caru pobl dlawd', meddai rhywun, 'dyna pam mae'n creu cymaint ohonynt!'

Roedd dau fath o gasglwr trethi ym Mhalestina ar y pryd: y naill yn *gweithio i'r awdurdodau Rhufeinig* ac yn casglu arian ar ran y gorthrymwyr paganaidd ac felly'n fradwr; y llall *yn casglu ar gyfer Herod Antipas* oedd hefyd â'r hawl i gasglu trethi. Os rhywbeth roedd y casineb at yr ail fath yn fwy na'r casineb at y cyntaf am fod ganddo fwy o gyfle i dwyllo'r talwr. Derbyn comisiwn ar swm penodol a gasglai i'r Ymherodr wnâi'r math cyntaf, heb fawr o gyfle i dwyllo; casglu tollau wnâi'r ail fath ac roedd gan hwnnw ddigon o gyfle i dwyllo. A barnu wrth yr hyn a ddywedodd Sacheus ei hun (19:8) mae'n ymddangos mai i'r ail ddosbarth y perthynai yntau.

Felly, tybed ai ei chwilfrydedd i weld Iesu oedd yn gyfrifol iddo fentro allan y diwrnod hwnnw ac mai ofn o ymateb y dyrfa i'w bresenoldeb barodd iddo ddringo'r goeden - a chuddio? Os taw e', ni lwyddodd i guddio oddi wrth Iesu.

Myfyrdod

Mae nifer o straeon yn y Beibl am bobl yn cuddio: Adda, Eleias, Ahab, Dafydd, ac ati. Er i Eleias a Dafydd lwyddo i guddio oddi wrth eu gelynion, ni lwyddodd Adda i guddio oddi wrth Dduw yn yr ardd nac Ahab guddio oddi wrtho dan gochl milwr cyffredin, a - beth bynnag oedd ei fwriad - ni lwyddodd Sacheus guddio yn y goeden oddi wrth Iesu. Ni ellir cuddio oddi wrth Dduw yw neges yr ysgrythur.

Hoffaf y stori am rywun yn rhoi bowlen mawr o afalau ar y bwrdd ar gyfer plant yn y dyddiau ers talwm pan drefnai Ysgolion Sul mabolgampiau (a oes 'na rhai'n digwydd nawr?) ac yn rhoi notis arnynt: 'Cymerwch UN - cofiwch fod Duw yn gwylio!' Gerllaw roedd bowlen o loshins a rhywun wedi rhoi notis bach gerllaw iddynt: 'Cymerwch faint fynnoch chi - mae Duw'n gwylio'r afalau!'

Mae'n rhan o'n cred fel Cristnogion na chollodd Dduw ddiddordeb yn ei greadigaeth: mae'n gwybod amdanom ni fel unigolion ac yn gwylio drosom i gyd. Yn wir, fe wêl ddirgelion ein calonnau. Rhoes y Salmydd fynegiant i'r gwirionedd hwn yn Salm 139.

Ond a gredwn *ni heddiw* fod Duw yn ein gwylio a'n gweld, neu a ystyriwn ni mai syniad hen-ffashwn yw hynny? Oni chredwn ei fod yn gwybod amdanom ni, pa bwrpas sydd i weddi? Ac os credwn ei fod yn ein gwylio, beth mae e'n gweld?

Gweddi

Arglwydd, gwna ni'n ymwybodol dy fod ti, fel Tad, yn ein gwylio, hyd yn oed ar yr adegau hynny pan fyddai'n well gennym *na* fyddet yn ein gweld. Amen

4. Iesu a'r gŵr oedd am gredu
(Marc 9:14-29)

Cyflwyniad

Pan ddaeth y tad yn y stori i chwilio am iachâd i'w fab, nid oedd Iesu gyda'r naw Disgybl a gyfarfu. Roeddent hwy'n disgwyl i'r Arglwydd i ddod lawr o'r mynydd lle'r aeth gyda Iago, Ioan a Phedr i weddïo.

Mae'n siwr fod y tad wedi clywed am yr hyn allai Iesu wneud ac o wybod beth wnaeth yr Arglwydd dros eraill byddai'n ffyddiog y gallai wneud yr un peth dros ei fab yntau hefyd. Yn absenoldeb Iesu, gofynnodd i'r Disgyblion a gyfarfu i'w helpu. Roeddent hwy wedi gweld Iesu'n cyflawni'r math o wyrth y gofynnai'r tad amdani a chredent y gallent hwy wneud hynny hefyd. Roedd y Disgyblion yn ddigon hyderus i fentro ceisio iacháu'r crwt, ond methu fu eu hanes (Marc 9:28) a bu'n rhaid i'r tad ddisgwyl i'r Iesu ddychwelyd.

Tybed pa effaith gafodd methiant y Disgyblion ar ffydd y tad? *'Faith means belief in something concerning which doubt is theoretically possible'*, oedd sylw yr athronydd, William James. Tybed ai methiant y Disgyblion a blannodd amheuaeth ym meddwl y tad? Anogaeth y dramodydd Almaenig, Goethe, oedd 'Rhennwch â mi sicrwydd eich ffydd, ond cadwch eich amheuon i chi eich hunan gan fod gennyf fi ddigon ohonynt eisoes!'

Fe wyddom, bawb, am yr effaith y gall rhywbeth a wnaeth neu a ddywedodd eraill gael arnom ni - weithiau er da ond weithiau hefyd er drwg. Mae'n hawdd dychmygu bod methiant dilynwyr agosaf Iesu wedi siglo ffydd y tad.

Myfyrdod

Os ydym yn onest, onid yw'r rhan fwyaf os nad pawb ohonom yn debyg i'r tad yn y stori? Mae elfen o ansicrwydd yn ein credu a'n ffydd yn aml. Yr *ydym* yn credu, *ond*... ! Mentraf awgrymu y daw'r 'ond' hwn i fewn i grefydd y mwyafrif ohonom. Gwyn ei fyd y sawl nad yw ei ffydd byth yn simsanu. Oni ddigwyddodd hynny yn hanes Pedr? Credodd y gallai gerdded ar y môr a mentrodd allan o'r cwch, ond collodd ei hyder pan welodd y tonnau! A beth am Thomas? Roedd yn fodlon dilyn Iesu i Jerwsalem a marw gydag ef (Ioan 11:16) ond ffoi a chuddio fu ei hanes yntau fel y gweddill o'r disgyblion pan ddaeth y prawf. Ac er iddo glywed yr Iesu'n sôn a dysgu am atgyfodiad y meirw yn ystod ei ddyddiau fel Disgybl, eto methodd gredu y gallai hynny fod yn wir ac roedd am gael prawf personol o hynny hyd yn oed ym mhresenoldeb y Crist atgyfodedig. Fe'i cafodd a chyffesodd ei gred fod yr Iesu yn Arglwydd a Duw (Ioan 20:24-29). Ond tybed a amheuodd Thomas ar ôl hynny? Y rheswm dros ofyn y cwestiwn yw fod Efengyl Ioan yn dweud ar ddechrau'r bennod nesaf iddo ddychwelyd i'w hen alwedigaeth fel pysgotwr, fel y gwnaeth eraill o'r disgyblion (Ioan 21:2). Beth, tybed, oedd y tu ôl i hynny? Ai amheuaeth?

Ni chondemniodd Iesu erioed ffydd ddiffygiol, anghyflawn. Diffyg ffydd ac nid ffydd ddiffygiol oedd yn rhwystr i Iesu. Teimlodd y diffyg ffydd hwnnw yn Nasareth, bro ei febyd, 'lle ni allai wneud unrhyw wyrth' oherwydd eu hanghrediniaeth (Marc 6.6). Ni ddylid darllen yr hyn ddwedodd Iesu wrth y tad (9:23) fel condemniad na cherydd ohono ond yn hytrach fel honiad fod gwyrth yn galw am ffydd. Mae ymateb y tad yn awgrymu ei fod yn deall hynny: roedd ganddo ffydd, ond roedd yn ddigon gonest i gyfaddef bod hwnnw'n ddiffygiol.

Rhagwelodd Eseia y gallai hynny ddigwydd pan ddeuai'r Meseia. Nododd hefyd beth fyddai agwedd yr Arglwydd at y sawl oedd â'i ffydd yn diffygiol pan ysgrifennodd:
'Ni fydd yn dryllio corsen ysig nac yn diffodd llin yn mygu' (Eseia 42:3).

Gweddi
Diolchwn iti Arglwydd am ffydd. Pan ddelo rhywbeth i'w siglo a phan gaiff ei herio 'gan anghrediniaeth hy', cynorthwya ni i ymddiried ynot a gwybod bod 'yr afael sicraf fry'. Amen

5. Iesu a'r un celgar
(Ioan 3:1-21)

Cyflwyniad

Mae'n amlwg fod Nicodemus wedi clywed am Iesu ac yn gyfarwydd â'i eiriau a'i 'arwyddion' (gair Ioan am 'wyrthiau'), yn gymaint felly nes ei fod yn awyddus i'w gyfarfod. Ond fel Pharisead ac aelod o'r Sanhedrin roedd ganddo safle bwysig mewn cymdeithas ac ni fynnai i neb wybod am ei ddiddordeb yn y Rabbi newydd oedd yn ymweld â Jerwsalem am y tro cyntaf - yr un a greodd y fath gyffro yn y Deml. Rhaid felly oedd ymweld â Iesu yn y dirgel, dan gysgod y nos. Ond er ei bwysigrwydd, roedd Nicodemus yn ddigon gostyngedig i gyfarch Iesu fel 'Rabbi', sef y ffordd (mewn cyfnod diweddarach, o leiaf) y cyfarchai myfyriwr ei athro.

Dod i ddysgu gan Iesu a wnaeth ond o gofnod Ioan o'r digwyddiad mae'n anodd ail-greu'r sgwrs a fu rhyngddynt, dim ond canfod tameidiau o'r drafodaeth - a rheiny'n dameidiau pwysig a ddaeth yn rhan o'r traddodiad Cristnogol. Ni ddywedir sut y gorffennodd y sgwrs oherwydd barn yr esbonwyr yw mae sylw'r Efengylydd ei hun a welir o Ioan 3:16 ymlaen.

Wrth droi at Ioan 7:50-51 gwelwn gyfeiriad arall at Nicodemus. Y tro hwn mae gyda'r prif offeiriaid a'r Phariseaid sy'n datgan eu siom a'u beiriadaeth bod y swyddogion a ddanfonwyd i ddal Iesu wedi dychwelyd hebddo. Sylw Nicodemus yw nad yw'r Gyfraith Iddewig yn barnu pobl heb glywed ganddynt yn gyntaf. I bob pwrpas ymateb yr awdurdodau i hyn yw cyhuddo Nicodemus y gallai ef ei hun fod yn un o'r 'Galileaid', sef canlynwyr Iesu.

Y tro olaf y daw i'r golwg yn yr Efengyl yw yn Ioan 19:39-42 lle dywedir i Nicodemus gynorthwyo Joseff o Arimathea i gladdu corff Iesu ar ôl y croeshoeliad.

Nid yw'n syndod fod Joseff o Arimathea a Nicodemus yn cael eu cyfrif yn Saint gan yr Eglwysi Pabyddol ac Uniongred wedi iddynt sicrhau bod yr Arglwydd yn cael claddedigaeth barchus. [Nawddsant ymgymerwyr yw Joseph o Arimathea!]. Ond y tri thro y cofnodir enw Nicodemus - a dim ond yn Efengyl Ioan y gwneir hynny - ceir awgrym bod 'lliw'r nos' ar ei berthynas â Iesu, tra bod Joseff o Arimathea yn cael ei gydnabod 'yn ddisgybl i Iesu, ond yn ddisgybl cudd, gan fod ofn yr

Iddewon arno' (Ioan 19:38).

Myfyrdod

Er na ddywedir hynny, mae'n ymddangos fod Nicodemus fel Joseff o Arimathea yn ddisgybl cudd i'r Arglwydd ond fe ddaeth diwrnod pan ddangosodd y *ddau* eu hochr drwy roi claddedigaeth Iddewig i'r Iesu, rhywun a ystyrid yn droseddwr gan yr awdurdodau,

Mae gwahaniaeth mawr rhwng cadw'n ffydd yn gyfrinachol a theimlo embaras a gormod o gywilydd i'w arddel. Fel Joseff o Arimathea (a enwir sawl gwaith yn yr Efengylau cyfolwg) wrth fynd yn agored at Pilat i ofyn corff Iesu, fe ddatgelodd Nicodemus ei ffydd pan oedd hi'n bwysig i wneud hynny. Oni bai iddo ef a Joseff wneud beth wnaethant byddai corff Iesu wedi cael ei adael ar y Groes am ddyddiau cyn ei daflu i fedd troseddwyr. Ymhellach, wrth wneud beth wnaethant byddent wedi eu halogi eu hunain yn ôl y Gyfraith Iddewig gan iddynt drafod corff marw. Methodd y ddau ddangos eu hymrwymiad i'r Crist byw ond fe wnaethant hynny i'r Iesu marw. Ni laddodd Calfaria eu ffydd, ond fe'i heriodd hwy i'w harddel yn gyhoeddus. Pe baent heb wneud hynny, ni fyddai Golgotha a bedd gwag - ac mae'n anodd dychmygu sut byddai'r stori wedi datblygu er nad y Groes gawsai'r gair olaf.

Daeth cyfnod ym mlynyddoedd cynnar Cristnogaeth pan oedd yn fantais i Gristnogion geisio cuddio'u hymlyniad i Grist, a dyna pryd ddaeth arwydd y pysgodyn, yr ICHTHUS, yn symbol o'r Ffydd. Mae llythrennau'r gair yn briflythrennau geiriau'r gyffes Roeg, 'Iesu Grist, Mab Duw, Gwaredwr'. Mae rhai'n dadlau mai neges gudd i Gristnogion a oedd yn cael eu herlid gan yr awdurdodau yw'r Llyfr Datguddiad. Yn eu hesboniad hwy o'r Datguddiad fe ddywedodd R.H.Preston ac A.T.Hanson mai llenyddiaeth ddirgel, chwydroadol wedi ei ysgrifennu mewn côd ydyw (*underground subversive literature written in code*). Nonsens fyddai'r llyfr i'r awdurdodau pe deuent ar ei draws, ond byddai Cristnogion yn deall y delweddau a'r symbolau a ddefnyddiai Ioan ac yn deall ei neges.

Nid cuddio eu ffydd hwy am fod arnynt gywilydd o'r Ffydd wnaeth y Cristnogion cynnar ond yn hytrach ei chadw'n ddirgel er mwyn ei diogelu rhag y sawl oedd yn benderfynol i'w dinistrio. Mae'r sefyllfa'n wahanol i ni heddiw. Os ŷm ni'n awyddus i'r Ffydd ffynnu rhaid inni golli'n swildod, dangos ein hochr a chenhadu'n hyf. Fel Paul, ni ddylem fod â chywilydd o'r Efengyl ond yn hytrach dylem ymfalchïo yn ei neges a cheisio'i rhannu gorau gallwn.

Mae hen emyn Saesneg y bu gan y Bedyddiwr o Gymro, Benjamin Francis (cyfansoddwr *C.Ff.* 746, &c.), law yn ei addasu ar gyfer ei ganu; mae'n darllen:

Ashamed of Jesus? Sooner far let evening blush to own a star ...
And oh, may this my portion be, that Christ is not ashamed of me.

Gweddi
Maddau imi Arglwydd y troeon hynny pan gefais gyfle i'th arddel di gerbron pobl eraill ond oherwydd swildod, efallai, dewisais gadw'n dawel. Cynorthwya fi i ganu gyda'r emynydd
Does arnaf ddim c'wilydd proffesu / y Gŵr a fu'n chwysu'n yr ardd, er cymaint mae dynion yn gwawdio,/ rwy'n gweled fy mhriod yn hardd. Amen

6. Iesu a'r Wraig wrth Ffynnon Jacob
(Ioan 4:1-8, 27-30, 39-42)

Cyflwyniad

Roedd Iesu'n teithio drwy Samaria, gwlad nad ystyriai'r Iddewon fod ei thrigolion yn uniongred. Roedd eu Hiddewiaeth hwy wedi ei llygru gan fewnfudwyr o genhedloedd eraill wedi cyfnodau o ryfel ac oherwydd hynny roedd y Samariad yn wrthun gan yr Iddew. Ni fyddai Iddewon a Samariaid yn bwyta, yfed nac yn priodi â'i gilydd ond roeddent yn ddigon parod i ddelio â'i gilydd wrth brynu a gwerthu. Fodd bynnag roedd teithio rhwng Galilea a Jerwsalem yn galw am fynd drwy Samaria oni bai fod y teithiwr yn dewis mynd allan o'i ffordd i'w hosgoi.

Teithio nôl o Jwdea i Galilea roedd Iesu. Ag yntau wedi blino'n lân eisteddodd wrth y pydew a gloddiodd Jacob yn ôl traddodiad, tra bod y Disgyblion yn mynd i mewn i dref Sychar gerllaw i brynu bwyd. Roedd hi'n hanner dydd â'r haul ar ei fwyaf tanbaid pan ddaeth gwraig i dynnu dŵr o'r pydew. Roedd hynny'n anarferol. Gwaith y gwragedd oedd casglu a chario dŵr, ond gwnaent hynny yn y bore bach cyn iddi hi ddechrau poethi.

Synnodd y wraig pan ofynnodd Iesu iddi hi am ddŵr i'w yfed. Nid oedd yn arferol i ddyn diarth i siarad â gwraig, ac roedd y ffaith mai Iddew a siaradai â gwraig o Samariad yn fwy rhyfedd fyth (adn. 27). A mwy na hynny, efallai, 'ni bydd yr Iddewon yn rhannu'r un llestri â'r Samariaid' (adn.9) - yn llythrennol - a dyma Iddew am ddefnyddio llestr y wraig i gael dŵr. Cododd sgwrs o fath rhyngddynt oherwydd er eu bod yn siarad yr un iaith, nid yw'n ymddangos fod y wraig yn deall beth roedd Iesu'n ei ddweud wrthi hi tan iddo gyfeirio'n gynnil at y ffaith iddi hi gael pump ysgariad ac nad oedd hi'n briod â'r dyn roedd hi'n byw gydag ef yr adeg honno.

Dichon fod y wybodaeth hon yn egluro pam yr âi'r wraig i'r pydew ar awr mor anghyfleus: fe âi er mwyn cael bod yno wrthi hi ei hunan ac osgoi cleber a dirmyg y gwragedd arall. Ond fe sylweddolodd drwy'r sgwrs â Iesu ei bod yn siarad â rhywun arbennig - un yr oedd hi'n ei alw'n 'broffwyd'. Parhaodd y sgwrs ond prin fod y wraig yn deall llawer o'r hyn a ddywedodd Iesu wrthi chwaith a phan ddaeth y Disgyblion yn ôl 'yr oeddent yn synnu ei fod yn siarad â gwraig'. Fe rhuthrodd hi adref gan adael ei hystên a dechrau sôn wrth y bobl y bu hi mor awyddus i'w hosgoi cyn hynny am yr hyn a ddigwyddodd iddi hi wrth y ffynnon. Oherwydd ei thystiolaeth hi aeth y sawl a'i clywodd allan o'r dre i'r pydew er mwyn gweld drostynt hwy eu hunain.

Myfyrdod
Mae stori'r wraig yn dangos nad yw'n rhaid inni ddeall popeth cyn y gallwn afael yn y gwirionedd am Iesu. Doedd dim disgwyl i'r wraig i ddeall y gwirionedd a gyhoeddai'r Arglwydd. Prin ein bod ni'n deall holl oblygiadau ei eiriau er i ni gael digon o amser i bori ynddynt! Nid oes rhaid deall rhywbeth i ganfod y gwirionedd amdano. Nid yw'r ffaith nad wyf yn gwybod sut mae injan awyren yn gweithio yn rhwystr imi hedfan ynddi, na'r ffaith fod technoleg fy nghyfrifiadur y tu hwnt i'm deall yn rhwystr imi elwa o'r peiriant. Yn wir, ble fyddem pe bai'n rhaid inni ddeall popeth cyn gweld ei werth a'i ddefnyddio?

Mae'r stori hefyd yn dangos fel y gall rhywun cyffredin heb ddim cefndir na hyfforddiant fod yn genhadwr effeithiol. Nid oes eisiau dim mwy na pharodwydd i rannu'r stori a rhannu profiad pan ddaw cyfle - ac yn achos y wraig dyna a wnaeth gan greu y cyfle ei hunan.

Ac mae'r stori hefyd yn grynodeb o beth yw pwrpas cenhadu ac yn ddarlun o'i lwyddiant. Sylwn ar beth ddywedodd pobl Sychar wrth y wraig: 'Nid trwy yr hyn a ddywedaist ti yr ydym yn credu mwyach, oherwydd yr ydym wedi ei glywed drosom ein hunain, ac fe wyddom mai hwn yn wir yw Gwaredwr y byd'. Roedd argyhoeddiad y wraig bellach yn argyhoeddiad personol iddynt hwy.

Gweddi
Arglwydd Iesu, diolchwn iti am y bobl hynny a rannodd â ni eu profiad ohonot ti:- rhieni, perthnasau, athrawon Ysgol Sul, gweinidogion, aelodau eglwysig - ac ambell waith pobl ddiarth nad oeddem yn eu nabod. Diolch hefyd fod yr hyn a glywsom ganddynt wedi ein hargyhoeddi a'n bod ni nawr yn gallu dweud nad ar eraill y dibynna'n ffydd ond ar ein profiad ni ein hunain o'r Gwaredwr. Amen

7. Iesu a'r dyn ifanc a hoffodd
(Marc 10:17-21 *cymh*. Mt. 19;16-25; Luc 18:18-25)

Cyflwyniad

Mae Matthew, Marc a Luc yn adrodd y stori honno am y dyn cyfoethog a ddaeth at Iesu i ofyn iddo beth ddylai wneud i etifeddu bywyd tragwyddol. Ychwanega *Marc* y wybodaeth i'r Iesu ei hoffi; *Mathew*, ei fod yn ifanc, tra bod *Luc* yn dweud ei fod yn aelod o'r Cyngor. Gan ddibynnu ar ba mor ifanc ydoedd, fe allai hynny olygu mai'r Cyngor y perthynai iddo oedd Cyngor y synagog. Ar y llaw arall mae rhai yn tybio y byddai'n rhy ifanc i fod yn aelod o Gyngor synagog ac mai un o'r bonedd ydoedd - rhywun a ddeuai o deulu ariannog.

O'r hyn a ddywed y tair efengyl, gellid tybio bod ganddo gyfoeth a wnâi bywyd yn gyffyrddus iddo, ond gwyddai ef ei hun fod *rhywbeth* yn eisiau. Roedd rhywbeth ar goll o'i fywyd a dyna pam ddaeth i siarad â Iesu. Credai y gallai Iesu ei helpu i wybod beth oedd y gwacter yn ei fywyd. Mae'n amlwg ei fod yn hyddysg yn yr ysgrythurau Iddewig ac nid yw Iesu'n amau o gwbl ei ddidwylledd pan ddywedodd iddo gadw'r cyfreithiau a restrodd yr Arglwydd fel rhai oedd yn bwysig. Felly ychwanegodd Iesu un her arall: 'Un peth sy'n eisiau ynot; dos gwerth y cwbl sydd gennyt a dyro i'r tlodion, a chei drysor yn y nef, a thyrd, canlyn fi.' Noda'r tair Efengyl i'r gŵr ifanc fynd i ffwrdd yn drist pan glywodd hyn - a dyma'r unig dro y dywed yr Efengylau i'r hyn ddwedodd Iesu dristáu unrhywun.

Symbylodd yr hyn a ddigwyddodd sylw enwog Iesu am y camel a chrau'r nodwydd ddur. Mae'r geiriau wedi derbyn cryn sylw gan yr esbonwyr. Cred rhai mai sôn wnâi Iesu am ryw fynedfa i gerddwyr yn mur dinas Jerwsalem gerllaw'r prif fynedfa; dywedant y cyfeirid ato fel Crau'r Nodwydd. Mae eraill yn tynnu sylw at y ffaith fod y gair am 'raff' (*kamilon*) yn debyg iawn i'r gair am 'gamel' (*kamēlon*) ac mai dweud wnaeth Iesu na ellir gwthio rhaff drwy grau y nodwydd ddur. Camgymeriad Marc oedd sôn am 'gamel' ac nid 'rhaff', ac fe'i dilynwyd gan Mathew a Luc. Wedi'r cwbl, Iddew ac nid Groegwr oedd Marc; cofnododd atgofion Pedr am weinidogaeth Iesu a gwnaeth hynny yn ei ail-iaith, Groeg. Ond gan fod y tair Efengyl yn sôn am 'gamel' mýn eraill mai enghraifft arall o hiwmor Iesu ydyw - '*hyperbolical humour*' meddai un sylwebydd. Ceir enghraifft debyg yn ymwneud â chamel yn Mathew 23:24. Ond hiwmor neu beidio, roedd yr Arglwydd o ddifri wrth rybuddio am beryglon cyfoeth pan yw hwnnw'n cael ei ystyried y peth pwysicaf yn ein bywyd.

Myfyrdod

Er i Iesu yn ei ddysgeidiaeth rybuddio am beryglon cyfoeth (Mathew 6:19-21, 33; Luc12:33-34) yr oedd pobl gyfoethog ymhlith ei ddilynwyr (Luc 8:3) ac nid oes cofnod iddo ofyn i neb arall werthu'r cyfan oedd ganddo a'i roi i'r tlodion. Roedd y gŵr ifanc yn cadw'r gorchmynion i gyd ond synhwyrodd Iesu fod cyfoeth yn beth mor bwysig iddo fel ei fod wedi ei gaethiwo ac yn dramgwydd iddo. Roedd fel pe bai'r gŵr ifanc yn ceisio addoli wrth allor Duw *a* Mamon (Mathew 6:24) ac fe'i heriwyd i dorri'n rhydd o afael arian. Ond mae'n ymddangos mai hwnnw oedd â'r afael gryfaf ar ei fywyd.

Roedd Gan G. K. Chesterton gyngor da sy'n addas mewn amryw o sefyllfaoedd: *There are two ways to get enough: One is to accumulate more and more, the other is to desire less.* 'Accumulate more' oedd hi yn hanes y gŵr ifanc.

Neges arbennig ar gyfer y dyn ifanc hwn oedd, 'Gwerth y cwbl sydd gennyt a dyro i'r tlodion, a chei drysor yn y nef'; ond mae'r geiriay yn cynnwys egwyddor sy'n berthnasol i bob un ohonom. Gallwn *ni* ein hunain greu ein 'Mamon' o rywbeth heblaw arian a chyfoeth.

Os oedd yr hyn a ofynnodd Iesu ganddo yn ormod i'r dyn ifanc, cwestiynnau heriol i ni yw: Beth sy'n wedi meddiannu'n bryd ni yn llwyr? A oes unrhywbeth na fyddem yn fodlon gollwng ein gafael ynddo er mwyn ein ffydd?

Beth o'r holl bethau ddwedodd Iesu sy'n dramgwydd i ni?

Gweddi

Arglwydd Dduw, gwyddom fod obsesiynau yn gallu dinistrio, cymorth ni felly i sylweddoli pan fo rhywbeth anaddas wedi rhoi ei grafangau ynom ac i nabod yr hyn sy'n rheoli ein bywydau. Cynorthwya ni i gydnabod ac arddel dy hawl arnom. Amen

8. Iesu a'r ferch a ddaliwyd mewn pechod
(Ioan 8:1-11)

Cyflwyniad

Un peth hynod am y stori hon yw mai ar waelod y dudalen y gwelir hi yn y *Beibl Cymraeg Newydd* a chyfieithiadau modern o'r Testament Newydd. Y rheswm am hyn yw bod y stori'n ymddangos mewn mannau gwahanol yn llawysgrifau cynnar y Testament Newydd gyda rhai casgliadau o lawysgrifau yn rhoi'r stori i ddilyn Luc 21:38 ac eraill ar ddiwedd Efengyl Ioan er mai fel rhan o'r wythfed bennod o Ioan y gwelir hi bellach. Felly roedd i'r stori le amlwg yn y traddodiad cynnar ond ni wyddai Cristnogion pryd yn union y digwyddodd na ble i'w lleoli yn yr Efengylau.

Rhoi prawf ar Iesu oedd dwyn y wraig o'i flaen gan yr ysgrifenyddion a'r Phariseaid. Nid profi ei barch a'i ymlyniad i gyfraith Moses oedd eu pwrpas ond gosod magl i'w ddal yn troseddu yn erbyn cyfraith Rhufain drwy gefnogi llabyddio'r wraig - gweithred a waherddid gan y Rhufeiniaid. [Gwelir ymgais arall i'w rwydo yn Marc 12:13-17.] Hawdd yw methu talu sylw i'r hyn a ddigwyddodd wedyn: 'Plygodd Iesu i lawr ac ysgrifennu ar y llawr â'i fys' (6) ac eto wedi herio pwy bynnag oedd yn ddibechod i daflu'r garreg gyntaf, parhaodd i ysgrifennu ar y llawr (8). Pam? Beth ysgrifennodd? Mae llawer o'r esbonwyr yn llithro heibio i'r digwyddiad hwn ond mae gan eraill awgrymiadau diddorol.

Un awgrym yw bod agwedd pobl tuag at y wraig yn gwneud i Iesu deimlo'n annifyr. Mae pawb ohonom wedi cael adegau pan deimlem yn chwithig ac annifyr yng nghwmni pobl arall am ryw reswm neu'i gilydd. Dywedwn, 'O'wn i ddim yn gwpod beth i wneud â fi'n hunan!' Felly ai dwdlan oedd Iesu â'i fys yn y llwch i guddio'i embaras at agwedd y bobl? Dyna awgrym rai.

Awgrym arall yw ei fod yn rhestru yn y llwch y cyhuddiadau a wnâi'r offeiriaid a'r Phariseaid yn erbyn y wraig. Gallwn fentro na fyddent yn fodlon ar ei chyhuddo o un peth yn unig ond ceisient ei phardduo gymaint ag y medrent. Os felly mae'n werth sylwi mai yn y llwch yr oedd Iesu'n ysgrifennu'r cyfan; fe ddiflannai'n fuan ac ni fyddai cofnod parhaol ohono.

Mŷn eraill fod yr awdurdodau crefyddol wedi dod at Iesu yn hawlio iddo farnu'r wraig ac iddo yntau wneud beth fyddai barnwr mewn llys

Rhufeinig yn gwneud, sef nodi'r cyhuddiadau ac ysgrifennu ei ddedfryd cyn ei chyhoeddi. A beth oedd y ddedfryd? Nid fod y wraig yn ddieuog a'i fod ef am anwybyddu'r pechod; gwrthododd ei chondemnio er ei fod yn cydnabod iddi hi bechu. Yn lle'i chondemnio troes ati a gorchmyn, 'Dos, ac o hyn allan paid â phechu mwyach.' Rhoddodd gyfle newydd iddi hi.

Myfyrdod

Dywedwyd na all maddeuant newid drwg y gorffennol - 'ddoe i neb ni ddaw yn ôl' - ond gall newid y dyfodol. Ni ddywedir wrthym a newidiodd y wraig ei ffordd o fyw wedi i ymyrraeth Iesu ei rhyddhau o'r perygl a wynebai; ond fe newidiwyd ei hamgylchiadau hi pe na bai ond am y ffaith fod y bobl oedd am ei llabyddio wedi mynd i ffwrdd a rhoi llonydd iddi hi. Pe bai cerrig yn eu dwylo munudau yn gynt byddent wedi eu taflu ati, ond bellach doedd neb yno yn ei chondemnio, dim ond Iesu yn ei hannog i newid a pheidio pechu mwyach.

Tosturio wrth y wraig wnaeth Iesu yn yr achos hwn ac nid ei chondemnio na hyd yn oed ei cheryddu am yr hyn a wnaeth. *'Compassion will cure more sins than condemnation'*, meddai Henry Ward Beecher. Ond er hynny rhaid cofio bod geiriau Iesu, 'Nid wyf fi yn dy gondemnio chwaith', yn dangos ei fod yn ystyried yr hyn wnaeth y wraig yn beth i'w gondemno. Tosturio wrth y wraig oedd ei fwriad nid cyfiawnhau yr hyn a wnaeth hi. Nid un oedd yn bychanu pechod oedd Iesu.

'"Gentle Jesus, meek and mild" is a snivelling modern invention, with no warrant in the gospels', meddai George Bernard Shaw. Yr ŷm ni eisoes wedi dod ar draws y syniad o bechod y dywedodd Iesu oedd anfaddeuol, sef pechod yn erbyn yr Ysbryd Glân, â'r Iesu'n condemnio hallt 'ysbrydoedd aflan' all feddiannu rhywun ac sy'n dinistrio bywydau pobl. Ni ddylem anghofio'r pechod hwnnw. Mewn cyfnod pan yw 'ysbrydoedd aflan' wrth eu gwaith o hyd - camddefnyddio plant a hynny wedi dinistrio eu bywydau; digwyddiadau gorffwyll yn cael ei cyfiawnhau yn enw crefydd, &c - ni ddylem anghofio am fodolaeth pechod anfaddeuol nac am gondemniad Iesu o bechod yn gyffredinol.

Gweddi

Arglwydd ein Duw, fe'i chawn hi'n haws i adnabod pechodau pobl eraill nag yw hi i gydnabod ein pechodau ni ein hunain. Gwelwn y brycheuyn yn llygaid eraill heb feddwl bod trawst yn ein llygaid ni ein hunain. Gwna ni'n ymwybodol o'n gwendidau a'n pechodau ni ein hunain cyn inni feirniadu eraill. Amen

4. Rhai o Bobl y Beibl

1. Y Cysurwyr
(Colosiaid 4:7-18)

Cyflwyniad

Mae'n bosibl fod Paul wedi ysgrifennu'r llythyr at y Colosiaid pan oedd yn disgwyl am ei brawf yn Rhufain ac yntau'n rhydd i dderbyn 'pawb a ddôi i mewn ato' (Actau 28:30).

Nid oes sôn i'r Apostol fod yn Colosae erioed - na Laodicea, o ran hynny (Colosiaid 2:1) - ond treuliodd amser hir yn Effesus, canolfan masnachol rhyw gan milltir i ffwrdd o'r ddwy ddinas. Yno y daeth Paul i gysylltiad â phobl o 'Asia' a chenhadu yn eu plith (Actau 19:10). Hwythau, wedyn, aeth â'r Efengyl yn ôl i Colosae a sefydlu eglwys yno - yr eglwys a gyfarfu yng nghartref Philemon mae'n debyg (Philemon adn. 1-2).

Yn y llythyr, rhybuddio wna Paul am rai o'r peryglon i'r eglwys oedd wedi dod i'w sylw. Oherwydd y paganiaeth a fodolai o'u cwmpas roedd perygl fod yr eglwys yn ofergoelus ac yn barod i gyfaddawdu gan gofleidio syniadau a berthynai i grefyddau eraill. Ar ddiwedd llunio'r neges yn y llythyr, y mae Paul yn dweud ei fod yn cymryd y pin ysgrifennu o law'r *amanuensis* er mwyn ychwanegu ei gyfarchion at yr eglwys yn ei law ei hun. Mae'n ymddangos mai dyna fyddai ei arfer wrth ysgrifennu ei lythyrau (gweler Galatiaid 6:11). Tychicus fyddai'r postman a gludai'r llythyr i Golosae a byddai yntau'n gallu rhoi mwy o wybodaeth i'r Colosiaid am Paul a'r cwmni o'i gwmpas. Gofynnodd i'r llythyr gael ei ddanfon ymlaen at yr eglwys yn Laodicea pan fyddai pobl Colosae wedi cael cyfle i'w ddarllen. Gyda Tychicus teithiodd Onesimus, caethwas oedd wedi lladrata oddi wrth ei feistr, Philemon, ffoi o Colosae a rhywfodd neu'i gilydd wedi dod i gysylltiad â Paul. Roedd ganddo yntau lythyr personol oddi wrth Paul i'w gyflwyno i Philemon yn gofyn iddo am drugarhau a maddau i'r caethwas.

Yn ei gyfarchion ar ddiwedd y llythyr at yr eglwysi mae Paul yn enwi'r bobl oedd o'i gwmpas yn Rhufain ac yn dweud iddynt fod yn 'gysur mawr' iddo.

Myfyrdod

Mae 'cysur' yn gyfieithiad o sawl gair gwahanol yn yr ysgrythurau ond dyma'r unig dro y mae'r gair *parēgoria* am gysur yn ymddangos yn y Testament Newydd. Wrth nodi mai gair meddygol ydyw, mae'n werth cofio fod Dr Luc ymhlith y cwmni o gwmpas Paul. Defnyddiwyd y gair gan Hippocrates (y meddyg o'r hen fyd a gofir heddiw fel awdur yr 'Hippocratic oath') am foddion [ffisig] sy'n lladd poen. O'r gair Groeg y daw'r gair Saesneg 'paregoric' am foddion sy'n lleddfu poen. Dyna ydyw yn ôl y *Concise Oxford Dictionary*: 'camphorated tincture of opium flavoured with aniseed and benzoic acid'. Oherwydd cysylltiadau meddygol y gair credai A.M.Hunter nad 'cysur' oedd y trosiad gorau o'r gair yn yr achos hwn ond bod eisiau gair mwy meddygol ei naws i gyfieithu *parēgoria*. Ei awgrym ef oedd 'tonic' neu 'pick-me-up'.

Beth yw'r gwahaniaeth rhwng cysur a thonig? Onid fod cysur yn rhywbeth sy'n help inni dderbyn sefyllfa fel y mae, tra bod *tonic* yn rhoi'r nerth inni herio'r sefyllfa? Ein grymuso a wna tonig. Byddwn yn aml yn dweud fod angen tonig ar rywun sydd wedi bod yn dost; a chyfeiriwn weithiau at ryw bobl sydd wedi bod 'yn donig inni'. Dweud mae'r Apostol, felly, fod y bobl oedd o'i gwmpas yn donig iddo!

Awgryma cyfeillion weithiau pa donic y teimlant hwy sydd arnom ni ei eisiau; ond yn achos ein ffydd, 'Ffisigwr mawr y byd' a'r 'Meddyg gwell' yw'r un i droi ato am gyngor. Fel y dywedodd Morgan Llwyd, yn yr achos hwn 'gorau meddyg, meddyg enaid': ac meddai Dewi Wyn o Eifion**:

Gŵyr y meddyg roi moddion, Gorau o neb, gŵyr ein Iôn.

Nid y math o gysur a gynigwyd i Job yw angen yr Eglwys yn y cyfnod hwn. Mae eisiau tonig - 'pick-me-up' - arni i'w bywhau; ac mewn gweddi i'r Arglwydd y dylem ofyn am y rhodd honno ganddo.

Gweddi

Arglwydd Dduw, *ti* yw Ffisigwr mawr y byd, *ti* yw'r Meddyg gwell. Dal ni yn dy freichiau; cryfha ni pan deimlwn bwysau'r byd arnom a symud yr iselder sydd ynom pan feddyliwn am gyflwr Eglwys yr Arglwydd Iesu. Ysbrydola ni a heria ni â'r wybodaeth y gallwn wynebu pob her gyda'th help di. Amen

[**Dewi Wyn o Eifion a Robert ap Gwilym Ddu yw'r beirdd a goffeir yn yr enw 'Capel y Beirdd', capel y Bedyddwyr ger Y Lôn Goed yn Eifionydd.]

2. Gwahangleifion
(2 Brenhinoedd 7:3-20)

Cyflwyniad

Un o straeon yr Hen Destament sydd yma.

Roedd y Syriaid yn gwarchae ar Israel yn Samaria a'r bobl yn newynu. Proffwydodd Eliseus un diwrnod y byddai Duw yn sichau y byddai digon o fwyd ganddynt drannoeth. Ni chredodd un o'r tywysogion a'i clywodd a dywedodd y proffwyd wrtho y byddai yntau farw cyn elwa o'r digonedd a ddeuai.

Y tu allan i wersyll yr Iddewon yr oedd pedwar o wahangleifion a ddibynnai ar sborion y bwyd a wastraffai milwyr Israel. Roedd eu clefyd yn eu gwahardd rhag ymuno â'r Israeliaid. Os aent i'r gwersyll cawsent eu lladd ac os arhosent lle roeddent byddent yn sicr o rannu tynged y milwyr a marw o newyn. Penderfynodd y pedwar fentro eu lwc drwy fynd i wersyll y Syriaid. Credent na allai eu tynged yno fod yn waeth nag ydoedd yn barod ac felly fe aethant.

Wedi cyrraedd gwersyll y Syriaid, cawsant nad oedd neb yno. Yn ystod y nos yr oedd yr Arglwydd wedi peri i'r Syriaid glywed 'trwst cerbydau a meirch a byddin gref' ac ofnent fod brenin Israel wedi cyflogi byddinoedd brenhinoedd arall i ymosod arnynt. Oherwydd hynny ffoisant a gwneud hynny gyda'r fath frys nes gadael popeth ar ôl. Roedd y gwahangleifion uwchben eu digon, yn bwyta, yfed a mynd o gwmpas y pebyll yn dwyn aur, arian a dillad iddynt eu hunain a'u cuddio mewn lle diogel.

Wedi gwneud hyn am ychydig, meddent wrth ei gilydd, 'Nid ydym yn gwneud y peth iawn; dydd o newyddion da yw heddiw, a ninnau'n dweud dim.' Iddewon oeddent wedi'r cwbwl ac roedd eu cydwybod yn eu poeni fod eu cyd-genedl yn newynu. Felly fe aethant yn ôl i wersyll yr Iddewon a rhannu'r newyddion da - newyddion y cafodd yr Israeliaid anhawster i'w gredu.

Myfyrdod

Ein cŵyn wrth ddarllen papur newydd yn aml yw bod y newyddion i gyd yn ddrwg ac eto cofiaf ddarllen am bapur yn America ychydig flynyddoedd yn ôl a chanddo bolisi o gyhoeddi dim ond newyddion da. Parhaodd am dri mis - ni ddenodd ddarllenwyr!

Mae gan y Saeson ddywediad '*No news is good news*' ond dywedodd newyddiadurwr o'r enw Phil Donahue. '*To a journalist, good news is not news at all!*' Ac eto, fe fyddwn yn ddigon parod i rannu newyddion *personol* sy'n dda - am enedigaeth, plentyn, am lwyddiant o unrhyw fath sy'n ymwneud â'n teulu ni, ac ati. Tybed ai'r gwirionedd yw, ein bod yn hoff o newyddion da sy'n ymwneud yn uniongyrchol â ni'n hunain ond nad yw newyddion da am bobl arall mor gyffrous?!

Os ŷm ni wedi credu newyddion da yr Efengyl, bydd ei rannu ag eraill yn bwysig inni.

Faint ohonoch oedd yn y Tabernacl ar 1 Mawrth 1988 pan lansiwyd y *Beibl Cymraeg Newydd* yno? Roeddwn ar gefn y galeri gyda Verina ac mae dwy olygfa wedi aros yn fyw yn fy nghof ers hynny. Un oedd gweld yr Esgob Mullins ym mhulpud y Tabernacl yn derbyn y Beibl ar ran yr Eglwys Babyddol. Y llall oedd gweld y plant a gynrychiolai siroedd Cymru yn cynneu cannwyll yr un o gannwyll fawr ganolog, ac yna'n troi a sefyll yn rhes yn y sedd fawr yn wynebu'r gynulleidfa. Am ryw reswm diffoddodd cannwyll un o'r plant ac ni wyddai beth i wneud. Dim problem! Troes y plentyn nesaf ato ac ail-gynneu'r fflam â fflam ei channwyll hi.

Yn 1910 cynhaliwyd Cynhadledd Fyd-eang ar Genhadu yng Nghaeredin. Roedd y cymdeithasau cenhadol a'r prif enwadau yno i drafod efengylu. Un slogan a ddefnydient wrth sôn am yr Efengyl - y Newyddion Da - oedd 'Rhowch e' i ffwrdd, neu rhowch e' i fyny! *Give it away, or give it up!*' Dylem gofio hyn a chysylltu'r slogan hwn â brawddeg olaf Karl Marx ar ddiwedd y maniffesto gomiwnyddol a luniodd. Ysgrifennodd, 'Mae gennych fyd i'w ennill.'

Gweddi

Arglwydd Dduw, mae gennym ninnau hefyd fyd i'w ennill i Iesu. Helpa ni i gofio mai'r lle i ddechrau ennill y byd cyfan yw gyda'n teulu a'n cymdogion a'n pobl ni ein hunain. Amen

3. Y Cysgwr!
(Actau 20:7-12)

Cyflwyniad

Er i'm meddwl grwydro'n aml tra'n gwrando pregeth, gallaf ddweud yn onest, ni chredaf imi erioed syrthio i gysgu mewn oedfa - ar wahân i'r amser pan oeddwn yn cael fy nghymryd yn fabi i'r cwrdd ym mreichiau Mam. Ond rwy'n gwybod fod pobl wedi syrthio i gysgu pan fyddaf fi wrthi'n pregethu! Mae gennyf bob cydymdeimlad felly â disgrifiad W. H. Auden o bregethwr: *A preacher is someone who talks in someone else's sleep* - ond wrth gwrs rwy'n gobeithio nad yw hynny'n wir yn *rhy aml* amdanaf fi.

Mae gennyf bob cydymdeimlad hefyd ag Eutychus pan oedd yn gwrando ar Paul yn pregethu yn Troas. Rwy'n siwr fod Paul yn bregethwr 'trwm', yn anodd ei ddilyn - ac yn ddiflas! Wedi'r cwbl mae 2 Pedr 3:15-16 yn cydnabod fod 'Duw wedi rhoi dealltwriaeth arbennig' i Paul ac oherwydd hynny, mae'n debyg, mae Pedr yn dweud fod 'rhai pethau yn ei lythyrau sy'n anodd eu deall' *(beibl.net)*. Rwy'n tybio fod yr un peth yn wir am ei bregethu hefyd. I wneud pethau'n waeth, ar y noson arbennig honno yn Troas roedd yn hir-wyntog: 'a Paul yn dal i ymhelaethu' (Actau 20:7) aeth ei bregeth ymlaen tan wedi hanner nos a hynny mewn ystafell boeth a myglyd oherwydd yr holl lampau oedd yn llosgi yno. 'Dyw hi ddim yn syndod fod Eutychus wedi syrthio i gysgu er ei fod wedi mynd i eistedd ar sil y ffenest am ychydig o awyr iach.

Myfyrdod

Er fod y Beibl yn dweud na huna ac na chwsg Ceidwad Israel (Salm 121:4) mae cwsg yn hanfodol i fodau meidrol fel ni. Dywedir am rai nad oes arnynt angen llawer o gwsg. Dywedwyd fod Bill Clinton yn cysgu am bump awr bob nos, a bod pedair awr o gwsg yn ddigon i Mrs Thatcher - tra honnodd Donald Trump fod tair awr yn ddigon iddo ef! Efallai taw ... ond na, 'dyw hynny ddim yn rhan o'r Myfyrdod!

Er pwysiced yw cwsg, gall hefyd fod yn rhywbeth peryglus - yn sicr roedd yn beryglus i Eutychus i gysgu yn y lle ble eisteddai yntau. Ond mae cysgu hefyd yn symbol o ddiogi a cholli cyfle. Ymhlith nifer o gyfeiriadau at gysgu yn yr Hen Destament, fe welir un tarawiadol yn y 'ddameg' yn Diarhebion 24:30-34:

Roeddwn i'n pasio heibio cae y dyn diog, a gwinllan un sydd heb sens;
Roedd drain wedi tyfu drosto, a chwyn ym mhobman, a'r wal gerrig o'i
gwmpas wedi syrthio. Wrth edrych a meddwl am y peth, roedd beth
welais i yn dysgu gwers i mi:
'Ychydig bach mwy o gwsg; pum munud arall!
Swatio'n gyfforddus yn y gwely am ychydig.'
Ond bydd tlodi yn dy daro di fel lleidr creulon;
bydd prinder yn ymosod arnat ti fel milwr arfog *(beibl.net)*.

Roedd Iesu wedi rhybuddio am beryglon cysgu pan ddylid bod
ar ddihun (Mathew 13:25; Marc 13;36). Er hynny, pan ofynnodd i'w
Ddisgyblion fod yn effro, cysgu a wnaethant - cysgu pan ddylent fod
ar ddihun yn gwylio (Mathew 26:40-45; Marc 14: 37-41; Luc 22:45-46).
Symbol o ddiffyg gwyliadwriaeth ydyw hefyd yn 1 Thesaloniaid 5:3-6, tra'i
fod yn arwydd o ddifrawder yn Rhufeiniaid 13:11 ac Effesiaid 5:14.

Cwsg fel symbol o **ddiogi, diofalwch, difrawder**: tybed a fyddem
yn fodlon cyfaddef fod unrhyw un o'r rhain yn wir amdanom ni mewn
perthynas â'n haelodaeth eglwysig?

Yn America galwodd gweinidog newydd ar ffarm fynyddig lle
roedd aelodau yn byw. Roedd y ffermwr yn eistedd y tu allan i ddrws ffrynt
y tŷ, a threuliodd hanner awr gynta'r sgwrs â'r gweinidog yn sôn mor dlawd
oedd hi arno. 'Ond mae digon o alw am gorn melys yn y marchnadoedd,'
meddai'r gweinidog, 'a dylech fedru gwerthu yno'n ddigon rhwydd.' 'Chi'n
iawn,' atebodd y ffermwr, ond does gen i ddim i werthu'. 'Beth?' meddai'r
gweinidog, 'Dyw'r tir yma ddim yn ddigon da i'w tyfu?' 'Odi,' atebodd
y ffermwr, 'y gore posib; ond mae'm gwraig yn rhy ddiog i aredig y tir a
phlannu'r hâd!'

A oes perygl ein bod ni'n disgwyl i 'rywun arall' wneud y gwaith
sy'n gyfrifoldeb i ni yn yr eglwys - a ninnau'n ymlacio ac i bob pwrpas yn
cysgu? Mae'n werth cofio'r dyfyniad: '*When it comes to serving the Church,
some people with stop at **nothing**!*'

Gweddi

Arglwydd, fe'm gelwaist i fod yn weithiwr yn dy Winllan di ac wrth
ymaelodi yn dy Eglwys derbyniais y gwahoddiad a'r cyfrifoldeb; cadw fi
rhag cysgu a disgwyl nawr i rywun arall wneud yr hyn a ddisgwyli di
gennyf fi. Amen.

4. Y Breuddwydiwr
(Mathew 27:15-26)

Cyflwyniad

Wrth adrodd hanes Eutychus yn mynd i gysgu, ni ddywed Luc a oedd yn breuddwydio pan syrthiodd o sil y ffenest! (Actau 20:7-12). Yn yr Hen Destament ceir llawer o sôn am freuddwyd, breuddwydio a breuddwydwyr, ond dim ond saith cyfeiriad a geir at freuddwyd yn y Testament Newydd: un ohonynt yn dyfynnu'r proffwyd Joel o'r Hen Destament (Actau 2:17) a'r chwech arall i'w gweld yn Efengyl Mathew, y mwyaf Iddewig o'r Efengylau.

Mae'r cysylltiad i'r Iddewon rhwng 'y proffwyd' a'r 'breuddwydydd breuddwyd' (Beibl 1620) yn dod yn amlwg yn Deuteronomium 13:1-6 lle'r uniaethir proffwyd â breuddwydiwr. Ystyriai'r Iddew fod y breuddwydiwr yn weledydd ac felly'n broffwyd. Ffordd Duw o gyfathrebu â'i bobl oedd y freuddwyd ac mae breuddwyd yn ran o lawer o straeon cyfarwydd yr Hen Destament.

Cofiwn am freuddwyd Jacob am yr ysgol yn cyrraedd hyd y nefoedd (Genesis 28:10-17), tra bod breuddwydion yn britho hanes Joseff - 'y Breuddwydiwr' oedd enw ei frodyr arno (Genesis 37:19). Pan oedd y bachgen Samuel yn cysgu y galwodd Duw arno (1 Samuel 3). Mewn breuddwyd hefyd y dywedodd yr Arglwydd wrth Solomon, 'Gofyn beth bynnag a fynni gennyf.' A gofynnodd Solomon am '... galon ddeallus i farnu [y] bobl, i ddirnad da a drwg' (1 Brenhinoedd 3:5,9). Gallai Daniel, fel Joseff, ddehongli breuddwydion pobl eraill (Daniel 2:4), ac ati.

Yn y Testament Newydd, mae breuddwydion ynghlwm wrth stori Mathew am eni'r Iesu, gyda breuddwyd arall yn ymwneud â chroesholiad Iesu mewn stori sydd i'w gweld ond yn Efengyl Mathew (27:19). Claudia sydd yno yn sôn am y gofid a gafodd mewn breuddwyd am Iesu a'i rhybudd i Pilat, ei gŵr, oedd, 'Paid ag ymyrryd â'r dyn cyfiawn hwn.'

Myfyrdod

Breuddwydio oedd un ffordd y credai'r bobl fod Duw yn cyfathrebu â hwy - a dyna pam yr oedd bri ar ddehonglwyr breuddwydion. Roedd breuddwyd yn gyfystyr â gweledigaeth, a gweledigaeth yn arwain at broffwydoliaeth (er na ddylid credu bod proffwydoliaeth yn gyfystyr â rhagfynegi'r dyfodol bob tro).

Ar y cyfan, ychydig iawn o freuddwydion y byddwn ni'n eu cofio - fe giliant gyda'r wawr. Ond ar wahân i'r hyn sy'n digwydd pan fyddwn yn cysgu, caiff y gair 'breuddwyd' ei ddefnyddio mewn o leiaf dwy ffordd arall gennym ni heddiw. Weithiau fe gyfeiria at rywbeth y byddwn ni yn ei ffansïo er na ddisgwyliwn iddo ddigwydd mewn gwirionedd; rhywbeth fel ennill y loteri! Mae *Geiriadur Prifysgol Cymru* yn dweud bod 'ffantasi' yn un o gyfystyron 'breuddwyd'. Rhywbeth afreal yw ffantasi a phan yw breuddwyd yn ddim mwy na ffantasi, ni ddaw dim ohoni.

Ond pan yw breuddwyd yn gyfystyr â gweledigaeth a her, mae hynny'n rhywbeth cwbl wahanol. Gellir ei chymharu i blanhigyn y mae modd ei feithrin a'i dyfu nes iddo flodeuo. Cynnyrch breuddwyd rhyw bobl yw'r capeli a welwn yn cau o'n cwmpas yng Nghymru heddiw. Mae'r hyn sy'n digwydd heddiw yn ein henwadau yn hunllef i ni, ond o blanhigyn iach eu gobaith y gwelodd y tadau y capeli'n lluosogi a thyfu. Troes eu breuddwydion yn realiti. Y syndod yw iddynt freuddwydio a throi'r freuddwyd yn ffaith pan oedd llai o adnoddau ganddynt hwy wrth law nag sydd gennym ni heddiw.

Cofiwn araith rymus Martin Luther King, '*I have a dream...*!' lle mae'n cyflwyno'i weledigaeth o beth ddeuai maes o law i ran y bobl ddu yn America. Oherwydd ei ffydd yn ei freuddwyd gweithiodd ac aberthodd i brysuro dyfodiad y diwrnod hwnnw. Nid oedd y freuddwyd - y weledigaeth - ynddi ei hunan yn ddigon roedd yn rhaid ymdrechu i'w throi yn ffaith. Ac fe wnaethpwyd hyn yn wyneb gwrthwynebiad cryf. Fel y dywedodd rhywun (Muhammad Ali, yn ôl un geiriadur dyfyniadau): '*The best way to make your dreams come true is to wake up!*' Mae hyn yn galw i'r freuddwyd fod yn fwy na ffantasi, yn fwy na phensynnu. Nid rhywbeth a gilia gyda'r wawr ydyw, ond rhywbeth sy'n tyfu ac yn ysgogi ymdrech i'w wireddu.

Beth, tybed, yw'n gweledigaeth ni yn yr Eglwys heddiw? A faint o ymdrech wnawn ni i droi'r freuddwyd yn ffaith?

Gweddi

Arglwydd Dduw, fe'n rhybuddiaist, 'Lle ni byddo gweledigaeth, methu a wna y bobl'; dyro inni weledigaeth glir heddiw o'r ffordd i ymlwybro yn dy waith yn yr eglwys a gwna'n breuddwydion megis planhigion a fydd yn tyfu a blodeuo. Amen

5. Y Milwr
(Luc 7;1-10; Effes 6.10-17)

Cyflwyniad

Mae'r ddau ddarlleniad heddiw yn sôn am filwr Rhufeinig: un yn cael ei helpu gan Iesu ac yn cael ei gymeradwyo am ei ffydd; y llall, mae'n debyg, yn gwarchod Paul pan oedd yn garcharor ac yn cael ei ddefnyddio gan yr Apostol i egluro beth yw goblygiadau bod yn Gristion. Yr hyn a ddywed Paul yw: 'Gwisgwch chwi, ddilynwyr Iesu, fel y mae'r milwr Rhufeinig sy'n fy ngwarchod i yn gwisgo. Gwisgwch **holl** arfogaeth Duw.'

Mae gan Tony Campolo stori am weinidog croenddu yn pwysleisio mewn pregeth nad oedd am weld '*Streakers* ysbrydol' yn ei eglwys, sef pobl hunan-gyfiawn sydd ond yn gwisgo 'helm yr iachawdwriaeth'! Mae angen *holl arfogaeth Duw* arnom yn y byd sydd ohoni heddiw. Mae'r Cristion yn byw mewn byd lle mae gelynion o bob math yn barod i ymosod ar ei ffydd; ond neges Paul yw fod Duw wedi rhoi inni arfau fel y gallwn ein hamddiffyn ni ein hunain – ac hefyd arfau inni allu ymosod ar y gelyn.

Efallai, nad ŷm ni'n hoff o'r ddelwedd o Gristion fel 'milwr i Grist', ond mae'n rhaid inni gofio fod y ddelwedd yn un a ddefnyddia'r Testament Newydd droeon, ac mae'n werth cofio neges y ddelwedd mae Paul yn ei chynnig inni yn y llythyr at yr Effesiaid.

Myfyrdod

Ni ellid peidio ag adnabod y milwr Rhufeinig pan fyddai'n gwisgo ei iwnifform filwrol - ac mae hynny'n wir am filwyr heddiw.

Mewn hysbyseb ar gyfer y Fyddin a welais yn ddiweddar, roedd darlun o'r ffordd mae milwyr yn gwisgo heddiw a'r **gadjets** sy'n perthyn i'r iwnifform. Mae'n amlwg fod gwisg y milwr Prydeinig yn cyflawni'r un diben â gwisg y milwr Rhufeinig. Mae'n amddiffyn ond hefyd yn rhoi cyfle i ymosod. Yn ôl Paul, rhaid i filwyr Crist **amddiffyn** yn erbyn celwyddau *â gwregys y gwirionedd*; yn erbyn anghyfiawnder *ag arfwisg cyfiawnder*; yn erbyn amheuon a diffyg hyder yn Nuw *â tharian y ffydd*, gyda sicrwydd am iachawdwriaeth *yn helmed ar eu pen*. Er mwyn **ymosod**, rhaid i Gristnogion wisgo *esgidiau efengylu* ar eu traed a'r Efengyl ei hun *yn gleddyf yn eu llaw*.

Efallai bod gwisgo iwnifform yn fwy cyffredin nag a feddyliwn. Ar wahân i filwyr, gwelwn nyrsus, plismyn, postmyn, dynion lolipop, plant ysgol, criw awyren, cogyddion a mwy - yr oll yn gwisgo iwnifform. Beth ond iwnifform yw gwisg rhai o'r corau sydd gennym yma yng Nghymru? Ac onid iwnifform yw gwisgoedd y tîmau pêl droed a rygbi, gyda chefnogwyr yn eu huniaethu eu hunain â'r tîm a gefnogant drwy wisgo crys neu liwiau'r tîm? Mae hyd yn oed pobl ifanc yn gwisgo iwnifform o ryw fath, er mai 'ffasiwn' yw'r enw a roddir arno!

Gelwir ar y Cristion i wisgo *holl* arfogaeth Duw a dangos yn eglur pwy mae'n ei wasanaethu a'i ymrwymiad llwyr i'r Arglwydd Iesu.

Mae gan G.K.Chesterton stori yng nghyfres *Father Brown* (yr offeiriad Pabyddol sy'n dipyn o dditectif) sy'n awgrymu fod iwnifform yn gallu gwneud person yn *anweledig*. Y lleidr anweledig yn y stori oedd y postman yn cerdded ar ei rownds bob dydd – roedd yn anweledig am fod neb yn sylwi arno! Tybed a yw'n Cristnogaeth ni wedi dod yn rhywbeth mor fformal a chyffredin nes ein bod ni'n anweledig? Aeth bod yn anweledig - peidio â thynnu sylw atom ni'n hunain - yn rhan o'n cynllun i'n hamddiffyn ein hunain. Ac i wneud yn gwbl siwr na chawn ein gweld, mae'n bosibl ein bod weithiau'n cuddio'n gwisg filwrol drwy wisgo *camouflage*!

Mae Paul am i'r Cristion ymfalchïo yn ei wisg filwrol a chael ei adnabod wrth iddo ymarfogi 'â holl arfogaeth Duw' a defnyddio'i arfau yn y gymdeithas lle mae'n troi.

Gweddi

Mae'r gelyn yn ei gryfder yn gwarchae pobl Dduw,
a sŵn ei fygythiadau sy beunydd yn ein clyw...
... O Arglwydd, seinia d'utgorn i'n cadarnhau'n ddi-baid,
a thawed pob ansicrwydd, mae Crist y groes o'n plaid. Amen   (Siôn Aled
C.Ff. 616)

5. FFORDD CRIST

1. Crist - Y Ffordd
(Ioan 14:1-14)

Cyflwyniad

Mae stori fach yn *Ready Salted* (Peter Graystone) am deithiwr ar goll yn Ffrainc yn dod ar draws arwydd yn dweud: *Toutes directions* un ffordd a *Toutes autres directions* y ffordd arall! Dim syniad gan deithiwr a ddeuai ar ei draws pa ffordd i fynd. Roedd ar goll - fel Thomas pan ofynnodd gwestiwn i Iesu a chael ateb sy'n gyfrifol am un o adnodau mawr y Testament Newydd a'r chweched (o saith) gwaith y mae Ioan yn cofnodi i Iesu ddweud '**Myfi yw ...**'. Yr hyn na sylwn arno bob amser yw gonestrwydd Thomas, yn cyfaddef ei anwybodaeth a'i awydd naturiol i wybod beth yw pen y daith wrth ddilyn Iesu. Beth oedd y ffordd hon y soniai Iesu amdani ac i ble yn hollol roedd hi'n arwain?

Mae'r cyfieithiadau o Ioan 14:4 yn awgrymu fod Iesu fel pe'n cymryd yn ganiataol fod ei ddisgyblion wedi deall ble roedd yn mynd, beth roedd am ei wneud a'r ffordd a gymerai - wedi'r cwbl roeddent wedi bod yn ei gwmni am dair blynedd. Roedd Thomas yn ddigon gonest i gyffesu ei anwybodaeth ac na wyddai i ble roedd Iesu'n eu harwain. Pa obaith wedyn oedd iddo wybod y ffordd? Eto er na wyddai Thomas i ble roedd Iesu'n mynd, roedd eisoes wedi datgan ei barodrwydd i'w ddilyn hyd yn oed drwy byrth angau (Ioan 11:16).

Myfyrdod

Wn i ddim pa mor gyffredin oeddent, ond yn y pumdegau roeddwn i'n gyfarwydd iawn â '*Mystery Trips*' yn cael eu trefnu gan bobl leol a chwmnïoedd bysiau. Dyna oeddent - yn y dyddiau cyn i geir amlhau - cyfle i brynu tocyn i fynd ar daith heb wybod ym mha le byddai'r daith yn gorffen. Cyfrinach y trefnwyr oedd y gyrchfan ac ni chaem ni'r teithwyr wybod i ble roeddem yn mynd tan inni gyrraedd yno! Rhan o'r sbort oedd dyfalu i ble roeddem yn mynd gan sylwi ar y ffordd a gymerai'r bws, er bod trefnydd trip da yn sicrhau fod y bws yn teithio i'r gyrchfan ar hyd ffyrdd anghyfarwydd.

Nid 'Mystery' Trip' yw bywyd i'r Cristion ond pererindod. Mae'r pererin yn gwybod i ble mae'n anelu er y gall yntau ar adegau golli'r ffordd - fel y sylweddolodd Williams Pantycelyn:

Pererin wyf mewn anial dir *yn crwydro yma a thraw*,
ac yn rhyw ddisgwyl bob yr awr fod tŷ fy nhad gerllaw.

Ond er yn crwydro yma a thraw, ni chollodd Williams yr argyhoeddiad mai taith yw bywyd a bod modd ei theithio yng nghwmni Iesu:

I arall wlad y'm ganwyd, i arall wlad rwy'n mynd
D'wy'n 'mofyn neb o'r daear ond Iesu imi'n ffrind (*Theomemphus*).

Honiad yr Arglwydd Iesu oedd ei fod yn fwy na bod ond yn ffrind ar daith bywyd; ef oedd 'y Ffordd'. Mae'n haws inni feddwl am Iesu fel cyfaill nag yw hi i ddeall y ddelwedd ohono'i hun fel 'Ffordd'; ond dylem gofio fod ei ateb i Thomas yn cyfeirio ato'i hun fel 'Gwirionedd' a 'Bywyd' yn ogystal â 'Ffordd'. Wrth roi'r tri at ei gilydd deallwn nad ydyw ef ei hun yn ddim llai na'r datguddiad cyflawn o'r gwir Dduw. Bu pobl dros y canrifoedd yn ymbalfalu i ddod o hyd i Dduw. Ceisiwyd ei ganfod mewn carreg neu ryw ffenomenon ym myd natur, mewn defod neu ddigwyddiad. Pwrpas Iesu'n dod i'r byd oedd datrys problem y chwilio drwy *ddat*guddio'r gwir Dduw oedd yn guddiedig o safbwynt y bobl. Heb ryfygu, gellir ehangu geiriau Ioan 14:6 fel y safant yn ein hysgrythurau a roi yng ngenau Iesu: 'Myfi yw'r Ffordd *at Dduw*; myfi yw'r Gwirionedd *am Dduw*, myfi yw'r Bywyd *yn Nuw*.'

Beth gwell ar bererindod bywyd i gwrdd â Duw na mynd gyda rhywun sy'n gwybod y cyfan amdano? Ac nid dangos y ffordd yn unig a wna Iesu, gall ein cynorthwyo ar y daith.

Tydi yw'r ffordd a mwy na'r ffordd i mi, Tydi yw 'ngrym;
Pa les ymdrechu, f'Arglwydd, hebot Ti, a minnau'n ddim?
O rymus Un, na wybu lwfrhau,
Dy nerth a'm ceidw innau heb lesgau (*C.Ff. 541*).

Gweddi

Bydd gyda ni heddiw, Arglwydd, wrth inni geisio deall gwirioneddau'r Ysgrythur. Amen

2. 'Canlyn fi' - Dilynwch fy Ffordd
(Luc 9:57-62)

Cyflwyniad

Geiriau a gysylltwn â Iesu, wrth gwrs, yw 'Canlyn fi!' Cofiwn iddo alw sawl un i'w ddilyn yn ystod ei Weinidogaeth - ac mae'n dal i wneud hynny heddiw drwy ei Eglwys.

Ym mhob un o'r pedair Efengyl mae sôn am yr Arglwydd Iesu yn galw pobl. Pobl gyffredin yw pob un a enwir yn yr Efengylau ond gwyddom iddo ennyn diddordeb swyddogion pwysig ymhlith yr Iddewon, hefyd - pobl fel Nicodemus a Joseff o Arimathea. Fodd bynnag, yn ôl Efengyl Ioan, Philip oedd y cyntaf i Iesu *alw* i'w ddilyn (Ioan 1:43) er bod sôn fod eraill eisoes yn ei ganlyn - ac fe fyddai tyrfa yn ei ganlyn yn y pendraw.

Ond wrth gofio'i wahoddiad i bawb i'w ddilyn, ni ddylid anghofio fod yr Arglwydd yn disgwyl ymlyniad llwyr y rhai sy'n ymateb i'r alwad (Ioan 12:26). Mae hefyd yn cynnwys rhybudd i'r sawl sydd am ei ganlyn: nid oes troi nôl i fod er y gall yr ymrwymiad i'w ddilyn fod yn gostus - ac yn gostus *iawn* i ambell un (Mathew 8:19 *ff.*; 10:38; 16:24; 19:21; Marc 8:34; 10:21; Luc 9:23, 59-60; 18:22). Mae llawer o'r hysbysebion a welwn ni heddiw yn gallu'n twyllo drwy guddio gwir gost yr eitemau, ond ni cheisiodd Iesu guddio'r pris uchel y bydd yn rhaid talu wrth ei ddilyn ef.

Galwodd Iesu bobl y byddem ni'n eu hystyried yn gwbl anaddas. Pwy ond Iesu welai posibilrwydd disgybl yn Mathew, y casglwr trethi (Mathew 9:9; Marc 2:14; Luc 5:27)? A phwy ond Iesu welai gadernid craig yn Simon fab Jona fyrbwyll? Yn wir, cymaint oedd hyder Iesu yn Simon a'i gwadodd yn llys yr archoffeiriad fel y'i galwodd yr eilwaith. Ni ddywedir wrthym pa bryd y cafodd Simon Pedr yr alwad gyntaf gan Iesu, ond gwyddom i'r alwad ddod iddo'r eilwaith wrth Fôr Tiberias, ar ôl ei fethiant yn gwadu'r Arglwydd (Ioan 21:19). Nid oedd yr Arglwydd wedi amau ei ddewis er gwaethaf methiant Pedr i aros yn ffyddlon ac mae'n ailadrodd yr alwad er mwyn cynorthwyo i Pedr wybod hynny.

Myfyrdod

Mae story Philip Henry, tad yr esboniwr Matthew Henry, yn un ddiddorol - rhamantus, yn wir. Roedd yn fab i John Henry o Lansawel (*Briton Ferry*) a oedd yn swyddog yn Whitehall yng ngwasanaeth y Brenin Siarl

I. Honnir i Philip dyfu i fyny i fod yn gyfaill i'r tywysogion Siarl a Iago. Dywedir iddynt chwarae gyda'i gilydd yn blant. Cafodd Philip pob math o fanteision addysgiadol, gan fynychu Ysgol Westminster a Christ Church, Rhydychen. Adnabu llawer o gymeriadau pwysig y cyfnod a bu'n lygad-dyst i lawer o ddigwyddiadau hanesyddol. Fe'i ordeiniwyd yn offeiriad yn yr Eglwys Wladol yn 1657, ag yntau eisoes yn drwm o dan ddylanwad y Piwritaniaid. Roedd ymhlith y 2000 a dröwyd allan o'i bywoliaeth yn 1662.

Yn Ebrill 1660 roedd wedi priodi â Katharine, unig blentyn Daniel Matthews, Broad Oak, Sir Flint. Pan ofynnodd Philip am ganiatâd i briodi Katharine, dywedir i'r ferch ddweud wrth ei thad, 'Wn i ddim o ble y daeth ond mae ef yn gwybod i ble mae'n mynd ac rwyf fi am fynd gydag ef!'

Oherwydd y sefyllfa gythryblus ym Mhrydain a'r erlid ar Ymneilltuwyr yn dilyn dienyddio'r Brenin, roedd cryn ansicrwydd i ble fyddai dilyn Philip yn arwain Katharine, ond roedd ganddi hi ddigon o hyder a ffydd yn ei chariad i'w ddilyn.

Ni allwn ni fod yn siwr o ble bydd dilyn yr Arglwydd Iesu'n ein harwain, ond gallwn roi ein ffydd a'n hyder ynddo.

Soniai Soren Kierkagaard am 'naid ffydd.' Darllennais y gall yr *impala* yn Affrica neidio 10 troedfedd o uchder a phellter o 30 troedfedd ond gall sŵ ei gaethiwo â ffens o 3 troedfedd. Sut? Pam? *Y mae'n greadur na fentra neidio os na all weld lle bydd ei draed yn glanio.* Gallwn ymddiried yn Iesu a mentro 'naid ffydd' hyd yn oed os na welwn ble byddwn yn glanio oherwydd gallwn fod yn sicr y bydd hynny ar dir cadarn - ar Graig yr Oesoedd.

Gweddi
Arglwydd dywedwn gyda'r emynydd,
Ymddiried wnaf yn Nuw ar lwybrau blin a serth;
yn anawsterau'r ffordd daw imi fwy o nerth:
caf gwmni'r plant drwy'r anial maith
a chroeso'r Tad ar ben y daith. Amen

3. Cerdded y Ffordd
(Jeremeia 6:16-20)

Cyflwyniad

'Fel hyn y dywed yr Arglwydd: Sefwch ar y ffyrdd ('y groesffordd' yn ôl cyfieithiad *Complete Jewish Bible)*; ac edrychwch, a gofynnwch am yr hen lwybrau lle mae ffordd dda, a rhodiwch ynddi...' (Jeremeia 6:16; Beibl 1620)

Jeremeia sydd yma yn apelio ar y bobl i ddewis ffordd yr Arglwydd gan rybuddio nad yw pob ffordd yn ffordd dda i'w rhodio. Ofn Jeremeia yw fod pobl yn troi o ffordd ddiogel yr Arglwydd ac yn cerdded ffyrdd peryglus.

Ai dyna sy'n digwydd yn ein dyddiau ni?

Efallai fod awgrym yn yr adnod fod pobl yn anwybyddu rhai llwybrau am ei bod hwy'n hen a chyfarwydd, er eu bod nhw'n ddiogel. Mae rhywbeth atyniadol a chyffrous yn y 'newydd' bob amser - a gwrthod cyngor Jeremeia wnaeth y bobl.

Myfyrdod

Yn ystod yr Ail Ryfel Byd, cyn bod Radio Cymru, ychydig o raglenni Cymraeg gafodd eu darlledu ar *Home Service* y BBC - dim ond hwnnw a'r *Light Programme* oedd ar gael ar gyfer gwrandawyr. Un o'r darlledwyr Cymraeg mwyaf poblogaidd oedd Syr Ifor Williams, Athro'r Gymraeg yn y Brifysgol ym Mangor. Cyfrannai sgyrsiau ar bob math o destunau, a rhai ohonynt â chysylltiad â chrefydd. Nid oedd hynny'n syndod, chwaith, gan mai ei fwriad ar un adeg oedd mynd i'r Weinidogaeth ac âi allan i bregethu yn aml ar y Sul.

'Yr Hen Lwybrau' oedd teitl un o'r sgyrsiau hynny yn 1941 ac ynddi mae'n sôn am yr adnod yn Jeremeia 6:16. Yn nodweddiadol ohono aeth ar ôl un gair yn yr adnod, sef 'llwybr'. Eglurodd mai ystyr *llwybr* yw *ôl*, ac nid yw *llwybr troed* ond ffordd arall o ddweud *ôl troed*. Aeth ymlaen i awgrymu y gellid dweud mai 'Cymru yw Gwlad y *Llwybrau*'.

Pobl y wlad biau'r llwybrau; hwy a'u creodd. Holi am y ffordd i'r fan a'r fan wna'r bobl ddiarth gan ddisgwyl cael eu cyfeirio at y ffordd fwyaf cyflym i gyrraedd yno. Nid oes ganddynt ddiddordeb mewn llwybrau.

Ond perthyn ryw rhamant i lwybr. Nid yw byth yn ffordd syth gan fod y sawl a'i gwnaeth yn nabod y wlad yn dda ac yn gwybod pa fannau y dylid eu hosgoi. Ôl traed y genhedlaeth a fu yw'r llwybrau, a gwyddent hwy o brofiad lle roedd y ffordd yn dda ac yn ddiogel i'w cherdded. Dyna sut y gwyddai Jeremeia fod yr hen lwybrau yn 'ffordd dda'. Nid llwybr o angenrheidrwydd yw'r ffordd ferraf a chyflymaf rhwng dau le bob tro chwaith. Gall droelli er mwyn arwain heibio i ryw le ag iddo arwyddocâd neu bwysigrwydd arbennig i'r brodorion. Ni chaiff llwybr ei chynllunio; tyfu a wna o brofiad y werin am yr ardal lle maent yn byw ac mae'r llwybr yn cwrdd ag anghenion y brodorion.

Profiad pobl a'u hanghenion ysbrydol hwy a roes fod i lwybrau crefydd. Erys yr anghenion ysbrydol, ond cred yr oes hon y gall fyw heb yr ysbrydol ac esgeulusir yr hen lwybrau. Peth peryglus yw gwneud hynny, meddai Huw Morys, oherwydd

Mae llwybrau pawb yn llithro sy'n gollwng Duw yn ango':
buan yr â tueddfa'u taith a'u diffaith obaith heibio.

Dyna paham y mae'n bwysig i roi clust i eiriau Jeremeia, a gofyn am yr hen lwybrau lle mae ffordd dda a rhodio ynddi.

Gweddi
Arglwydd, dywedwn gyda'r Salmydd, 'Rwyt wedi dangos y ffordd i fywyd i mi; bydd bod gyda thi yn fy llenwi â llawenydd a hyfrydwch diddiwedd bob amser.' Amen (Salm 16:11 *beibl.net*)

4. Agor Ffordd i Eraill
(I Samuel 27:1-12)

Cyflwyniad

'I ble roedd eich cyrch heddiw?' yw cyfieithad *B.C.N.* o 1 Samuel 27:10, gyda chyfieithiad Beibl Parry (1620) yn dweud, 'I ba le y rhuthrasoch chi heddiw?'; 'Ble wnest ti ymosod y tro yma?' yw ymdrech *beibl.net*. Nid oes unrhyw awgrym yma fod y cyfieithadau hyn yn anghywir, ond mae'r *Authorised Version* yn Saesneg yn wahanol. Ac nid dim ond y Gymraeg sy'n wahanol i'r Cyfieithiad Awdurdodedig, oherwydd mae'r cyfieithiadau Saesneg modern i gyd yn debyg i gyfieithiad y *B.C.N.* Er hynny (o leiaf i bwrpas y myfyrdod hwn - a phregeth!) gwell gen i gyfieithiad Saesneg yr *Authorised Version* o'r cwestiwn. Yn arddull ac iaith yr ail ganrif ar bymtheg, y cyfieithiad yno yw: '*And Achish said [to David], "Whither have ye made a road today?"*' I ble'r agoraist ti ffordd heddiw?

Cefndir yr adnod yw bod Dafydd wedi gorfod dianc oddi wrth lid y brenin Saul.

Wedi iddo orchfygu Goliath daeth Dafydd yn dipyn o eilun i'r bobl ac er iddo wasanaethu Saul yn ffyddlon gan achub ei fywyd ddwywaith a phriodi ei ferch, roedd y brenin yn genfigennus ohono a gwnaeth sawl ymgais i'w ladd. Roedd bywyd Dafydd mewn perygl yn gyson oherwydd fod Saul mor oriog. Er mwyn ei ddiogelwch ei hunan bu'n rhaid i Dafydd ddianc i rywle diogel o afael ei dad-yng-nghyfraith a oedd yn chwilio amdano unwaith eto er mwyn ei ladd. Ar yr olwg gyntaf dewisodd le rhyfedd i geisio lloches ynddo, sef Gath yn Philistia. Dyn o Gath oedd Goliath.

Ar yr egwyddor fod '*gelyn fy ngelyn yn ffrind i mi*' cafodd Dafydd a'i fintai o chwe chant o ddynion groeso mawr yn Philistia gan Achish mab Maoch, brenin Gath. Arhosodd yn y wlad am flwyddyn a phedwar mis.

Fodd bynnag nid yw'n syndod mai ffugio cyfeillgarwch â'r tywysog a wnâi Dafydd. Cyn hir yr oedd wedi perswadio Achish i ganiatáu iddo ef a'i ŵyr symud allan o'r ddinas i fan gerllaw o'r enw Siglag. Manteisiodd Dafydd ar y rhyddid a gafodd i fynd a dod fel y mynnai. Dechreuodd ymosod ar lwythau Philistia oddi amgylch er mwyn gwanhau gelynion Israel gan sicrhau nad oedd neb o'r brodorion yn cael byw i dystio yn ei erbyn. Roedd yn cymryd arno mai mynd i ymosod ar Israel a wnâi ac fe gredodd Achish hynny.

Bob tro y dychwelai o un o'r cyrchoedd hyn roedd Achish yn aros er mwyn gofyn iddo, '*Whither have ye made a road today*?' - 'I ble'r agoraist ti hewl, heddiw?' Ac wrth gwrs ni chawsai ateb gonest i'w ymholiad.

Myfyrdod
Y cwestiwn - fel y'i cyfieithir yn y Cyfieithiad Awdurdodedig Saesneg - yw'r cwestiwn i bawb ohonom ni ar ddiwedd pob dydd. Mae'r Arglwydd yn gofyn i'w ddilynwyr, 'I ble agorasoch chi ffordd i'r Efengyl ac i mi heddiw? A fuoch chi'n chwilio cyfle i agor ffordd i mi? A wnaethoch chi'n fawr o'r cyfleoedd a ddaeth i'ch ran? A wnaethoch chi rhywfaint o waith yn atgyweirio'r ffordd ataf a niweidiwyd gan rywun yn y gorffennol? A symudoch chi rhai o'r rhwystrau sy'n dod rhyngof fi a phobl y daethoch chi ar eu traws yn ystod y dydd?'

Mewn gair, a ydym ni'n ymwybodol o'n cyfrifoldeb i agor ffyrdd at yr Arglwydd a gaewyd gan amrywiaeth o bethau ac amgylchiadau?

Un peth yw '*nabod* y **ffordd** a *dilyn* y **ffordd ein hunain**; peth arall yw *agor* y **ffordd** a *dangos* y **ffordd i eraill.**

Gweddi
Diolch, Arglwydd Dduw, fod y ffordd atat ti wedi ei hagor i ni gan dy fab, Iesu; ond gad inni gofio, hefyd, i ni gael ein galw i baratoi ffordd yr Arglwydd Iesu yn yr anialwch o fyd rŷm ni'n byw ynddo heddiw. Rho'th Ysbryd i'n cynorthwyo i wneud hyn, er gogoniant i'th enw. Amen

5. Pobl y Ffordd
(Actau 9:1-9)

Cyflwyniad

Cafodd disgyblion yr Arglwydd yr enw 'Gristionogion' gyntaf yn Antiochia (Actau 11:26) a dim ond 14 gwaith y gwelir yr enw 'Cristion' neu 'Cristionogion' yn y Testament Newydd. Nid dyna'r unig enw na'r mwyaf cyffredin a roddwyd ar ddilynwyr Iesu yn nyddiau'r Eglwys Fore. Cawsant eu hadnabod wrth nifer o enwau .

Un o'r enwau cyntaf a roddwyd ar Gristnogaeth ei hun oedd 'Y Ffordd' (Actau 9:2); ac os mai 'Pobl y Llyfr' oedd yr Iddewon (gyda'r enw yn cyfeirio'n benodol at y bobl eu hun yn eu perthynas â'r *Torah* - yr ysgrythurau Iddewig), Cristnogion oedd 'Pobl y Ffordd'. Dyma'r enw a ddefnyddiodd Paul wrth gyfeirio nôl at ei hanes fel erlidiwr pan safai o flaen tyrfa o Iddewon gelyniaethus yn Jerwsalem (Actau 22:4). Roedd yr Apostol yn ymwybodol fod rhai yn dweud yn ddrwg am y Ffordd (Actau 19:9) tra bod eraill yn ei galw'n heresi (Actau 24:14). Bu reiot yn Effesus oherwydd y Ffordd (Actau 19:23) ond cyffesodd Paul gerbron Felix ei fod yn addoli'r Arglwydd yn ôl y Ffordd ac roedd Felix yn awyddus i wybod mwy am y Ffordd (Actau 24:22).

Mae enghreifftiau eraill yn y Testament Newydd o'r grefydd newydd yn chwilio am eirfa newydd i roi mynegiant i'r Ffydd - e.e. nid 'eglwys' (*ekklēsia*) oedd y dewis cyntaf wrth enwi cymdeithas o ddisgyblion Iesu (cymharer Iago 2:2 â Iago 5:14).

Myfyrdod

Mae'n bosibl i'r enw 'Y Ffordd' darddu o'r ffaith fod Iesu wedi sôn am ddwy ffordd mewn bywyd: y naill yn gul ac yn arwain i'r Bywyd a'r llall yn llydan ac yn arwain i Ddistryw (Mathew 7:12-13). Dywedodd hefyd mai ef yw'r ffordd (Ioan 14:6), gan wahodd pobl i ddod yn ddisgyblion iddo a'i ganlyn (Mathew 8:22; 9:9, &c.). Felly, 'Pobl y Ffordd' ŷm ni, Gristnogion.

Mae cael map o'r ffordd i'r lle y byddwn am ei gyrraedd yn gymorth mawr - ond mae eisiau'r gallu i ddarllen hwnnw'n gywir. Os cofiaf yn iawn, roedd darllen map yn rhan o arholiad Daearyddiaeth pan oeddwn i'n gwneud lefel O yn yr ysgol. Os nad yw'r cof yn pallu, roedd yn rhaid nabod y symbolau a gyflwynai'r wybodaeth oedd ar y map:

y symbol ar gyfer llwybr, ffordd B neu ffordd A; symbol afon a chopa mynydd a ble cawsech yr olygfa orau; symbol rheilffordd, gorsaf, a ble diflannai rheilffordd i fewn i dwnel; symbol i ddangos castell, eglwys, swyddfa bost, ac ati. Ni ellir amau cywirdeb a manylder y wybodaeth ar fap *Ordnance Survey* - ond aeth llawer un ar goll tra'n defnyddio un wrth deithio! Dywed rhai fod y Beibl yn fap ar gyfer bywyd, ond wrth sylwi ar y gwahanol ddehongliadau a geir ohono, mae'n amlwg nad yw'n ddigon.

Llawer gwell na map yw *Sat. Nav.* - os gallwch feistroli'r ffordd i'w ddefnyddio! Fe wna hwnnw eich arwain i ble bynnag y mynnoch - a rhybuddio hefyd ble mae'r polis wedi gosod trap cyflymder! Ewch chi *byth* ar goll yn defnyddio hwn. Na? Bu sawl stori dro yn ôl am lorïau mawr y cyfandir yn mynd i drafferthion ar ffyrdd gwledig Cymru am fod *Sat. Nav.* wedi eu harwain ar hyd ffyrdd anaddas i gerbydau o'u maint. Roedd rhai wedi cael eu harwain i deithio ar ffyrdd gwledig oedd yn rhy gul iddynt fynd ymlaen na lle i droi yn ôl. Mae'r fersiynau gwahanol o Gristnogaeth a ddatblygodd dros y canrifoedd ac a welir ar ffurf Enwadau neu Eglwysi hefyd yn gallu arwain pobl i bob math o drafferthion diwinyddol ac i goleddu safbwyntiau rhyfedd.

Gwell na'r cyfan - yn wir, yr unig ffordd cwbl ddibynadwy i deithio i ble rŷm ni am fynd - yw teithio yng nghwmni un sy'n gwybod y ffordd. I'r Cristion, Iesu yw'r Ffordd.

Pobl y Ffordd ŷm ni sy'n dilyn Iesu; ond dylem gofio, er hynny, nad yw'r ffaith y dewisiwn gerdded ffordd Crist yn ein gwneud ni'n well nag eraill. Yr hyn a olyga yw ein bod yn ceisio symud i gyfeiriad arbennig gyda Christ, a gwneud hynny drwy ddilyn yr Iesu ei hun. Ond *ceisio* symud i'r cyfeiriad iawn a wnawn, oherwydd pan gollwn olwg arno ef awn ar gyfeiliorn a cholli'n ffordd. Fe allwn gymryd y ffordd anghywir pan fydd dwy ffordd yn agor o'n blaen os na ddilynwn ni'r Crist. Gall, fe all pobl fynd ar gyfeiliorn ar daith bywyd ond nid awn ar gyfeirorn os teithiwn gyda Iesu. Mae ef yn gwybod y ffordd, yn dangos y ffordd i ni ac yn gwmni inni ar y ffordd, a dyna pam y dywedwn mai ef yw y Ffordd.

Gweddi
Diolchwn iti, Arglwydd, dy fod wedi agor ffordd at y Tad i ni a'th fod ar y daith gyda ni i'n harwain a'n hysbrydoli. Gweddïwn y daw mwy i gerdded y ffordd gyda ni mewn cyfnod pan mae ffyrdd peryglus yn denu cymaint. Amen

6. Gofalu am y Ffordd
(Eseia 40:1-5)

Cyflwyniad

Daw'r adnodau hyn o'r penodau ym Mhroffwydoliaeth Eseia, a elwir yn 'Llyfr Cysur Israel' - adran sy'n cynnig cysur i bobl Israel wrth sôn am ddychwelyd i Jerwsalem o'r Gaethglud ym Mabylon. Mae dyddiau'r llafur caled a'r caethiwed ar ddod i ben ac ecsodus newydd ar ddigwydd, fel yr un ddigwyddodd yn nyddiau'r Pharaoh. Mae'r pwyslais ar y rhyddid sydd i ddod wrth i'r bobl ddychwelyd i Jerwsalem, gyda Duw ar y blaen. Ond er mwyn i hynny ddigwydd mae'n rhaid paratoi'r ffordd drwy'r anialwch. Rhaid ei hunioni, digaregu'r tir mynyddig a throi'r mannau geirwon yn wastadedd. Rhaid gwneud pob ymdrech i symud y rhwystrau o'r ffordd.

Ym mhob un o'r Efengylau mae'r adnodau hyn yn cael eu cysylltu ag Ioan Fedyddiwr – yr un a ddaeth i baratoi'r ffordd i Iesu ganrifoedd ar ôl i Eseia rannu'r weledigaeth â'i genedl (Mathew 3:3; Marc 1:3; Luc 3:4; Ioan 1:19). Ond mewn gwirionedd mae'r adnodau yn galw ar bawb ohonom heddiw i wneud ein rhan ni i geisio agor ffordd i Iesu gael mynediad i fewn i'n bywyd ni ein hunain ac i'n cymdeithas.

Nid galwad i weinidogion yw galwad yr adnodau hyn, ond galwad i bob aelod o'r Eglwys i wneud ei ran mewn cyfnod pan aeth y llwybrau crefyddol yn anneniadol a dieithr.

Myfyrdod

Pan ddechreuais bregethu a chael Sul yn Seion Waunarlwydd, fel 'Mab Dan yr Hewl' yr oeddwn yn cael fy adnabod gan lawer o bobl hŷn yr eglwys. Y rheswm am hynny oedd bod Nhad, Daniel, yn 1926, wedi gadael ei waith ym mhwll glo Mynydd Newydd a chymryd gwaith gyda Chyngor Abertawe. Rwy'n meddwl iddo gefnu ar y pwll oherwydd y Streic Gyffredinol a adawodd ei hôl yn drwm ar bob ardal ym Mhrydain. Â'i fam yn wraig weddw, ar Nhad y syrthiodd y cyfrifoldeb i'w chynnal a bu'n ffodus i ddod o hyd i waith gan Gyngor Bwrdeisdref Abertawe. Cyfrifoldeb am ddarn o hewl yn Waunarlwydd gafodd Nhad gan ei gyflogwr ar y dechrau, ac am ddeuddeng mlynedd bu wrthi'n ddyfal yn llanw'r tyllau yn yr hewl, glanhau'r cwteri a chadw ymyl y ffordd yn daclus. Daeth pobl Waunarlwydd i'w nabod fel 'Dan yr Hewl'!

Pan oeddwn yn weinidog yn Llanbed yn 1961 'dyn y Ffordd' oedd un o'm diaconiaid yng Nghaersalem Parcyrhos. Fel Nhad, roedd ganddo yntau ofal am ddarn o hewl uwchben Cwmann – ac roedd yn ymfalchïo yn ei waith, Roedd y cwrteri'n lân, y gwair gerllaw'r ffordd a'r mân goed yn cael eu cadw'n deidi a'r cyfan yn gymen. Roedd ganddo falchder yn ei ddarn ef o'r ffordd. Rwy'n siwr fod darn Nhad o'r hewl ger Waunarlwydd yn ystod y deuddeng mlynedd y bu yntau â gofal ohoni yr un mor gymen, ac mai dyna paham y cofiai'r bobl hŷn amdano ar ôl ugain mlynedd.

Pan âf am dro o gwmpas Pantmawr, mae darn helaeth o un ffordd yn ddeniadol iawn. Mae gerddi'r tai yn y rhan honno o'r ystâd gyda'r prydferthaf - yn berffaith, os mai'm gardd i yw'r safon! Ond mwy na hynny, y mae'r bobl sy'n byw yno hefyd yn torri'r gwair ar ymyl y pafin o flaen eu tai ac hyd yn oed yn plannu clystyrau o flodau hwnt ac yma. Maent yn ymhyfrydu ym mhrydferthwch y ffordd lle maent yn byw a - wir i chi! - mae'n hyfryd cerdded ar hyd y ffordd honno. Ni ellir dweud hynny am bob ffordd yma ym Mhantmawr!

Yn llyfr R.T.Jenkins, *Y Ffordd yng Nghymru*, mae'n dweud mai pobl, nid cynghorau sy'n gwneud ffordd. Ysywaeth, os mai pobl drwy dramwyo llwybr arbennig sy'n creu ffordd, pobl wrth gefnu arni sy'n ei chau hefyd. Gwn am fannau lle digwyddodd hynny. Fel Cristnogion, gellid dweud fod pob un ohonom yn gyfrifol ac yn atebol i Dduw am y gofal a roddwn ni i Ffordd Crist a'i gwneud yn hysbys ac yn ddeniadol i eraill.

Cristnogion a ddylai fod yn debyg i 'ddyn yr hewl' yw pob un ohonom ni.

Gweddi
Tydi, Arglwydd, yw'r Ffordd, a mwy na Ffordd i mi. Diolchwn iti ein bod wedi dod o hyd i'r Ffordd; ond gad i ni gofio dy fod yn Ffordd y gall pawb ei cherdded yn ddiogel. Rho awydd yng nghalonau pawb ohonom ynghyd â'r weledigaeth o sut gallwn ni agor y Ffordd i eraill. Amen

7. Llwybrau Cam
(Llyfr y Barnwyr 5:1-11)

Cyflwyniad

'Yn nyddiau Samgar mab Anath, yn nyddiau Jael, y llwybrau a aethant yn anhygyrch a'r fforddolion a gerddasant lwybrau ceimion' (5:6, Beibl 1620) - neu lwybrau 'troellog' (*BCN*). Adnod sy'n dod o Gân Deborah a Barac yw hon. Mae'n darlunio cyflwr Canaan pan oedd y wlad yn nwylo'r gelyn. Roedd y gelyn wedi meddiannu'r wlad ac aeth teithio'n beryglus hyd yn oed ar y llwybrau cyfarwydd. Dyna paham roedd y bobl yn eu hosgoi ac yn gorfod creu llwybrau newydd iddynt eu hunain - a rheiny'n droellog a cham, yn lwybrau cefn i gadw draw oddi wrth y gelynion. Roeddent yn droellog er mwyn osgoi'r mannau lle ofnent y gallent gwrdd â'r gelyn. Y canlyniad oedd fod yr hen lwybrau'n dirywio a mynd yn anhygyrch a'r rhai newydd ymhell o fod yn gyfleus a hawdd i'r teithwyr eu cerdded.

Myfyrdod

Byddwn yn sicr o gau llwybr os peidiwn â'i ddefnyddio - fel yr awgryma'r gân werin:

Bydd glaswellt ar fy llwybrau i gyd
cyn delwyf i Gymru'n ôl

Lleda gwair ar hyd y llwybr, ond llawer gwaeth na'r glesni'n lledu yw'r tyfiant all ddod ar ôl hynny - tyfiant sy'n gallu cau y ffordd yn llwyr i bawb.

Digwyddodd hynny i ffordd a gerddais yn aml pan yn llanc ifanc. Ar nos Sul yn yr haf, os oedd y tywydd yn caniatáu, arferai criw ohonom fynd am dro ar ôl yr oedfa yng Nghaersalem Newydd. Y ffordd a gerddem yn ddieithriad oedd i fyny i Benpant, ger Llangyfelach, a throi am adre ar hyd lôn fach lled-cart a âi heibio i'r ffermydd ar 'hewl y Penplas'. Aem heibio i ddwy fferm sef Cefn Cadle a'r Penplas. Bellach, mae arwyddion *No Through Road* ar ddau ben y lôn a gerddem ni ers talwm. Deallaf fod darn o'r ffordd fach rhwng y ddwy fferm wedi cau'n gyfan gwbl gan fangoed a drysni. Pan werthwyd y ffermydd, fe gafodd y deiliaid newydd ei bod yn fwy cyfleus i gyrraedd yr hewl fawr drwy fynd i gyfeiriadau gwahanol a pheidiodd y drafnidiaeth rhwng y ddwy fferm. Caeodd y lôn am na ddefnyddiai neb hi.

Peth arall i'w ystyred wrth feddwl am lwybrau'n cau yw y gellir colli'r hawl gyfreithiol arnynt os na ddefnyddir hwy. Dyna pam y mae'r drws bychan yng nghornel y maes parcio - yr hen fynwent - yn y Tabernacl yn cael ei agor unwaith bob blwyddyn ac mae'r plant (a rhai oedolion!) o'r capel yn cerdded allan o gornel y maes parcio drwy un o weithdai adeilad David Morgan i'r Royal Arcade ac yna ar hyd Tabernacle Lane i'r Morgan Arcade. Wrth wneud hynny diogelir yr hawl ar yr hen lwybr a redai un tro drwy'r caeau i fynwent y capel o gyfeiriad Heol Eglwys Fair, yn y dyddiau pan nad oedd Caerdydd yn llawer mwy na phentref.

Collir *cyfle* i wneud hynny wrth fethu cerdded y llwybr a wneir yn yr enghraifft gyntaf; **colli'r** *hawl* oherwydd credu na fyddai ei angen eto wneir yn yr ail enghraifft. Yr un yw canlyniad y naill â'r llall. Ysywaeth y mae'r ddau fath o golli yn digwydd mewn perthynas â chrefydd yng Nghymru.

Hawdd adnabod y math cyntaf o golled. Y mae effaith esgeulusdod i'w gweld yn amlwg ar gapeli yn ein trefi a'n pentrefi. A'r gwir plaen ac anghyffyrddus yw mai'r aelodau eu hunain yw'r rhai sy'n esgeuluso - pobl y gellid disgwyl iddynt roi blaenoriaeth i oedfa ar y Sul. Nid golygfa ddiarth yw gweld arwyddion 'Ar Werth' y tu allan i gapeli ac eglwysi erbyn hyn, na chwaith gweld capeli â'u pen yn mynd iddynt. Mae rhai capeli wedi eu troi'n gartrefi, yn swyddfeydd, yn ganolfannau cymdeithasol, yn dai bwyta ac hyd yn oed yn dafarndai. Y peth gorau y gallwn obeithio amdano pan glywn fod capel yn cau yw y bydd rhyw eglwys arall - fel arfer o Gristnogion sy'n alltud o'u gwlad eu hun - yn ei brynu.

Hyd yn hyn ni chollasom yr hawl i ymgynnull ar y Sul i addoli, ond yn sicr mae bygythiad wrth ystyried yr hyn sy'n digwydd i'r Sul yn ein gwlad. Pan ryddhawyd gafael y gyfraith ar y Sul ym Mhrydain diogelwyd iawnderau'r sawl *na* fynnai weithio ar y Sul, ond gyda phrinder gwaith mae'n hawdd deall y pwysau sydd ar rai i dderbyn pa waith bynnag s<u>ydd</u> ar gael - Sul, gŵyl a gwaith. Y siom yw gweld fel y mae chwaraeon y Sul yn effeithio ar y capeli. Mae chwaraeon plant wedi effeithio ar ein Hysgolion Sul eisoes, a'r siom yw bod mudiadau a sefydlwyd gan Gristnogion o argyhoeddiad oedd yn frwd yn cefnogi gwerthoedd traddodiadol Cristnogaeth Ymneilltuol, bellach wedi troi eu cefn ar y Sul traddodiadol.

Darlun o ddirywiad a geir yng Nghân Deborah. Daw pethau na ddefnyddir i ben. Dyna yw'r gwirionedd am unrhyw beth nas defnyddir : fe â'r ardd yn wyllt heb ei thrin; collir dawn oni chaiff ei ymarfer - ac mae'r doniau a'r awydd am yr ysbrydol yn mynd i golli oni chânt eu harfer.

Mae'n haws cau llwybr na chreu un.

Yn y cyfnod pan mae llwybrau traddodiadol crefydd yn mynd yn anhygyrch, a gaiff rhai newydd, diogel a da eu creu gennym ni heddiw? 'Rho sylw i lwybr dy droed i'th holl ffyrdd fod yn ddiogel' medd Llyfr y Diarhebion (Diarhebion 4:26).

Gweddi

Arglwydd, os yw'r hen lwybrau yn cau, cynorthwya ni i fynnu agor llwybrau newydd fydd yn arwain atat ti. Amen

6. Tŷ ein Tad

1. Glanhau Tŷ ei Dad
(Ioan 2:13-24)

Cyflwyniad

'Bydd sêl dros dy dŷ di yn fy ysu' (Salm 69:9) fyddai'r geiriau ddaeth i feddwl y Disgyblion pan welsant Iesu'n dymchwel byrddau'r cyfnewidwyr arian ac yn glanhau'r Deml. (*'My devotion to your house, O God, burns in me like a fire',* yw cyfieithiad y *Good News Bible.*)

Y Deml yn Jerwsalem oedd y lle ble lleolwyd y digwyddiad hwn, ond er pwysiced oedd y Deml, nid dyna'r unig fan cyfarfod oedd gan yr Iddew i addoli ei Dduw yn Jerwsalem. Roedd synagogau yno ymhobman a'r synagogau 'rhanbarthol' yn fannau pwysig lle gallai Iddewon alltud ar ymweliad â'r ddinas gymdeithasu yn iaith bob dydd eu gwledydd mabwysiedig. *'Castle Streets'* Palesteina oedd llawer o'r synagogau yn Jerwsalem!

Roedd trefn addoli'r Deml yn seiliedig ar allorau ac aberthu anifeiliaid, a'r adeilad wedi ei rannu yn nifer o gynteddoedd. Roedd un lle gallai'r cenhedloedd ymgynnull; un arall ar gyfer y gwragedd; un arall ar gyfer y dynion (Iddewon, wrth gwrs); roedd Cysegr ac allorau ar gyfer yr offeiriaid, a'r Cysegr Sancteiddiolaf lle'r âi'r Archoffeiriad yn unig a hynny ond unwaith y flwyddyn. Roedd y Cysegr Sancteiddiolaf (lle trigai Duw) y tu cefn i len - yr un a rwygwyd ar yr eiliad y bu Iesu farw (Mathew 27:51).

Addoliad bywiog oedd addoliad **y Deml** gyda lle amlwg i gerddoriaeth a 'cherddorfa' yno. Yn anaml - os yn wir o gwbl - y byddwn yn sylwi ar y teitl uwchben salm, ond ceir 'ar y Gittish' fel cyflwyniad i sawl salm (e.e. Salmau 8, 81, 84, *B.C.N.*). Nid oes sicrwydd o'i ystyr ond credir mai *tôn* neu *offeryn cerdd* yw 'Gittish' - un *offeryn* neu *dôn* ymhlith llawer a genid yn y Deml.

Lle ar gyfer gweddïo, astudio ac ymgynnull oedd **y synagogau** - 'tai cwrdd' lle'r ymgynhullai pobl ar y Saboth er mwyn addoli. Dewisai'r gynulleidfa ei Rabbi ei hunain ar sail ei dduwioldeb a'i ddysg, ond gallent ei droi allan hefyd os nad oedd yn plesio. Mewn oedfa yn y synagog gellid gofyn i unrhyw ŵr cymwys yn y gynulleidfa i ddarllen y Gair a gwneud sylwadau arno, ond safwyd i ddarllen ac eistedd i 'bregethu' (Luc

4:16*ff.*). Ymddengys mai llafar ganu'r Salmau oedd yr unig gerddoriaeth yn addoliad y Synagog. Rhaid oedd bod deg o ddynion yn bresennol i'r addoliad fod yn ddilys.

Myfyrdod

Wrth droi at y ffordd y mae Cristionogion heddiw yn addoli, gwelir mai dull y Deml sy'n apelio at un garfan, tra bod y synagog wedi dylanwadu ar y garfan arall.

Dylanwadodd y Deml ar y ffordd y mae'r eglwysi Anglicanaidd, y Pabyddion a'r Uniongred yn addoli. O'r tri, yr Eglwys Uniongred yw'r un sy'n glynu agosaf at batrwm y Deml. Mae hyd yn oed pensaernïaeth yr adeilad yn gallu adlewyrchu pensaernïaeth y Deml gyda Chysegr, a Chysegr Sancteiddiolaf y tu cefn i len a adewir ar agor i goffáu rhwygo llen y Deml. Yn Arch y Cyfamod yn y Deml cedwid '...llestr aur yn dal y manna, gwialen Aaron a flagurodd unwaith, a llechau'r cyfamod' (Hebreaid 9:4). Mewn Eglwys Uniongred, elfennau'r Eucharist (y Cymun), Croes a'r Pedair Efengyl a gedwir yn Arch y Cyfamod. Nid yw'n syndod fod yr eglwysi hyn yn cael eu galw'n demlau mewn rhai mannau.

Symlrwydd y synagog o ran cynllun ac addoliad sy'n nodweddu tai cwrdd yr Ymneilltuwyr a'r Anghydffurfwyr.

Â ninnau'n bobl mor wahanol, mae'r naill yn diwallu anghenion ysbrydol rhai a'r llall yn diwallu anghenion eraill. Ond pa un bynnag sy'n cwrdd â'n hanghenion ni, mae'n bwysig ein bod yn eu harddel a'u harfer gan ddangos parch i'n gilydd a chydweithio i fawrhau enw'r Arglwydd, pa un ai patrwm y Deml neu batrwm y synagog a ddilynwn.

Gweddi

Arglwydd rho ras i ni ganu gyda'r emynydd:
Mor deg dy bebyll Di, O!Dduw, mor hawddgar yw'th gynteddoedd;
nid oes fath gu balasau gwych tu yma i entrych nefoedd.
Gwyn fyd a drig o fewn dy dŷ gan dy foliannu beunydd;
cânt wisgo hardd ogoniant gwiw fry gyda'u Duw'n dragywydd. Amen

2. Cadw Drws
(Salm 84)

Cyflwyniad

Roedd nifer o swyddogion yn gwasanaethu yn y Deml yn Jerwsalem. **Yr Archoffeiriad** oedd â'r swydd bwysicaf. Ef oedd â gofal defodau arbennig y genedl ac ef yn unig oedd â'r hawl i fynd i fewn i'r Cysegr Sancteiddiolaf. **Yr Offeiriaid** oedd yn gyfrifol am y defodau dyddiol – ond dim ond unwaith yn eu bywyd y caent y fraint o gyflwyno aberthau wrth yr allor a phenderfynwyd pwy wnâi hynny drwy fwrw coelbren. **Y Lefiaid** oedd yn gyfrifol am y paratoadau ar gyfer defodau'r Deml – *'the fetchers, carriers and cleaners of Temple ritual'* yw disgrifiad Matthew Henry ohonynt. Mae'n amlwg beth oedd swydd **y Cantorion**; a'r isaf yn y rhestr oedd **y Drysorion**, Ceidwaid y Drysau, *Commissionaires* y Deml!

Hyd yn oed os mai ei swydd yntau oedd yr isaf ar y rhestr, roedd 'Ceidwad y Drws' yn swyddog pwysig yn y Deml. Yn ôl Matthew Henry roedd yn gyfrifol am dri pheth: amddiffyn rhag halogi'r Deml mewn unrhyw ffordd (*bouncers* y Deml!), addysgu addolwyr oedd yn anwybodus am brótocol y Deml ac annog ymwelwyr i fentro i fewn i'r Deml - fel roedd perchnogion siopau yn Dubai yn ein hannog ni i ddod i fewn i weld eu nwyddau, pan oedd Verina a mi'n ymweld â'r teulu yno.

Myfyrdod

Pan ês i'n weinidog i Castle Street yn Llundain roedd drysorion 'hen-fashwn' yn dal wrthi yn gofalu am y drysau. Nid rhoi llyfrau emynau allan yn unig a wnaent ond rhoi croeso i ymwelwyr a gofalu amdanynt gan eu harwain i fewn i'r capel a'u rhoi mewn rhyw sedd neu'i gilydd nad oedd yn 'eiddo' i deulu - roedd hi'n dal yn gyfnod pan oedd teuluoedd yn hawlio'r un sedd bob wythnos, er bod talu am y sedd wedi hen ddod i ben!

Cofiaf un drysor yn arbennig. Nid oedd yn berson cyhoeddus ond roedd rhyw gynhesrwydd yn perthyn iddo a chanddo ddawn arbennig i wneud i bobl deimlo'n gartrefol ac yn gyffyrddus. Ac ar ddiwedd yr oedfa ni fyddai'n gadael yr ymwelydd yn ei sedd ond byddai'n sicrhau fod rhywun yn mynd i siarad ag ef a dod ag ef i'r festri am baned o de a chyfle i gymdeithasu ymhellach. Oherwydd ei gynhesrwydd ef, nid oedd yn syndod gweld ymwelwyr â Llundain yn ôl yn y gynulleidfa y Sul canlynol hefyd. Mewn gwirionedd roedd yn genhadwr effeithiol iawn.

Efallai ein bod fel aelodau o'r eglwys wedi mynd i ofni'r gair 'cenhadu' a chredu mai cyfrifoldeb rhywun arall yw arwain pobl i fewn i'r eglwys. Dywedwn nad oes gennym ni na'r ddawn na'r cymwysterau i wneud hynny. Ond gall cenhadu fod yn rhywbeth mor syml â rhoi croeso twymgalon i rywun i'r eglwys - ac mae hynny'n rhywbeth y gall pawb ohonom wneud.

Nid galw pobl â chanddynt gymwysterau arbennig i fod yn genhadon a wna Duw, ond cymhwyso'r sawl sy'n ymateb i'w alwad. Dyna oedd hanes Gladys Aylward. Fe ddywedodd hi unwaith: 'Nid fi oedd dewis cyntaf Duw ar gyfer y gwaith wnês i yn Tseina. Wn i ddim pwy oedd ei ddewis cyntaf. Mae'n rhaid mai rhywun â chymwysterau arbennig ydoedd. Wn i ddim beth ddigwyddodd a pham nad aeth. Efallai iddo farw. Efallai nad oedd yn fodlon mynd. Edrychodd yr Arglwydd lawr eto a gwelodd Gladys Aylward. A dywedodd Duw, "Wel mae hi'n fodlon mentro; mae hi'n fodlon mynd - fe'i danfonaf hi!"'

Pobl sydd fel y drysorion, yn fodlon mynd, yn fodlon mentro ac yn fodlon gwneud - dyna'r bobl sy'n gwneud y cenhadon gorau yn y Gymru sydd ohoni heddiw.

Gweddi
Arglwydd,
Mae arnaf eisiau sêl i'm cymell at dy waith,
ac nid rhag ofn y gosb a ddêl, nac am y wobor chwaith;
ond gwir ddymuniad llawn dyrchafu cyfiawn glod
am iti wrthyf drugarhau ac edrych arna'i 'riôd. Amen

3. Addoli
(Salm 96)

Cyflwyniad

Yn aml soniwn fod rhywun yn 'addoli' rhyw berson arall, ond y mae gwir addoliad yn ymwneud â chrefydd ac yn talu anrhydedd i rywun dwyfol, neu rhyw allu goruchnaturiol Mae'n ran o bob crefydd, er bod y dull o addoli yn gallu gwahaniaethu o grefydd i grefydd a hyd yn oed o fewn i'r un grefydd.

Mae hyn yn wir am Gristnogaeth. Mae dehongliadau o'r Beibl yn gallu gwahaniaethu, a gellir gweld gwahaniaethau wrth gymharu credoau. Mae rhai yn addoli ar y Sabath Iddewig (y *Seventh Day Adventists)*, tra bod y mwyafrif yn addoli ar y Sul. Mae rhai yn cynnwys y saint ac angylion yn eu defosiwn, tra bod eraill yn gwrthod hyn yn llwyr. Mae defodau yn rhan o addoliad rhai o'r enwadau ond yn absennol o grefydda eraill.

Datblygiad o addoliad Iddewig yw addoliad Cristnogol. I ddechrau roedd Cristnogion yn addoli yn y Deml (Actau 2:46; 3:1, &c.) ac mewn synagogau (Actau 9:2, 20; 13:5, 14, &c.). Parhaodd Iddewon Cristnogol i addoli yn y Deml tan iddi gael ei dinistrio (A.D. 70), ac mewn synagogau tan i'r Iddewon eu troi allan neu bod rhif y Cenedl-ddynion wedi galw am ganolfannau gwahanol, gyda chartrefi yn ddewis naturiol. Mabwysiadwyd llawer o arferion a phatrymau Iddewiaeth i fewn i addoliad Cristionogol, a gellid dweud fod Eglwysi Cadeiriol yn cyfateb i'r Deml a thai cwrdd yr Ymneilltuwyr yn cyfateb i synagogau. Mae'r ddau yn cynnig dulliau gwahanol o addoli'r un 'Duw a thad ein Harglwydd Iesu Grist'.

Myfyrdod

Roedd nifer o eiriau gan yr Eglwys Fore am addoli, ond y dewis amlaf yn y Testament Newydd oedd *PROSKUNEŌ* sydd i'w weld 60 gwaith - 24 ohonynt yn y Llyfr Datguddiad - ac a gysylltir yn aml â *PIPTŌ*. Yr hyn sy'n drawiadol am y geiriau hyn yw eu bod yn dwyn i gof y ffordd bydd Moslem yn addoli yn y Mosg. Ystyr *PIPTŌ* yw *syrthio , disgyn*, tra bod *PROSKUNEŌ* yn gyfuniad o ddau air sy'n golygu *ymlaen* a *chusanu*. Y darlun mae'r geiriau yn ei awgrymu felly yw o berson yn syrthio ar ei liniau, yn pwyso ymlaen a chusanu'r ddaear o flaen yr un mae'n addoli.

O'r pwyslais ar werth rhywbeth - '*worth-ship*' yn tarddu o hen air Saesneg *weorthscipe* - y daw'r gair Saesneg *worship* a chaiff ei ddefnyddio wrth gyfarch pobl mewn rhai swyddi arbennig y tybir eu bod o werth mawr i gymdeithas yn gyffredinol, e.e. maer, ynad heddwch, &c.

Ond beth am y geiriau Cymraeg am yr hyn sy'n digwydd pan ymgynullwn yn nhŷ ein Tad Nefol ar y Sul? Bydd rhai rannau o'r Eglwys yn 'ymgrymu'. Yr un gwreiddyn sydd i'r gair 'ymgrymu' ag sydd i'r gair 'cryman'. Erfyn sydd yn plygu yw cryman a pherson sy'n ymgrymu a phlygu gerbron Duw yw'r addolwr. Ond rhywbeth a wnawn wrth addoli yw ymgrymu, felly beth am darddiad y gair 'addoli' ei hun?

Beth sy'n gyffredin i'r geiriau 'dôl', 'dolen' ac 'addoli'? Gwreiddyn y geiriau, sef *-dôl-* , yw'r ateb. Yng ngeiriadur Bodvan Anwyl roedd 'dôl' yn hen air am '*bow, ring; noose, loop*'. Yn ôl Geiriadur y Brifysgol ystyr *-dôl-* yw 'ystum, plyg'. Am y geiriau a ddefnyddiwn heddiw: 'dôl' yn wreiddiol oedd yr enw am y darn o dir ym mhlyg yr afon, a 'dolen' yw'r rhan o'r drws y mae'r llaw yn plygu o'i gwmpas wrth ei agor. 'Addoli' yw plygu gerbron Duw - a'r arfer i lawer ohonom (ar un adeg o leiaf) oedd plygu a mynd ar ein gliniau wrth addoli.

Defnyddiwn y gair 'addoli' yn aml am gariadon; ac fel mae'r afon yn troi o gwmpas y ddôl a'r llaw yn troi o gwmpas y ddolen, neu fywyd cariadon yn troi o gwmpas ei gilydd, felly hefyd dylai bywyd y credadun droi o gwmpas ei Dduw.

Beth bynnag a wnawn o'r geiriau, mae'n bwysig cofio nad rhywbeth yw addoli sydd i ddigwydd am ryw gyfnod byr mewn oedfa unwaith neu ddwy yn ystod yr wythnos. Bywyd sydd yn troi o gwmpas yr Un a'n carodd ac a roes ei hun drosom yw addoli. Mae bod yn Gristion yn alwedigaeth pedair awr ar hugain bob dydd - 24/7 yw'r ymadrodd modern - ac nid yn unig pan fyddwn ar ein gliniau neu mewn capel y dylai ein haddoliad ei amlygu ei hun.

Gweddi
Arglwydd Dduw, gad i'n bywyd droi o'th gwmpas di fel y byddwn yn d'addoli bob amser ac ymhobman. Amen

4. Gweddi
(Mathew 6:5-15)

Cyflwyniad

Ar ryw olwg, mae myfyrdod ar Weddi yn debyg i fyfyrdod ar Addoli, ac eto byddwn am ddadlau fod yna wahaniaeth mawr rhyngddynt. Gall ein haddoliad fod yn rhywbeth greddfol nad ydym *bob amser* yn ymwybodol ein bod yn ei wneud, tra bod gweddi yn rhywbeth penodol. Gall ein bywyd droi o gwmpas bywyd rhywun a garwn heb inni fod yn ymwybodol o hynny drwy'r amser - mae'n gefndir i bopeth a wnawn ac ni feddyliwn amdano. Ond mae'n wahanol pan fyddwn yn siarad yn uniongyrchol â'r person hwnnw a garwn. Siarad yn uniongyrchol â'r Arglwydd yw gweddi.

Am nifer o flynyddoedd bu Verina a mi yn ymweld yn gyson â'r rhan o'r teulu oedd yn byw ar y pryd yn Dubai. Tra'n teithio ac aros yno daethom yn gyfarwydd iawn â phwyslais y Moslemiaid ar weddi.

Ar awyren yn perthyn i gwmni o'r Dwyrain Canol, gwelem rhywbeth tebyg i gloc-un-bys ar flaen y cabin, a'r bys hwnnw bob amser y troi tuag at Mecca, pa gyfeiriad bynnag y wynebai'r awyren. Gwyddem fod gofyn i Foslemiaid wynebu Mecca wrth weddïo ac os oedd Moslemiad ar yr awyren am weddïo, gwyddai i ba gyfeiriad i droi. Pan arhosem mewn gwesty, gwelem arwydd yn rhywle yn yr ystafell wely yn ein cyfeirio tuag at Mecca. Yn y gwestai ac yn y canolfannau siopa roedd ystafell ar gyfer gweddi - un i'r dynion ac un arall i'r merched, gan na weddïent gyda'i gilydd. Pum gwaith y dydd clywem y Muezzin yn cyhoeddi'r alwad i weddi - o dyrau'r mosg os oeddem y tu allan a thros uchel seinydd y ganolfan siopa os mai yno y digwyddem fod.

Mae gan y Moslemiaid gyfarwyddiadau pendant a manwl ynghylch sut a pha bryd i weddïo a hyd yn oed beth ddylid dweud. Mae gweddi'n bwysig iddynt.

Ond er y gallwn ddysgu gan y Moslemiaid am bwysigrwydd gweddi a'i le mewn bywyd, dylem gofio bod rhoi benthyg capel neu eglwys er mwyn i Foslemiaid weddïo yno (hyd yn oed mewn oedfa aml-ffydd) yn ei droi yn fosg yng ngolwg Islam. Nid yn unig mae'r weithred o addoli yno yn ei droi yn fosg am y tro, ond dyna sut y bydd y Moslemiaid yn synied am y lle ar ôl hynny .

Myfyrdod

'Gweddïwch yn ddibaid' oedd cyngor Paul yn y cyfieithiadau cyfarwydd o 1 Thess 5:17, ond mae cyfieithiad *beibl.net,* yn rhagori: 'daliwch ati i weddïo' - '*don't give up on prayer*' yw un cyfieithiad Saesneg a welais . Mae'r Bregeth ar y Mynydd yn cymryd yn ganiataol ein bod yn gweddïo: 'A *phan* fyddwch yn gweddïo ...' meddai Iesu (Matthew 6:5). Yn wir, y mae'n cymryd yn ganiataol y byddai ei ddilynwyr yn *rhoi elusen* (6:2) ac yn *ymprydio* (6:16) hefyd.

Fe fu cyfnod pan oedd gweddi'n bwysig ym mywyd pob Cristion. Pan ddechreuodd fy Nhad weithio ym mhwll glo Mynydd Newydd yn 1918, y peth cyntaf a wnaeth y bore cyntaf pan gyrhaeddodd waelod y pwll am y tro cyntaf oedd mynd gyda'i dad yntau i Gwrdd Gweddi! Ym Mynydd Newydd roedd dau 'gapel' ar waelod y pwll a rhwng 6.40 a 7.15 bob bore Llun dechreuai'r glowyr yr wythnos mewn gweddi. Dechreuai'r shifft am saith bob bore arall, ond ar y Llun roedd caniatâd i ddechrau chwarter awr yn ddiweddarach er mwyn medru cynnal y cwrdd. Gwir nad âi pawb yno, ond roedd parch i'r rhai oedd yn mynd a thystiai Nhad fod y pwll yn dawel bob bore Llun rhwng 6.40 a 7.15.

Er bod yr arfer wedi hen ddiflannu o'r rhan fwyaf o'n heglwysi erbyn hyn, roedd y Cwrdd Gweddi yn dal yn bwysig yn y capel pan oeddwn i'n grwt. Byddai hyd yn oed rhai o'r plant yn aros a'i fynychu gan ei fod yn dilyn yn syth ar ôl Cwrdd y Plant ar nos Lun yng Nghaersalem Newydd. Roedd Cwrdd Gweddi arall yn y gangen, y Cwar, ar nos Fawrth a Chyfeillach - cymysgwch o weddïo a seiat - ar nos Iau.

Mae'r blynyddoedd hynny wedi hen fynd heibio, ond a olyga hynny nad yw'r mwyafrif ohonom fel Cristnogion yn credu mewn gweddi ac yn ei harfer mwyach? Honnodd John Wesley, '*Prayer is where the action is*'. Os ydym wedi peidio â gweddïo onid dyna paham y mae cymaint o eglwysi mor farwaidd heddiw? '...aethom yn wywedig iawn', medd un emyn a ganwn. Efallai dylem ailddechrau drwy ddilyn cyngor Thomas Fuller: '*Prayer is the key of the day and the lock of the night*'. Daliwn ati i roi amser i Dduw yn ein bywyd; daliwn ati i weddïo gan gofio'r cwpled:

Llawer gwell na gweddi faith
yw gweddi fer mewn dillad gwaith.

Gweddi

Yr awr weddïo garaf, arferaf drwy fy oes,
er mwyn y ddau gwrdd gweddi - yr Ardd a Bryn y Groes;
Mae'r gŵr weddïodd yno yn awr yn gwrando'm cri,
a digon yn ei wrando i'm llwyr fendithio i. Amen   (Alltud Glyn Maelor)

5. Ymprydio
(Eseia 58)

Cefndir

Er nad yw'n rhan o'n traddodiad ni fel Ymneilltuwyr, mae'r arfer o ymprydio yn perthyn i bob un o brif grefyddau'r byd, er mai ag ympryd Ramadan y Moslemiaid y byddwn yn fwyaf cyfarwydd, mae'n debyg. Yn ystod mis Ramadan, gwaherddir y Moslem i fwyta nac yfed dim (hyd yn oed dŵr) rhwng codiad haul a machlud haul. Gan mai'r lleuad sy'n penderfynu beth yw hyd mis i ganlynwyr Islam, mae eu blwyddyn hwy 10 - 11 diwrnod yn fyrrach na'n blwyddyn ni a golyga hyn fod mis Ramadan yn dechrau 10 - 11 diwrnod yn gynt bob blwyddyn. Canlyniad hyn yw y bydd yr ympryd yn digwydd yn ystod misoedd poethaf y flwyddyn am gyfnod ac yna ymhen y rhawg wedi symud i fisoedd oeraf y gaeaf - ond yr un yw'r gorchymyn bob tro: rhaid peidio bwyta nac yfed *dim* rhwng codiad a machlud yr haul, pa mor oer neu gynnes bynnag y bo'r tywydd. Roedd hi'n Ramadan pan ymwelodd Verina a mi â'r teulu yn y Dwyrain Canol un Awst. Caem ni fwyta'r bwyd gorau oedd gan y gwesty i'w gynnig ond roedd y Moslemiaid a weithiai yno yn gorfod gwneud eu gwaith ar hyd y dydd heb ddim i'w fwyta na dim i'w yfed.

Er fod ympryd yn rhan o grefydd yr Iddewon (Luc 18:11-12), nid oes llawer gan y Testament Newydd i ddweud amdano er inni nodi eisoes fod Iesu fel pe'n *disgwyl* i'w ddilynwyr i ymprydio (Mathew 6:16). Yr unig sôn amdano ef ei hun yn ymprydio yw iddo wneud hynny pan oedd yn yr anialwch am ddeugain niwrnod yn cael ei demtio gan Satan (Mathew 4:1-11; Marc 1:12-13; Luc 4:1-13). Prin fod Iesu'n ymprydiwr cyson gan ei fod ef ei hun yn cydnabod fod pobl yn cyfeirio ato fel 'y bolgi! Meddwyn yn diota a stwffio'i hun!' (Luc 7:34, *beibl.net*). Cyhuddwyd ei ddisgyblion hefyd o fethu ymprydio fel y gwnâi disgyblion Ioan Fedyddiwr.

Nid yw ympryd yn ddelwedd a ddefnyddia Paul yn ei lythyrau chwaith, gydag ond un cyfeiriad ato yn 2 Corinthiaid 6:5 yn y *Beibl Cymraeg Newydd*. Ond cyfieithad *beibl.net* o'r adnod yw: 'Dŷn ni wedi cael ein curo, ein carcharu, ein bygwth gan y mob, wedi gweithio nes ein bod wedi ymlâdd yn llwyr, ac wedi colli cwsg a *gorfod mynd heb fwyd*'. Penderfyniad personol yw ymprydio, ac nid at ympryd yr oedd Paul yn cyfeirio, felly.

Rhyw fath o ympryd yw Grawys (*Lent*) i Eglwyswyr ond nid yw'n rhan o'n harfer ni fel Ymneilltuwyr. Er bod rhai o fudiadau efengylaidd a charismataidd wedi mabwysiadu'r arfer o ymprydio fel disgyblaeth bersonol yn ystod y blynyddoedd diwethaf, nid yw'n syndod nad yw'n rhan o'n traddodiad ni fel disgynyddion y Piwritaniaid. Ymhlith y cyfrolau a gyhoeddodd Dr I.D.E.Thomas gwelir *The Golden Treasury of Patristic Quotations* a *The Golden Treasury of Puritan Quotations*. Yn y gyntaf o'r ddwy gyfrol ceir dwy dudalen wedi eu neilltuo i ddyfyniadau am ymprydio gan Dadau'r Eglwys, ond nid oes unrhyw ran o gyfrol dyfyniadau'r Piwritaniaid wedi ei neilltuo i'r arfer.

Myfyrdod

Beth felly a ddisgwyliai Iesu gan ei ddilynwyr wrth ddweud '*Pan* fyddwch yn ymprydio...' ? Nid oes amheuaeth mai'r ateb yw'r un a roddodd Eseia wrth gondemnio'r math o ymprydio a wnâi ei gyfoedion. Roeddent hwy yn glynu wrth ddefodau wrth ymprydio ond gofynnodd Duw iddynt:

'*Ai dyma sut ymprydio dw i eisiau?* —
diwrnod pan mae pobl yn llwgu eu hunain,
ac yn plygu eu pennau fel planhigyn sy'n gwywo?
Diwrnod i orwedd ar sachliain a lludw?
Ai dyna beth wyt ti'n ei alw'n ymprydio,
yn ddiwrnod sy'n plesio'r ARGLWYDD?'
Ac atebodd ei gwestiwn ei hun:
'*Na, dyma'r math o ymprydio dw i eisiau*:
cael gwared â chadwyni anghyfiawnder;
datod rhaffau'r iau,
a gollwng y rhai sy'n cael eu gormesu yn rhydd;
dryllio popeth sy'n rhoi baich ar bobl.
Rhannu dy fwyd gyda'r newynog,
rhoi lle i fyw i'r rhai tlawd sy'n ddigartref
a rhoi dillad i rywun rwyt yn ei weld yn noeth.
Peidio ceisio osgoi gofalu am dy deulu' (Eseia 58:5-7, *beibl.net*).

Mae'n hawdd gweld y byddai dehongliad Iesu o ympryd, fel eiddo Eseia, yn rhoi'r pwyslais ar bethau ymarferol - gweithredoedd o gariad!

Mae pob rhyddid i berson ymprydio yn y ffordd y byddwn ni'n synied am ympryd, gan ymwrthod â rhai pethau er mwyn dangos teyrngarwch ac ymrwymiad i'r Arglwydd; ond fel gyda gweddi a rhannu elusen, ni ddylai gwneud hyn fod yn sioe i'r cyhoedd ond yn rhywbeth preifat rhwng yr unigolyn a'i Dad Nefol (Mathew 6:4, 6, 18).

Gweddi
Arglwydd,
Agor di ein llygaid i weld anghenion mawr y byd,
gweld y gofyn sy'n ein hymyl, gweld y dioddef draw o hyd;
maddau inni bob dallineb sydd yn rhwystro grym dy ras,
a'r anghofrwydd sy'n ein llethu wrth fwynhau ein bywyd bras ...

...dysg in dderbyn cyfrifoldeb am ein rhan os ŷm ar fai,
maddau inni os anghofiwn gyflwr yr anghenus rai. Amen   (Rhys Nicholas)

6. Rhannu'r Gair
(Rhufeiniaid 10:14-17)

Cyflwyniad

Ar benblwydd ifori - neu berl - ein priodas, (sef dengmlynedd ar hugain i'r sawl na ŵyr!) ymwelodd Verina a fi â Tegid a Gethin oedd yn digwydd bod yn Awstralia ar y pryd. Caniataodd ein tocyn ar yr awyren inni ymweld yn fyr ag unrhyw ddwy wlad ar y ffordd adref. Seland Newydd a Fiji oedd ein dewis.

Roedd tua'r un faint o frodorion â mewnfudwyr yn byw yn Fiji yr adeg honno. Cludwyd y mewnfudwyr cyntaf yno o Dde-ddwyrain Asia gan Brydain er mwyn iddynt weithio yn y planhigfeydd siwgr ac ymunodd eraill â hwy yn ddiweddarach i chwilio am waith. Hindŵiaid yw'r mwyafrif o'r bobl hyn ond Methodistiaid Wesleaidd yw'r mwyafrif o'r brodorion - yr enwad hwnnw a genhadodd yno yn y bedwaredd ganrif ar bymtheg. I bob pwrpas roedd y ddwy gymdeithas yn cadw ar wahân yn y cyfnod pan oedd Verina a minnau yno ond bu gwrthryfel a sawl newid yng ngyfansoddiad y wlad ers hynny.

Ar ymweliad â phentre *brodorol* cawsom ein tywys o gwmpas a thynnwyd ein sylw at y ffaith fod llwybrau'r pentre ar ddwy lefel. Roedd y lefel uchaf ar gyfer y pennaeth a'i deulu oherwydd, hyd yn bosibl, ni ddylai neb fod yn uwch nag ef ac yn medru edrych lawr arno. Fel gweinidog roedd cwestiwn amlwg yn ei gynnig ei hunan imi: 'Beth sy'n digwydd yn y capel, 'te?', gofynnais. 'Dewch i weld', oedd yr ateb. Wrth edrych o ddrws y capel, roedd popeth yn edrych fel unrhyw gapel Wesle yng Nghymru, gyda phulpud uchel yn y canol ar y blaen a dim sedd fawr, wrth gwrs! Ond wedi camu drwy'r drws fe welsom fod un sedd ar yr ochr yn wynebu'r pulpud wedi ei osod ar yr un lefel â'r pulpud. Hwnnw oedd sedd y pennaeth!

Nid oedd neb i fod yn uwch na'r pennaeth, ond nid oedd yntau'n uwch na'r Gair!

Myfyrdod

Fel Cristnogion daw dau beth i'n meddwl wrth sôn am y 'Gair' ag G fawr. **Iesu** yw'r cyntaf - 'y Gair a wnaethpwyd yn Gnawd'; a'r **Beibl** a'r Efengyl yw'r ail - y Gair a gyhoeddir o'r pulpud.

Nid oes llawer o werth mewn gair os mai yn y geiriadur yn unig mae'n ymddangos. Rhaid ei ddefnyddio iddo gyrraedd ei bwrpas. Rhaid iddo gael ei ddefnyddio, yn ein siarad a'n sgwrsio neu ein llyfrau a'n llythyrau iddo wneud ei waith a'i gadw'n fyw. Mai Waldo yn ein hatgoffa, fod geiriau fel iaith yn diflannu oni chânt eu defnyddio:

'A geiriau bach hen ieithoedd diflanedig,
Hoyw yng ngenau dynion oeddynt hwy,
A thlws i'r glust ym mharabl plant bychain,
Ond tafod neb ni eilw arnynt mwy.'

Ein cyfrifoldeb ni fel eglwysi yw cyhoeddi'r Gair am y Gair! Os na chaiff y Geiriau eu 'defnyddio' gan yr Eglwys, byddant hwy yn mynd i ebargofiant hefyd. Pan ddechreuais bregethu, dros drigain mlynedd yn ôl bellach, prynais lyfr ag ynddo ymadrodd nas anghofiais. Disgrifiad oedd o'r Beibl fel 'the least read best-seller.' Os oedd hynny'n wir ym mhumdegau'r ganrif ddwetha, mae'r sefyllfa'n llawer gwaeth erbyn hyn. Yn ddiweddar cyhoeddwyd arolwg o bobl yn Lloegr a Chymru a ddywedai am y tro cyntaf erioed fod llai na 50% o'r bobl yn honni eu bod yn eu hystyried eu hunain yn Gristnogion. Cymru oedd â'r 'sgôr' gwaethaf. Os nad oedd y Beibl yn cael ei ddarllen gan lawer yn y pumdegau, tybed faint sy'n ei ddarllen heddiw? Ni ddylem esgeuluso'r Gair.

Ond os yw darllen y Gair yn bwysig, mae cyhoeddi'r Gair hefyd yn bwysig. Dichon ein bod yn ei chael yn fwy anodd i wneud hynny wrth siarad â phobl; os felly gall ein gweithredoedd gyhoeddi'r Gair tra bod pobl yn sylweddoli yn enw pwy y gweithredwn. Yng ngeiriau'r Bregeth ar y Mynydd, dylai pobl weld ein gweithredoedd da ni, a chlodfori'n Tad sydd yn y nefoedd (Mathew 5:16).

Nid oes neb ohonom yn uwch na'r Gair. Y Gair a wnaethpwyd yn gnawd yw Arglwydd ein bywyd; a'r Gair o fewn i'r cloriau du yw'n tywysydd i'r Gwirionedd am Dduw ei hun.

Gweddi
O agor fy llygaid i weled dirgelwch dy arfaeth a'th air,
mae'n well i mi gyfraith dy enau na miloedd o arian ac aur;
y ddaear â'n dân, a'i thrysorau, ond geiriau fy Nuw fydd yr un;
y bywyd tragwyddol yw 'nabod fy Mhrynwr yn Dduw ac yn ddyn. Amen
(M.R.)

7. Canu (1)
(Psalm 137)

Cyflwyniad

Yn yr hen fyd, pan oedd gwlad yn concro'i gelynion roedd yn gwneud caethweision o'r bobl a orchfygwyd. Dyna'n union oedd wedi digwydd pan sonia'r Beibl am 'gaethglud': pobl yn cael eu cludo'n gaeth i wlad arall ac yn cael eu gorfodi i weithio i'r rhai a'u gorchfygodd. Er mai'r fyddin oedd wedi colli'r rhyfel, y bobl gyffredin a ddioddefai. Dyna a ddigwyddodd pan goncrodd Babilon Israel. Cymerwyd yr ifanc, yr abl, y cryf a'r iach i Fabilon fel caethweision gan adael yr hen a'r musgrell ar ôl yn Jerwsalem.

Yr oedd gan yr Israeliaid enw da fel cantorion - un o'r corysau opera mwyaf poblogaidd yw 'Corws y Caethweision' yn opera Verdi, *Nabucco* (sef Nebuchadnesar, brenin Babilon). Felly pan ddeuai'r Israeliaid at ei gilydd gerllaw un o'r camlasau rhwng y Tigris a'r Ewffrates i gymdeithasu a seiadu ar ddiwedd diwrnod o waith, deuai pobl Babilon allan a'u hannog i'w difyrru â chân. Ymateb yr Israeliaid oedd gofyn, 'Pa fodd y canwn gerdd yr Arglwydd mewn gwlad ddieithr?' Gwrthodent y cais.

Dyna gefndir Salm 137 a daeth fersiwn o'r Salm gan *Boney M.* (grŵp o gantorion 'pop' o Jamaica) yn boblogaidd iawn ar ddiwedd y saithdegau.

Myfyrdod

Mae dau beth i sylwi arnynt wrth ddarllen y Salm hon.

1. Mae'r peth cyntaf yn ymwneud â gwrthodiad yr alltudion i ganu caneuon Seion i'w meistri. A wnaethant hyn fel math o brotest? Gallai'r Babiloniaid eu caethiwo, ond ni allent eu gorfodi i ganu caneuon Seion! Neu a oedd rheswm dyfnach? A theimlent na allent ganu eu *caneuon crefyddol* fel difyrrwch i eraill? A oedd caneuon cysegredig eu crefydd yn rhy werthfawr i'w troi yn ddifyrrwch? Wedi'r cwbl, nid yn y profiad a fynegai'r salmau roedd diddordeb y Babiloniaid ond yn y mwynhad o wrando ar yr Iddewon yn canu eu caneuon cysegredig. Ond oni chollai'r salmau eu hystyr wrth eu troi yn ddifyrrwch?

Mae cwestiwn tebyg yn dod i'r meddwl am y Cymro a'r cyfoeth o emynau sydd gennym ni. Onid caneuon ysbrydol a droes yn ganeuon difyrrwch ydynt bellach? Bydd mwy yn eu canu mewn gemau rygbi neu mewn tafarn yn ystod yr wythnos na bydd yn eu canu mewn capel ac eglwys ar y Sul! Mae'n debyg mai'r dôn sy'n denu ac nid y geiriau a'u harwyddocâd a'u hystyr. Os byddwn ni ar gae rygbi yn ymuno â'r dyrfa sy'n eu canu, tybed a feddyliwn *ni ein hunain* am neges ac ystyr yr hyn a ganwn? Bu adeg yn gynnar yn hanes Ymneilltuaeth pan na chanai cynulleidfa emyn o gwbl a hynny rhag ofn y byddai'n fynegiant o brofiad *na* fyddai pawb yn y gynulleidfa wedi ei gael ac felly'n gyfystyr â rhagrith i'r person hwnnw ei ganu.

2. Yr ail beth i sylwi arno yw'r chwerwder a welir ar ddiwedd Salm 137: gweddi ydyw am weld dialedd yr Arglwydd yn disgyn ar y Babiloniaid. Ac a oes adnod mwy erchyll yn yr Hen Destament nag adnod olaf y Salm hon?

Y cwestiwn sy'n cynnig ei hunan yw, Ai gwaeth na gwrthod canu'r salmau oedd anghofio neges y salmau? Mae'n anodd cyffredinoli am gynnwys y salmau ond mae llawer ohonynt yn clodfori'r Tad am ei drugaredd, ei ofal a'i gonsyrn; yn sôn am daflu hunan ar drugaredd yr Arglwydd ac erfyn am ei faddeuant. Ond galw wna'r Israeliaid yn Salm 137 ar i'r Duw y dibynnant hwy arno am drugaredd a maddeuant i ymddwyn yn wahanol at eu gormeswyr.

Gwahanol iawn i eiriau'r Salm hon oedd y geiriau a roddodd Jeremeia ar wefusau Duw: 'Ceisiwch heddwch y ddinas y caethgludais chwi iddi, a gweddïwch drosti ar yr Arglwydd, oherwydd yn ei heddwch hi y bydd heddwch i chwi' (29:7)

Mae'n ymddangos nad oedd y sawl a gaethgludwyd i Fabilon yn credu y gallai Duw gyrraedd yno a pheri i'w gelyn edifarhau a newid. Ac onid yw hyn yn gyfystyr ag anobaith am allu Duw a'r Ysbryd Glân? Gall yr anobaith hwnnw gydio ynom ni yn y dyddiau dreng hyn.

Gweddi

Moliannwn Di, O! Arglwydd, wrth feddwl am dy ffyrdd
yn llywodraethu'n gyson dros genedlaethau fyrdd;
wrth feddwl am ddoethineb dy holl arfaethau cudd
a'u nod i ddwyn cyfiawnder o hyd i olau dydd. Amen (D.M.)

8. Canu (2)
(Actau 16:16-31)

Cyflwyniad

Os mai *peidio canu* oedd hi yn hanes y caethion ym Mabilon (Salm 137), *mynnu canu* oedd hi yn hanes y ddau oedd yn gaeth yn y carchar yn Philipi!

Dynion wedi colli eu rhyddid oedd Paul a Silas hefyd. Cawsant eu carcharu ar gam yn Philipi am eu bod wedi ceisio helpu rhyw ferch fach yn y ddinas. Meddai'r ferch y gallu i ddweud ffortiwn - ond roedd rhywbeth ychydig bach yn od yn perthyn iddi, hefyd. Roedd hi'n dilyn Paul a Silas o gwmpas y ddinas ac yn gweiddi enwau ar eu hôl. Blinodd Paul ar hyn a llwyddodd i wella'r odrwydd a berthynai iddi, ond trwy wneud hynny dinistriodd hefyd ddawn y ferch i ddweud ffortiwn - ac ypsetiodd hynny feistri'r ferch a pheri iddynt golli arian. Oherwydd eu pwysigrwydd a'u dylanwad hwy yn y ddinas cafodd Paul a Silas eu camdrin gan y dyrfa a'u taflu i garchar gan yr awdurdodau.

'Ac ar hanner nos yr oedd Paul a Silas yn gweddïo ac yn canu mawl i Dduw' a'r carcharorion arall yn gwrando. Doedd dim taw ar y ddau er iddynt gael eu camdrin a'u sefyllfa'n anobeithiol gan fod eu traed mewn cyffion. Ond digwyddodd rhywbeth rhyfedd yn y carchar y noson honno. Roedd eu hagwedd a'u cân yn ddigon i ryddhau pawb a'u clywodd '... a rhwymau pawb a aethant yn rhyddion' (Actau 16:25). Roedd yr 'Haleliwia' yn enaid Paul a Silas ac roedd ganddynt rhywbeth i ganu amdano a throes y canu hwnnw yn fendith i eraill.

Y gwahaniaeth rhwng y rhai a wrthododd ganu a'r rhai a fynnodd ganu oedd bod carcharorion Babilon yn canolbwyntio arnynt hwy eu hunain, tra bod y ddau garcharor yn Philipi yn canolbwyntio ar Rywun mwy na hwy eu hunain - ar 'y Person mwyaf mawr erioed a glywyd sôn', chwedl Williams, Pantycelyn.

Myfyrdod

Mae'n ddigon hawdd inni ganolbwyntio cymaint arnom ni ein hunain nes ein bod yn colli'n golwg ar y pethau mawr mewn bywyd. Tybed a yw hyn yn digwydd heddiw mewn perthynas â chrefydd yn ein plith? Digalonnwn wrth weld cymaint o gapeli'n gwlad yn cau ac yna'n cael eu gwerthu a'u troi'n gartrefi neu'n ganolfannau cymdeithasol, neu'n cael eu bwrw i lawr i greu safleoedd lle gellir adeiladu nifer o dai annedd. Gwelsom rai o'n capeli mwyaf yn cau a'r eglwysi oedd y cryfaf ar un adeg bellach yn wan ac yn brwydro i oroesi. Yng nghanol Caerdydd mae capel (lle pregethais i unwaith ar Ŵyl Ddewi) a'r hyn a welir y tu allan heddiw mewn llythrennau bras wedi eu goleuo'n llachar yw '*Capel Bar & Restaurant*'. Gofidiwn. Pa eglwys gaiff ei chau nesaf? Pa gapel gaiff ei werthu a'i ddymchwel? Beth ddaw ohonom ni? Dyna sy'n ein blino. Sylw a wnaeth Oscar Wilde â'i dafod yn ei foch un tro oedd: 'Dewch draw fan hyn ac eistedd gyda fi; rwy'n ysu cael sôn wrthych amdanaf fi fy hunan!' Gofidio am y sefyllfa a sôn amdanom ni ein hunain a wnawn yn hytrach na rhoi ein hyder yn ein Harglwydd a'n bryd ar ei wasanaethu.

Dywedodd D.L.Moody: '*God sends no one away empty except those who are full of themselves*'. Gallwn fod mor hunanganolog nes canolbwyntio ar yr hyn sydd yn ein hebyn yn hytrach nag ar yr Hwn sydd o'n plaid. Ni welwn y bendithion ysbrydol sydd ar ein cyfer ac arhoswn yn waglaw. Nid oedd perygl i hynny ddigwydd i Paul a Silas. Nid canolbwyntio arnynt hwy eu hunain na'u sefyllfa a wnâi'r ddau ac nid oedd perygl iddynt anobeithio. Roedd eu golwg hwy ar yr Arglwydd Iesu. Roedd eu ffydd yn yr Arglwydd Iesu a neb arall. Roedd yr 'Haleliwia' yn eu heneidiau a dyna pam y gallent ganu a moli eu Harglwydd yn nhywyllwch eithaf carchar Philipi.

Anghofiwn fod nifer o eglwysi enwog yr Ymneilltuwyr *yn y ddeunawfed ganrif* wedi cau. Yr agwedd bryd hynny oedd: 'Cyflawnodd yr eglwys hon ei phwrpas; rhaid symud ymlaen yn awr i weld beth mae'r Arglwydd am inni wneud nesaf!' Fel y dywedodd R.S.Thomas am Dduw: '*This God is such a fast God, always before us and leaving as we arrive*'. Ymlaen mae Canaan!

Gweddi
Arglwydd Dduw, gad i'r 'Haleliwia' fod ar ein gwefusau, llawenydd yn ein heneidiau, hyder yn ein calon, gweledigaeth ohonot ti i'n harwain a chryfder yn ein dwylo a'n traed i weithio drosot. Amen

9. Dawnsio
(2 Samuel 6:12-23)

Cyflwyniad
I groesawu Arch y Cyfamod i Ddinas Dafydd, yr oedd y Brenin Dafydd yn gwisgo effod liain a 'dawnsiai a'i holl egni o flaen yr Arglwydd wrth iddo ef a holl dŷ Israel hebrwng yr Arch â banllefau a sain utgorn' (adn. 14-15). Ond doedd hynny ddim yn plesio pawb chwaith! Yr oedd Michal, merch Saul a gwraig gyntaf Dafydd, yn edrych drwy'r ffenestr, a phan welodd y brenin yn neidio ac yn dawnsio o flaen yr Arglwydd, dirmygodd ef yn ei chalon (adn. 16).

Myfyrdod
Roedd y Piwritaniaid yn gwgu ar ddawnsio, a dywed *Geiriadur Ysgrythurol* Thomas Charles:
Fel y mae'r arferiad hwn yn gyffredin yn ein plith ni, mae, yn ddiammeu, yn un o weithredoedd y cnawd ac yn tueddu at anlladrwydd a halogedigaeth.

Ond er gwaethaf yr hyn a ysgrifennodd Thomas Charles, dywedodd yr Athro R. Geraint Gruffydd am Ddiwygiad Llangeitho mewn ysgrif yn y *Y Traethodydd* (1991) yr 'hynodid Diwygiad Llangeitho gan y dawnsio a'r neidio a oedd ynglŷn ag ef. Weithiau fe gydredai hyn gyda'r canu, weithiau ddim'. Dywed fod hyn wedi parhau ymhlith y Methodistiaid Calfinaidd tan tua chanol y bedwaredd ganrif ar bymtheg.

Mae'n ymddangos nad oedd y Bedyddwyr cynnar yn rhydd o'r fath beth chwaith oherwydd yn *Seren Cymru* (26/6/1863) dyfynnir pennill a luniwyd Benjamin Francis y ganrif flaenorol wedi iddo weld pobl yn colli arnynt eu hunain mewn Cymanfa yn Llanwenarth :
Ofnadwy yw'r nwydau niweidiol a'r neidio
Sy'n mhlith rhai crefyddwyr, gan fudr ynfydio;
Mor wyllt yw eu campiau, fy ngwallt ar fy nghopa
A wrychia gan ddychryn – pob gronyn a gryna
Mae dawns o ryw fath yn rhan o addoliad y *Shakers* yn America ac erbyn hyn mae dawnsio'n cael lle yng ngwasanaethau rhai o'r eglwysi Carismataidd.

Agwedd y Piwritaniaid at ddawnsio fodolai pan o'wn i'n grwt. Nid euthum i ddawns tan imi fynd yn fyfyriwr i Fangor ac ar yr adegau prin pryd yr awn wedi hynny, mewn ciniawau y bu hynny. Dyna pam, tra fod eraill fel elyrch ar lawr y ddawns, mae disgrifiad Mark Twain yn wir amdanaf fi'n dawnsio: '*a step peculiar to myself – and the kangaroo!*' Ni feddyliwn i am geisio dawnsio mewn oedfa a chystal imi gyfaddef imi deimlo'n anesmwyth bob tro y bum mewn oedfa lle digwyddai hynny.

Mae'r Beibl yn rhybuddio y gall dawnsio fod yn bechadurus ac eto mae'n cydnabod fod dawnsio yn ffordd digon parchus o fynegi llawenydd crefyddol - er mai merched a wnâi hynny *fel arfer*. Ceir eu hanes yn dawnsio wedi croesi'r Môr Coch (Exodus 15:20) ac mewn gwyliau crefyddol (Barnwyr 21:19-21). Brithir y Beibl ag adnodau tebyg i : 'Molwch ei enw â dawns, canwch fawl iddo â thympan a thelyn' (Salm 149:3) ond pwysleisir mai clodfori Duw a llawenhau ynddo ef yw pwrpas y fath ddawnsio. Cŵyn Llyfr Galarnad yw: 'Diflannodd llawenydd o'n calonnau a throdd ein dawnsio yn alar' (5:17).

Nid oes llawer o sôn am ddawnsio yn y Testament Newydd. Bu dawnsio yn y wledd i groesawu'r Mab Afradlon adref (Luc 15:25) ac roedd yn rhan o chwarae plant (Mathew 11:17; Luc 7:32). Cyfeirir at ddawns Salome (Mathew 14:6; Marc 6:22) a'r unig gyfeiriad arall a welir yn y Testament Newydd yw yn fersiwn y *Beibl Cymraeg Newydd* o 1 Corinthiaid 10:7 lle mae Paul yn sôn am ddawnsio pan yn cyfeirio at Exodus 32:6, er na sonia'r adnod o'r Hen Destament ddim am ddawnsio. 'Rhialtwch paganaidd' geir yn lle 'dawnsio' yn nhrosiad *beibl.net* o'r adnod yn Corinthiaid. Gwgu ar yr arfer felly a wna Paul er fod dawnsio yn rhan o'r traddodiad Iddewig. Ac eto y mae lle i gredu mai 'Arglwydd y Ddawns' oedd un o'r delweddau am y Crist yn yr Eglwys Fore, lle câi ei ddarlunio fel Orffëws, y cerddor rhyfeddol a allai ddenu'r ewig allan o'r fforest, a hyd yn oed cael y coed i ddawnsio. Dyna yw cefndir cân Sydney Carter, *Lord of the Dance.*

Mae'n debyg fod llawer, os nad y mwyafrif, o'r rhai sy'n darllen hwn - er yn ddawnswyr eu hunain efallai - yn teimlo'n anesmwyth am ddawns fel rhan o oedfa. Ond os mae dyna'r ffordd y mae'r addolwr yn teimlo y gall ddangos orau ei lawenydd yn ei Dduw, pam lai?

Sut bynnag y gwnawn hynny, mae'n bwysig inni amlygu'r mwynhad a'r llawenydd sy'n perthyn i'n Ffydd. Nid 'crefydd-wynebau-hir' yw Cristnogaeth ond crefydd a ddylai orlifo â llawenydd fel bod pawb yn ei weld a theimlo'r wefr pan fyddant yn ein cwmni.

Gweddi

Arglwydd, cofiwn fod 'llawenydd' yn ail i 'gariad' ymhlith rhestr Paul o Ffrwyth yr Ysbryd; gad i'n llawenydd fel plant i ti fod yn amlwg yn ein bywyd. Amen

10. **Diolchgarwch**
(Josua 5:10-15)

Cyflwyniad

Mae Llyfr Josua yn dweud fod y *manna* a fwydodd y Genedl Iddewig yn yr Anialwch yn peidio pan gyraeddasant Gwlad yr Addewid. Er i'r *manna* eu porthi a'u cadw'n fyw am ddeugain mlynedd yn yr anialwch, nid oeddent wedi bod yn ddiolchgar amdano mewn gwirionedd. Yn Numeri 11:4*ff.* darllenwn iddynt ddweud:

'Pwy a rydd inni gig i'w fwyta? Yr ydym yn cofio'r pysgod yr oeddem yn eu bwyta'n rhad yn yr Aifft, a'r cucumerau, y melonau, y cennin, y wynwyn a'r garlleg; ond yn awr darfu am ein harchwaeth, ac nid oes dim i'w weld ond *manna*.'

Roeddent wedi anghofio caethiwed a chaledi bywyd yn yr Aifft!

Ond wedi cyrraedd Gwlad yr Addewid, er i'r *manna* ballu roedd darpariaeth arall yno ar eu cyfer, sef 'cynnyrch y wlad' - neu yn ôl Beibl Parry (1620) 'hen ŷd y wlad'.

Myfyrdod

Mae stori'r *manna* yn dysgu am drylwyredd paratoadau Duw ar gyfer ei greadigaeth. Yr oedd digon o fanna yn yr anialwch a digon o ŷd yng Nghanaan i gwrdd â holl anghenion y bobl. Ni fu'n rhaid i neb fynd heb ei siâr – roedd digon i gwrdd ag anghenion pawb. Roedd Duw wedi darparu ar gyfer yr angen *cyn bod yr angen yn codi*. Fel y dywedodd Iesu: '…gŵyr eich Tad nefol fod arnoch eisiau *yr holl bethau hyn*, cyn gofyn ohonoch ganddo' (Mathew 6:8). Gwyddai y byddai'r angen yn wahanol. *Bwyd* oedd yr angen mawr yn yr Anialwch lle ni ellid tyfu dim byd o gwbl; ond *gwaith i'r dwylo segur* oedd yr angen yng Nghanaan, rhag i segurdod fynd yn dreth ar y bobl. Roedd y pridd i'w aredig a'r hadau i'w plannu yn disgwyl yr Israeliaid yng Ngwlad yr Addewid a chyfle wedyn iddynt weithio am eu bara.

Mae darpariaeth Duw ar gyfer ei fyd wedi bod yn drylwyr a digonol. Rhoddodd Duw lawer mwy o fendithion inni nag y diolchasom erioed amdanynt. Ysywaeth mae'r hyn ddywedodd Mahatma Gandhi yn iawn: '*Earth provides enough to satisfy every man's needs, but not every man's greed!*' Tra bod rhai uwchben eu digon mae'r cyflenwad ar gyfer eraill yn annigonol, ond problem dosbarthu sy'n gyfrifol am hynny ac nid prinder rhoddion Dduw.

Ein braint a'n dyletswydd resymol ni yw diolch i'r Arglwydd Dduw am ei haelioni a'i rhoddion i ni. Hyd yn oed os byddwn ar adegau mewn sefyllfa pan deimlwn nad oes dim gennym i ddiolch amdano, mae Paul yn ein hannog i ddiolch (1 Thesaloniaid 5:17). Sylwn fod Paul yn annog diolchgarwch *ym* mhob dim ac nid *am* bob dim. Pan na allwn ddiolch *am* rywbeth, gallwn ddiolch i'r Arglwydd ei fod ef wrth law *ym* mhob sefyllfa. Dyna oedd y neges nos Sul ddiwethaf pan siaradai cenhadon cyswllt y Tabernacl am eu profiad hwy yn ystod daeargrynfeydd Nepal yn Ebrill a Mai 2015. Ynghanol y profiad brawychus o weld y byd yn chwalu o'u hamgylch, teimlent fod y 'breichiau tragwyddol' (Deuteronomium 33:27) o'u cwmpas yn eu dal - a diolchent am hynny.

Ond nid digon dim ond dweud diolch chwaith. Rhaid cofio nad ar gyfer y lleiafrif y cyflwynodd yr Arglwydd ei rhoddion i'r byd; rhaid inni gofio nad ein heiddo ni yw'r rhoddion a dderbyniwn ganddo. Ein cyfrifoldeb yw *rhannu'r bendithion* ag eraill - a dylem gofio fod *rhannu bendithion ysbrydo*l mor bwysig â rhannu bendithion tymhorol.

Gwneud hyn yw'r diolch gorau y gallwn ei roi am holl haelioni Duw i ni, er pwysiced *dweud* diolch yn gyson wrth ein Tad Nefol ei hun. *'Thanks' and 'giving' are a pairing that every Christian should recognise. True 'thanksgiving' is an admission that 'thanks' cannot exist without 'giving'!*

Gweddi

Duw'n darpar o hyd at raid dynolryw
yw'n cysur i gyd a'n cymorth i fyw...
Diolch, Arglwydd, am dy *rhag*-luniaeth a'th holl roddion i ni. Diolch am roi inni gymaint o bethau y gallwn ddiolch amdanynt. Gad inni gyfrif ein bendithion wrth roi diolch i Ti; ond cynorthwya ni i gofio hefyd ein cyfrifoldeb i'w rhannu ag eraill. Amen

7. Teulu

1. Teulu'r Ffydd
(Galatiaid 6.10; Col. 3:18-4:1)

Cyflwyniad

Ystyr 'teulu' yn y Testament Newydd yw 'pawb sy'n byw [neu'n aros] dan yr un to'.

Mae dau air yn cael eu defnyddio am 'deulu' yn y Testament Newydd sef *patria* (a welir ddwywaith yn unig) ac *oikia* neu *oikos*. O'r cyntaf y daw y gair *patriarch* - yn llythrennol, 'rheolwr y teulu'; ac o'r ail y daw'r gair *ecwmenaidd* - yn llythrennol, 'yn perthyn i'r tŷ' neu 'yn perthyn i'r byd lle mae pobl yn byw' (*inhabited world*). Mae'r gair cyntaf bob amser yn cyfeirio at deulu fel 'pobl o'r un llinach', sef pobl sy'n perthyn i'w gilydd, pobl o'r un gwaed â'i gilydd. Hwy yw'r *patria*. Mae *oikia* ac *oikos* yn cyfeirio at deulu fel 'pobl sy'n byw yn yr un tŷ, dan yr un tô'. Wrth gwrs, byddai rhain yn cynnwys y penteulu, y rhieni a'r plant ond hefyd y gweision a'r caethweision a fyddai'n atebol i'r penteulu. Gallai'r penteulu fod yn wraig. Mae Paul yn cyfarch 'Nymffa a'r eglwys sy'n ymgynnull yn ei thŷ' yn Colosiaid 4:15. Dichon mai gwraig weddw oedd hi ac mai dyna pam y cyfeirir at yr eglwys yn cwrdd *yn ei thŷ hi*.

Roedd *oikia* ac *oikos* yn eiriau addas i'w defnyddio am eglwys am mai mewn cartrefi y byddai eglwysi yn cyfarfod yn nyddiau cynnar Cristnogaeth ond hefyd oherwydd ei bod hi'n ymddangos fod caethweision ymhlith aelodau eglwysi'r Testament Newydd. Roedd yr eglwys yn cynnwys caethweision a fyddai'n byw dan yr un to â dynion rhydd (eu perchnogion) ac yn rhydd i ymgynnull i addoli gyda'r bobl rhydd.

Mae *Geiriadur Charles* yn dweud fod y gair *teulu* yn dod o *tau* + *llu*. Mae *tau*, sy'n hen air am 'dy', yn cyfuno â 'llu' ac yn rhoi'r ystyr 'dy lu di / dy dyrfa di / dy gwmni di'. Yng nghysylltiadau'r Testament Newydd golyga hyn eu bod yn dyrfa, neu'n gwmni, neu'n deulu sy'n eiddo i Dduw.

Myfyrdod

Mae Effesiaid 2:19 yn sôn am Gristnogion fel 'teulu Duw' a Galatiaid 6:10 yn sôn amdanom fel 'teulu'r ffydd'. Fe ddywedodd Desmond Tutu am deuluoedd: 'Nid ni sy'n dewis ein teulu. Rhodd Duw ydyw i ni fel yr ŷm ni'n rhodd Duw i'n teulu'. Fe ddylai'r hyn grynhoi ein hagwedd ni at deulu'r Eglwys y perthynwn iddi hi.

Dyfyniad a glywais droeon pan oeddwn ar ymweliad ag America oedd, *'The family that prays together stays together.'* Beth ddywed hyn amdanom ni fel teulu'r eglwys? O America hefyd y daeth yr arolwg isod a wnaethpwyd nôl yn 1988 ond sy'n berthnasol heddiw. Holwyd 500 o Gynghorwyr Teulu (*Family Counsellors*) yno, beth yn eu barn hwy oedd cyfrinach y teuluoedd llwyddiannus? Hon yw'r rhestr o'u hatebion:
llwyddiant i **gyfathrebu a gwrando** ar ei gilydd;
cefnogi ei gilydd ym mhob peth bob amser;
parchu ei gilydd;
ymddiried yn ei gilydd;
rhannu amser a chyfrifoldeb â'i gilydd;
parchu preifatrwydd ei gilydd (*'respecting each other's space'*).
nabod beth sy'n dda a beth sy'n ddrwg;
creu traddodiadau a defodau teuluol;
rhannu eu crefydd.

Â ninnau'n aelodau o deulu Duw a theulu'r Ffydd yn yr eglwys, faint o'r nodweddion hyn sy'n perthyn i ni?

Gweddi
Arglwydd, cynorthwya fi i ystyried yn ddwys y cwestiwn a ofynnwyd i'r Cynghorwyr Teulu. Gwna fi'n aelod gweithgar a gwerthfawr o'r Eglwys, gan gofio bob amser mai dy deulu di ydyw. Amen

2. Awdurdod Tad a Gofal Mam
(Eseia 66:13)

Cyflwyniad

Ni welodd neb Dduw erioed a'r ffordd rhwyddaf inni siarad amdano yw trwy ei gymharu i rywbeth y byddwn yn gyfarwydd ag ef. Cymariaethau a ddefnyddiwn pan gyfeiriwn at Dduw. Dyna pam y mae'r Beibl yn sôn amdano fel Haul a Tharian, Craig, Tŵr Cadarn, Eryr, Arth, ac ati. Pan ddisgrifir ef fel 'person' mae'r geiriau a ddewisir fel enw iddo yn nodweddiadol o gymdeithas Batriarchaidd - a chymdeithas felly a luniodd yr Hen Destament. Er hynny, 'Duw' neu'r 'Arglwydd Dduw' yw'r enw arno a arferir fwyaf yn yr Hen Destament; yn wir prin yw'r defnydd o'r rhagenw gwrywaidd 'ef' i gyfeirio at Dduw. Wrth ddarllen y bennod gyntaf o Genesis yn y *Beibl Cymraeg Newydd*, gwelwn mai'r unig ragenw ynddi yw'r 'ef' sy'n cyfeirio at Adda (adn. 27), tra bod 'Duw' yn cael ei arfer 32 gwaith mewn 31 o adnodau a llawer ohonynt mewn cymalau lle y gellid fod wedi defnyddio 'ef'.

Yn Genesis 1:27 dywedir fod Duw wedi creu'r hil ddynol *ar ei ddelw ei hun* sef 'yn wryw **ac yn fenyw**'. Roedd y fenyw yn gymaint ran o ddelw Duw ag oedd y gwryw yn stori'r creu. Er hynny enwau gwrywaidd a ddewiswyd i sôn amdano fwyaf pan na ddefnyddiwyd yr enw 'Duw' neu 'Arglwydd Dduw'. Cymariaethau, delweddau gwrywaidd a ddefnyddir wrth gyfeirio at Dduw: Brenin, Barnwr, Tad, ac ati. Nid yw'n syndod o gwbl felly fod Duw yn cael ei ddarlunio yn y Testament Newydd *fel arfer* yn Dad i'r hil ddynol, a'r Arglwydd Iesu yn Fab i'r Tad. Fel Tad, roedd yn ffigur o awdurdod yn y teulu - ond mae ganddo hefyd rhinweddau Mam.

Fel y nodwyd eisoes (Myfyrdod 2.4) y mae delweddau benywaidd am Dduw i'w cael yn yr Hen Destament, er eu bod yn ddigon prin. Un ohonynt yw o Dduw fel Mam yn Eseia 66:13 lle dywed Duw: 'Fel y cysurir plentyn gan ei fam, byddaf fi'n eich cysuro chwi.'

Myfyrdod

Ceir dihareb Iddewig sy'n dweud, 'Ni allai Duw fod ymhobman ac felly creodd famau'; tra bod William Thackeray yn dweud '*Mother is the name for God on the lips and in the hearts of little children*'.

Mae cymharu Duw i fam yn gymhariaeth gyfoethog. Tybed pa

bethau ddaw i'r meddwl pan fyddwn yn meddwl am *fam*? Pa rinweddau? Pa briodoleddau? Maent yn ddiddiwedd! Fe awgrymaf un neu ddau a ddaw i'm meddwl i; cewch chwi wneud eich rhestr eich hunain os mynnwch – ond os gwnewch, meddyliwch hefyd beth mae'ch restr chwi o rinweddau mam yn dweud wrthych am Dduw.

Un o'r pethau a ddaw i'm meddwl i wrth feddwl am fam yw'r ffordd y mae'n gafael yn ei phlentyn – gafael dyner mam wrth drin plant, gan estyn llaw dyner i afael ynddynt a'u tywys wrth iddynt dyfu.

Pan fwyf yn teimlo'n unig lawer awr
Heb un cydymaith ar hyd llwybrau'r llawr,
Am law fy Ngheidwad y diolchaf fi
Â'i gafael ynof er nas gwelaf hi. (*John Roberts, C.Ff.* 758)

Mae Thomas Carlyle yn adrodd am ei dad yn ei gario o dan ei fraich i ddiogelwch dros ffrwd wyllt rywdro – ac mae'n cofio'r ofn a deimlai wrth weld rhyferthwy'r dŵr oddi tano. Ond pe bai ei fam wedi ei gario, meddai, byddai hi wedi ei ddal yn ei breichiau yn y fath fodd fel mai ei hwyneb y byddai wedi ei weld ac nid llifeiriant brawychus y dŵr.

Mae gafael mam yn rhan o'i gofal drosom ac mae gofidio a phryderu amdanom yn perthyn i'r gofal hwnnw hefyd. Ond daw dydd pan yw pob mam yn gorfod gollwng ei gafael yn ei phlant â'r plant yn mynd dros y nyth. Ni fydd consyrn mam am ei phlant yn peidio pan ânt allan o'i golwg ac allan o'i chyrraedd – os rhywbeth, mae'n fwy.

Er efallai na fyddai mam byth yn hawlio dim gennym ni, mae'n dyled iddi hi yn enfawr a byddwn am ddangos ein diolch iddi a'n gwerthfawrogiad ohoni. Ei charu a'i pharchu yw'r peth mwyaf y gallwn ei wneud a byddai hi'n ystyried hynny yn dâl digonol gennym.

Mae meddwl am fam yn gwneud inni feddwl am ei **gafael** ynom, ei **gofal** drosom, ei **gofid** amdanom, ac am **ein dyled aruthrol ni** iddi hi Ni allwn fyth dalu'r ddyled honno iddi hi ond gallwn ddangos ein gwerthfawrogiad ohoni a'i charu.

Onid yw hyn i gyd yn wir am ein perthynas â Duw?

Gweddi

Arglwydd Dduw, fel Mam *ti* a roddaist fywyd inni ac nid oes pall ar dy ddiddordeb ynom. Diolchwn fod dy gariad yn ein hamgylchynu. Dyro inni ras i ymateb i'th ofal drosom drwy dy garu di a gwneud popeth a allwn i'th fodloni di. Amen

3. Mabwysiaid
(Effesiaid 1:5)

Cyflwyniad

'*The Christian faith cannot be inherited; God has no grandchildren*', meddai L. Nelson Bell, cenhadwr meddygol yn Tseina a thad-yng-nghyfraith Billy Graham.

Mae mabwysiadu yn golygu dod â phlentyn 'diarth' i fewn i deulu a'i wneud yn aelod llawn o'r teulu hwnnw, gan roi iddo holl freintiau'r teulu a disgwyl iddo ef neu hi gofleidio'i holl ddyletswyddau o fewn i'r teulu. *Plant* gaiff eu mabwysiadu yn ein cymdeithas ni, ond yn yr Hen Fyd peth digon cyffredin oedd mabwysiadu oedolyn. Rhai blynyddoedd yn ôl bellach, cafodd Mordecai Vanunu, y gwyddonydd a ddatgelodd y ffaith fod gan Israel fom atomig, ei garcharu am deyrnfradwriaeth a chafodd ei fabwysiadu gan ŵr a gwraig yn America er mwyn ceisio ennill iddo ryw fanteision.

Mae syniad y Testament Newydd am fabwysiad yn **wahanol** i'n syniad ni oherwydd fod **tadolaeth** yn yr Hen Fyd **yn dybiadol yn hytrach nag yn ffeithiol** – *parenthood was presumptive rather than actual*; hynny yw, tad oedd yr un oedd yn barod i weithredu fel tad a chynnig cynhaliaeth a gofal, &c. Dyna paham yn yr hen fyd yr oedd plentyn a fabwysiadwyd yn gallu cael y flaenoriaeth ar blentyn o'r un gwaed â'r teulu pan ddeuai'n fater o **etifeddu**, hyd yn oed etifeddu gorsedd.

Myfyrdod

Er inni gyfeirio at fabwysiad yn yr Hen Fyd, mae'n bwysig cofio na fodolai'r fath beth yn y gyfraith Iddewig. Arfer Rhufain ydoedd mewn gwirionedd ac ni chyfeirir at yr arfer o gwbl yn yr Hen Destament. Paul fenthycodd y syniad am fabwysiad fel eglureb o'r hyn a fynnai bwysleisio ac ni welir y gair ond yng ngweithiau'r Apostol (Rhufeiniaid 8:15, 23; Galatiaid 4:5 ac Effesiaid 1:5). Roedd arfer Rhufain o fabwysiadu yn gymhariaeth oedd yn egluro'r gwirionedd y ceisiai Paul ei bwysleisio am statws y credadyn gerbron Duw.

Dewis i'r rhieni yw mabwysiadu plentyn neu beidio - hynny yw, nid plentyn sy'n dewis cael ei fabwysiadu. Ond er i'r mabwysiad roi i'r plentyn yr un hawliau â mab neu ferch naturiol y sawl a'i mabwysiadodd, nid yw'r un a fabwysiadwyd 'o'r un gwaed' â'r rhieni. Yn yr un modd y mae'r sawl a fabwysiadwyd gan Dduw o natur wahanol i'r Duwdod, ond roedd Iesu o'r un natur. Er eu mabwysiad, a'r holl freintiau a gawsant, nid yw 'plant Duw' - y Cristnogion - o'r un hanfod â Iesu.

'Rhaid inni'n unfryd gyffesu mai mawr yw dirgelwch ein crefydd', meddai Paul (1 Timotheus 3:16). Un o'r dirgelion hyn yw ein cred fod Iesu yn Dduw ac yn ddyn; neu yng ngeiriau Ann Griffiths am Iesu, fod:

... dwy natur mewn un person yn anwahanol mwy
mewn purdeb heb gymysgu yn eu perffeithrwydd hwy.
...mae'n ddyn i gydymdeimlo â'n holl wendidau i gyd,
mae'n Dduw i gario'r orsedd ar ddiafol, cnawd a byd.

Y mae hyn i gyd y tu hwnt i'n deall ni, ond ni olygodd hynny nad yw dynion wedi ceisio egluro'r peth.

Un o heresïau'r Eglwys Fore oedd Mabwysiadaeth (*Adoptionism*) sef y gred fod Duw wedi mabwysiadu'r *dyn* Iesu ar adeg ei fedydd gan Ioan ['Hwn yw fy Mab, yr Anwylyd...' (Mt. 1:17 *cf.* Marc a Luc)] ac wedi troi ei gefn arno pan oedd ar y Groes: ['Fy Nuw, fy Nuw, pam yr wyt wedi fy ngadael?' (Mt. 27:47 *cf.* Marc, Luc a Ioan)]. Byddai derbyn dehongliad yr athrawiaeth hon o fywyd Iesu, yn newid sylfaenol ym mherthynas y Tad a'r Mab ac yn gwyrdroi neges yr Efengyl. Ni fyddai Iesu o'r un natur â Duw.

I'r sawl a ddywed fod y dehongliad uniongred yn afresymol, dywed y Cristion 'Lle mae rheswm yn suddo, mae ffydd yn nofio!'

Yn ôl Ioan fe roddwyd i bawb *y gallu i fod yn blant i Dduw* (Ioan 1:12). Dywed J. Morgan Jones yn ei esboniad, *Y Bedwaredd Efengyl*, mai ystyr y gair a gyfieithir 'gallu' ym Meibl 1620 yw 'hawl' (dyma'r gair ddefnyddir yn *B.C.N.*) *neu* 'awdurdod'. Pa gyfieithiad bynnag o'r gair a ddewisir, a olyga na ddylid ystyried fod *pawb* yn blentyn i Dduw ac mai dyna pam y bu'n rhaid i Paul sôn am fabwysiad?

Ai'r ateb i'r cwestiwn hwnnw yw fod Duw wedi'n mabwysiadu ni i gyd, ond ein dewis ni yw penderfynu a fyddwn yn ymateb drwy weithredu fel meibion a merched ai peidio?

Gweddi

Diolch Arglwydd am yr anrhydedd o gael bod yn blant i ti. Rho inni ras i fod y math o blant y byddi di'n falch ohonynt. Amen

4. Plant Bychain
(Marc 10:13-16)

Cyflwyniad

Mae gan yr Arglwydd Iesu le arbennig i blant yn ei galon fawr, fel y dangosodd pan geisiodd y Deuddeg eu rhwystro rhag mynd ato. Pam ceisio gwneud hynny, tybed? Ai oherwydd fod cymaint o bobl o gwmpas a'u bod hwy'n bwysicach? Ai oherwydd y teimlent fod Iesu'n rhy bwysig i drafferthu gyda phlant? Beth bynnag y rheswm mae Iesu'n ceryddu'r disgyblion ac yn derbyn y plant a'u bendithio gan ddweud mai yr eiddynt hwy yw Teyrnas Nefoedd (10:14). Ychwanega mai agwedd plentyn sydd ei angen wrth agosáu ato (10:15). Mae'n werth nodi yn yr achos hwn mai'r gair Groeg *'paidon'* a welir, sef 'plentyn *bach*' - nid rhywun ifanc. Ond mae eisiau pwysleisio hefyd nad ar fod yn blentynnaidd yr oedd pwyslais Iesu!

Ar achlysur arall mae'n dweud y byddai'n well pe byddai pwy bynnag sy'n achosi cwymp plentyn yn rhoi maen melin am ei wddf a'i daflu ei hun i eigion y môr (Marc 9:42; Luc 17:2). Adnod i'w chofio â ni'n clywed cymaint o sôn am gamdrin plant heddiw.

Myfyrdod

Beth, tybed, yw'r rhinwedd mewn plentyn a'i gwna mor ddeniadol i arweinydd fel Iesu?

Wrth ddod at Grist mae'r Cristion, fel y plentyn, yn dibynnu *ar*, a rhoi ei ymddiriedaeth *yn* rhywun arall. Bydd plentyn bach yn dibynnu'n llwyr ar ei rieni am fwyd a chynhaliaeth. Anogaeth Pedr i Gristnogion newydd oedd, 'Fel babanod newydd eu geni, blysiwch am laeth ysbrydol pur, er mwyn i chwi drwyddo gynyddu i iachawdwriaeth' (1 Pedr 2:2). ['...dylech chi fod yn crefu am y llaeth ysbrydol pur fydd yn gwneud i chi dyfu yn eich ffydd' (*Beibl.net*).] Yr un oedd teimlad Paul fel cenhadwr pan ysgrifennodd at y Corinthiaid, 'Llaeth a roddais i chwi'n ymborth, ac nid bwyd, oherwydd nid oeddech eto'n barod' (1 Cor. 3:2).' [' Roedd rhaid i mi eich bwydo chi â llaeth, am eich bod chi ddim yn barod i gymryd bwyd solet!'(*beibl.net*).] Neges debyg oedd gan awdur Hebreaid i Gristnogion anaeddfed ei ddydd: 'Angen llaeth sydd arnoch, ac nid bwyd cryf' (Hebreaid 5:12). ['Dych chi fel babis bach sydd ond yn gallu cymryd llaeth, a heb ddechrau bwyta bwyd solet!' (*beibl.net*).]

Ond nid yw plant am aros yn blant chwaith. 'Pan fydda' i'n fawr ...' yw iaith plentyn. Tyfu yw ei ddymuniad. Yr un hefyd fyddai nod y plant a gymerodd Iesu i'w freichiau a'u bendithio - a dyna, hefyd yw nod pob Cristion. 'Y nod yw dynoliaeth lawn dwf, a'r mesur yw aeddfedrwydd sy'n perthyn i gyflawnder Crist', meddai Paul (Effesiaid 4:13). Tra'n tyfu mae plentyn yn dal yn ddibynnol ar eraill, pe bai ond ar ei athrawon. Ac eto nid yw am aros yn blentyn; mae'n awyddus i dyfu a sefyll ar ei draed ei hun. Onid dyna beth ddywed Paul yn y bennod fawr ar gariad yn ei lythyr at y Corinthiaid?

Pan oeddwn yn blentyn, fel plentyn yr oeddwn yn llefaru fel plentyn yr oeddwn yn meddwl, fel plentyn yr oeddwn yn rhesymu. Ond wedi dod yn ddyn, yr wyf wedi rhoi heibio bethau'r plentyn (1 Corinthiaid 13:11).

Pan oeddwn i'n blentyn, roeddwn i'n siarad iaith plentyn, yn meddwl fel plentyn, a deall plentyn oedd gen i. Ond ers i mi dyfu'n oedolyn dw i wedi stopio ymddwyn fel plentyn *(beibl.net).*
Gweld potensial i dyfu ym mhawb wna Iesu.

Priodolir y geiriau '*Rhowch imi'r plentyn tan ei fod yn saith oed a dangosaf i chwi'r dyn*' i Aristotle a gwnaeth llawer mudiad ddefnydd o'r syniad wrth geisio trwytho plant yn eu safbwyntiau hwy. Denu ac nid trwytho a wnâi'r Iesu. Onid un o wendidau mawr yr Eglwys y dyddiau hyn yw ei bod yn methu denu plant *heddiw* i fod yn ddisgyblion *yfory*? Nid ydym yn llwyddo i gadw'n gafael ar yr ychydig blant a ddaw i'n hoedfaon. Mae cymaint o bethau yn galw am sylw a chefnogaeth y plant nes bod perygl i'r Eglwys fynd i gredu na all hi gystadlu ac yn rhoi'r gorau i drio. Clywsom yn Undeb Bedywddwyr Cymru 2016 gan gynrychiolwyr o Lanbedr Pont Steffan a Thonteg nad oes rhaid iddi hi fod felly os yw'r Eglwys yn fodlon torri'n rhydd o hualau traddodiad

Gweddi

'Plant ydym eto, dan ein hoed yn disgwyl am ystâd; mae'r etifeddiaeth inni dod o Destament ein Tad.' Maddau, Arglwydd Da, ein bod fel plant i ti yn gallu bod yn blenynnaidd a chynorthwya ni i gofio mai nod ein crefydd yw 'dynoliaeth lawn dwf, a'r mesur yw'r aeddfedrwydd sy'n perthyn i gyflawnder Crist.' Amen

5. Brodyr a Chwiorydd
(Galatiaid 3:26-29)

Cyflwyniad

Mae hen gyfieithiadau'r ysgrythurau yn adlewyrchu cefndir patriarchaidd y gymdeithas a ddarlunnir yn y Beibl. Maent yn dewis defnyddio enwau gwrywaidd hyd yn oed pan yw synnwyr yr adnodau yn caniatáu os nad yn galw am air cynhwysol. Mae glynu wrth ddelwau 'gwrywaidd' wedi arwain at leihau amlygrwydd a phwysigrwydd merched yn y stori, yn enwedig yn y Testament Newydd. Yn ei dro mae hyn wedi arwain at ddiwinyddiaeth gyfeiliornus sydd wedi eithrio merched o'u lle priodol ym mywyd yr Eglwys - ac mae hynny'n dal i ddigwydd mewn nifer o draddodiadau crefyddol. Ymgais i gywiro rhywfaint o'r cam a gafodd merched yw defnyddio iaith gynhwysol yng nghyfieithiad *Y BEIBL CYMRAEG NEWYDD Argraffiad Diwygiedig* (2004). Wrth ddiwygio'r testun Cymraeg chwiliwyd am eiriau cynhwysol *lle mae hynny'n addas*. Ni newidiwyd y gair 'Tad' wrth gyfeirio at Dduw, na 'Mab' wrth sôn am Iesu Grist; ond mewn mannau eraill yn y Testament Newydd ceir geiriau fel 'hynafiaid' am 'tadau', 'plentyn' yn lle 'mab', 'plant' yn lle 'meibion', 'gyfeillion' neu 'cymrodyr' yn lle 'brodyr', 'pawb' yn lle 'dynion', *ac ati*.

Myfyrdod

Fel Cristnogion, mae'r ffaith fod gennym Dad Nefol a Brawd Hŷn yn golygu ein bod ni'n blant a gafodd ein mabwysiadu gan Dduw ac felly'n frodyr a chwiorydd i'n gilydd. Iesu yw'r Brawd Hŷn yn nheulu Duw er ei fod o natur gwahanol i ni; ond cawsom ni, ei ddilynwyr, ein mabwysiadu yn frodyr a chwiorydd iddo (Marc 3:35). Byddem yn *disgwyl* y byddai brodyr a chwiorydd yn gyfartal mewn teulu heb i un fod yn fwy o ffefryn na'r llall nac yn teyrnasu dros bawb arall. Dyna mae'r Arglwydd yn ei ddisgwyl hefyd.

Adroddir stori am fam Harry S. Truman, y gŵr (Bedyddiwr!) a ddaeth yn Arlywydd America pan fu farw Franklin D. Rooseveldt yn sydyn. Dirprwy ydoedd i Rooseveldt a fu'n ddyn afiach am flynyddoedd ond a fu farw'n sydyn yn 1945. Dim ond am 82 diwrnod y bu Truman yn Is-Arlywydd, ac er iddo fod yn aelod o'r Senedd cyn hynny, ni wyddai pobl America gymaint â hynny amdano pan gafodd ei hun yn Arlywydd yn y Tŷ Gwyn. Fel sy'n digwydd ar achlysur felly, aeth y wasg i chwilio am unrhyw wybodaeth am yr Arlywydd newydd y gallent ddod o hyd iddo. Aeth un gohebydd i Independence, Missouri, i siarad â'i fam. 'Mae'n rhaid eich bod chi'n falch o'ch mab sydd nawr yn Arlywydd America,' meddai'r gohebydd wrthi hi. 'O ydw,' meddai ei fam, 'ond mae gen i fab arall sy'n gweithio yn y siop lawr yr hewl, ac rwy'r un mor falch o hwnnw!' Ni wahaniaethai'r fam rhwng ei phlant, er mai dyn mwyaf pwerus y byd oedd un, a gweithiwr cyffredin oedd y llall.

Mae Paul, yn Galatiaid 3.26-29, yn gwneud yn gwbl glir fod pawb ohonom yn blant Duw ac yng ngolwg ein Tad Nefol nid oes gwahaniaeth rhyngom, beth bynnag ein cenedl, neu statws mewn cymdeithas neu ryw. Yng Nghrist rŷm ni i gyd yn gyfartal â'n gilydd .

Onid dyna pam yr hoffai'r Piwitaniaid a'r Ymneilltuwyr gyfeirio ymhlith ei gilydd at 'y brawd' a'r 'chwaer'? Clywais fod Charles Davies bob amser yn cyfeirio at Alfred Thomas - aelod seneddol a diacon yn y Tabernacl a ddyrchafwyd i fod 'yr Arglwydd Pontypridd' - fel 'Y brawd, yr Arglwydd Pontypridd'!

Aeth yr arfer o gyfeirio at ein gilydd fel 'y brawd' a'r 'chwaer' i golli yn y mwyafrif o'n capeli erbyn hyn; tybed a aeth yr ymdeimlad mai brodyr a chwiorydd ydym ar goll gyda'r arfer hefyd?

Gweddi
Arglwydd Dduw, ein Tad nefol ac Arglwydd Iesu, ein brawd hynaf, cynorthwya ni i gofio mai brodyr a chwiorydd ydym fel aelodau o'th Eglwys. Nid wyt ti yn ffafrio yr un ohonom yn fwy na'r llall; ac os ydym yn gyfartal yn dy olwg di, nid yw yr un ohonom i'w ystyried ef neu hi ei hun yn well na rhywun arall. Gwna ni'n un teulu yn dy enw. Amen

8. Hwn a'r Llall

1, Yr Henoed - a'r Ifanc hefyd!
(Deuteronomium 8:11-20)

Cyflwyniad

'Lledodd penwynni drosto, ac yntau heb wybod', meddai Hosea 7:9. Sôn a wna'r proffwyd am rywun yn heneiddio heb sylweddoli hynny.

Mae'n gas gen i pobl yn gofyn i mi, 'Beth ŷch chi'n meddwl yw'm hoedran i?' Ofnaf eu tramgwyddo! Mae'n amlwg eu bod yn meddwl eu bod yn edrych yn ifanc yn eu henaint!

Tybed beth yw'n hymateb *ni* pan sylweddolwn ein bod yn heneiddio? *Mae rhai'n gwrthod cydnabod y ffaith*, fel Mrs Williams - a gleddais yn 94 oed pan oeddwn yn weinidog yn Llundain. Ni wyddai ei mab ei hoedran tan iddo ddod ar draws ei thystysgrif geni'n ddamweiniol! Rhannodd y gyfrinach â mi, a phan ês i'w gweld yn y cartref gofal i'r henoed ychydig cyn iddi hi farw mentrais ofyn iddi hi, beth oedd ei hoedran. Yr ateb a gefais oedd, 'Rwyf dros fy *seventy*'!

Mae rhai'n diflasu wrth heneiddio - fel Syr John Morris-Jones:
'Henaint ni ddaw ei hunan'; - daw ag och
gydag ef a chwynfan ...'

Ymfalchïo yn ei henaint wna rhai fel y Fonesig Diana Cooper: Dywedodd: *First you are young; then you are middle aged; then you are old; then you are wonderful*!

Yn sicr, fel arfer agwedd bositif sydd gan y Beibl at henaint a heneiddio gan fod penwynni yn arwydd o brofiad ac aeddfedrwydd – ac yn haeddu parch ac anrhydedd: 'Cyfod gerbron penwynni a pharcha ef' (Lef. 19:32). Onid oedd hynafiaid y genedl Iddewig mewn gwth o oedran yn dal i wasanaethu Duw? Am a wn i, parch sydd y tu ôl i'r ddihareb Gymraeg, 'Yr hen a ŵyr, yr ifanc a dybia'.

Ond 'fel arfer' ddwedes i - er nad hynny a geir mewn un adnod yn Hosea. Enw'r proffwyd am Israel yw 'Effraim'. Am genedl y siaredir, nid am unigolyn, a'r ergyd yw fod *dirywiad* wedi lledu fel penwynni yn ddiarwybod ar y genedl. 'O flewyn i flewyn yr â'r gwallt yn wyn!' Mae'n ymddangos fod y peth yr ofna'r henoed fwyaf wedi dod i ran Effraim: nid yw ei feddwl mor glir ag y bu; aeth yn anghofus. Cyfieithiad trawiadol J. B.

Phillips o 'Y mae Effraim fel teisen heb ei throi' (7:8) yw *Ephraim is half-baked...*' - yn od, 'heb fod wedi bod ym mhendraw'r ffwrn'. Anghofiodd a chefnodd ar y Duw a wnaeth gymaint drosto.

Myfyrdod

Mae mynd yn anghofus yn rhan o broses heneiddio. Heneiddiodd Effraim ac anghofio ei Dduw, ac yn ei achos ef daeth duwiau eraill i mewn i'w fywyd. Yr oedd Israel wedi anghofio'r Duw a wnaeth gymaint drosti. A yw hyn yn wir am yr Israel Newydd, yr Eglwys?

Pobl yw'r Eglwys. NI, nid unrhyw adeilad neu sefydliad, yw'r Eglwys. Pa le sydd i Dduw yn ein bywyd ni? A gaiff Duw le canolog, neu a ydym wedi ei wthio o'r neilltu a'i anghofio, gan lanw ein bywydau â phethau arall? Nid yw diogelu lle i Dduw yn golygu nad oes lle i ddim arall yn ein bywydau, ond mae'n golygu sylweddoli y bydd presenoldeb Duw o angenrheidrwydd yn golygu y bydd rhai pethau yn gorfod cymryd yr ail le mewn bywyd tra bod pethau eraill yn anghydnaws â'i bresenoldeb.

Mae'r Beibl yn cydnabod y posibilrwydd o anghofio Duw. Mae'r adran yn Deuteronomium 8:11-20 yn rhybuddio yn erbyn ei anghofio ar ôl derbyn cymaint ganddo. Mae'n arwyddocaol fod yr adnodau yn awgrymu bod perygl i bobl - hen ac ifanc - anghofio Duw wedi iddynt 'adeiladu tai braf i fyw ynddynt' a chasglu 'digon o arian ac aur' a'u 'holl eiddo yn cynyddu' (adnodau 12 a 13). Nid ydynt yn fodlon cydnabod cyfraniad yr Arglwydd i'w llwyddiant ond yn hytrach dywedant, 'Ein nerth ein hunain a chryfder ein dwylo a ddaeth â'r cyfoeth hwn inni' (17) a thrwy hynny maent yn anghofio'r Un a ofalodd amdanynt ac ânt 'ar ôl duwiau eraill ... eu gwasanaethu ac ... ymgrymu iddynt' (19). Yn ôl Gwenallt, roedd hynny eisoes wedi digwydd yng Nghymru erbyn 1938 pan ysgrifennodd ei gerdd 'Ar Gyfeiliorn'

Y duwiau sy'n cerdded ein tiroedd yw ffortun a ffawd a hap,

A ninnau fel gwahaddod wedi ein dal yn eu trap ...

A yw hynny'n wir heddiw? Neu a yw pethau'n well, ynteu gwaeth?

Os wnawn *ni*, y gweddill ffyddlon, anghofio Duw heddiw, pa obaith sydd i adfer cof Cymru amdano?

Gweddi

Arglwydd, cadw ni'n ffyddlon i Ti - beth bynnag ein hoedran. Amen

2. Gwisg
(Rhufeiniaid 13:8-14)

Cyflwyniad

Fe fu ffasiwn yn bwnc pwysig yn ein byd ni erioed, am a wn i. Roedd yn bwysig yng ngyfnod yr Hen Destament. Wrth gollfarnu merched Jerwsalem mae Eseia'n sôn am 'y tlysau traed, y rhubanau, yr addurniadau siâp cilgant, y clustdlysau, y breichledau, a'r fêl; y dïadem, y cadwyni, a'r sash; y ffiolau persawr a'r swynoglau; y sêl-fodrwy a'r fodrwy drwyn; y dillad hardd, y mentyll, a'r siôl; y pyrsiau, y gwisgoedd sidan, a'r dillad lliain; y twrban a'r glogyn' (Eseia 3:18-22 *beibl.net*). Roedd yn bwysig yng nghyfnod y Testament Newydd hefyd. Mae cyfeirio atynt hwy eu hunain fel 'ni sy'n Rhufeinwyr' gan drigolion Philipi, y drefedigaeth Rufeinig (Actau 16:20), yn ein hatgoffa y byddent hwy yn dilyn ffasiynau Rhufain, gan gynnwys y ffasiwn mewn dillad.

Ond mae'n ymddangos fod y ffordd y byddwn ni'n gwisgo cymaint yn bwysicach yn y byd modern! Mae diwydiant gwerthfawr, drud, wedi tyfu ym myd ffasiwn erbyn hyn. Mae enwau fel Christian Dior, Yves St Laurent, Laura Ashley, Jasper Conran, ac ati yn gyfarwydd hyd yn oed i ddynion bellach.

Mae plant, dynion ifanc a dynion hŷn yn ogystal â'r merched yn ymddiddori mewn ffasiwn ac mae pobl heddiw yn ddigon bodlon gwisgo enw'r cynllunydd yn weledig ar grys T neu siwmper gan roi hysbyseb rhad ac am ddim i'r cynllunydd, tra'n tynnu sylw hefyd at y ffaith nad rhywbeth tsiêp yw eu gwisg hwy! Y tu fewn i'r wisg ac *o'r gwlwg* oedd lle labeli ers talwm, ond mae pobl heddi yn ymhyfrydu ac ymfalchïo mewn dangos pwy gynlluniodd eu dillad fel maent yn barod i hysbysu pa dîm pel-droed maent yn ei gefnogi wrth wisgo crys y clwb ar hyd y lle. Maent hyd yn oed yn fodlon prynu a gwisgo *jeans* wedi eu treulio a thyllau ynddynt – y math o drowsus y byddai ar Verina ormod o gywilydd i adael i'r plant ei wisgo i fynd allan *i chwarae!*

Do!, tyfodd confensiynau o gwmpas gwisgoedd dynion, hefyd. Mae '*Black Tie, White Tie, Dinner jackets, tuxedo*' ymhlith gwisgoedd *posh* dynion ar gyfer achlysuron arbennig. Ni fu gen i erioed unrhyw un o'r rhain. Bu gennyf 'ddillad bob dydd', dillad 'dwetydd' (sef gair Cwm Tawe am 'ddillad diwedd dydd') ar gyfer ymlacio, a 'dillad gore' ('dillad parch' neu 'ddillad dydd Sul') ar gyfer mynd i'r cwrdd. Yn blentyn cawn ddillad newydd ar gyfer achlysuron arbennig fel Cymanfa Ganu - ond nid bob blwyddyn chwaith. Yr adeg honno fe âi dillad gorau yn ddillad dwetydd / hamdden a dillad dwetydd / hamdden yn ddillad gweithio / chwarae

Myfyrdod
Mae nifer fawr o adnodau yn y Beibl yn sôn am wisgoedd a gwisgo, gan gynnwys cyfarwyddiadau yn yr Hen Destament ar sut i wneud hynny, a sut ddylai offeiriaid wisgo ar gyfer defodau gwahanol y Deml.

Yn ei epistol at y Rhufeiniaid (13:14) y mae Paul yn annog Cristnogion i wisgo amdanynt yr Arglwydd Iesu Grist. Clywais Idwal Jones, Llanrwst (awdur y gyfres radio i blant, 'S.O.S. Galw Gari Tryfan' - 007 plant Cymru yn y pumdegau!) yn pregethu ar y testun hwnnw unwaith mewn cyrddau pregethu yn Soar, Llanbed. Soniodd am Iesu fel siwt sy'n siwtio pawb, siwt sy'n ffitio pawb a siwt nad yw'n treulio!

Wrth feddwl am wisgo amdanom yr Arglwydd Iesu Grist, mae'r hyn a ddywedwyd uchod am ddillad heddiw yn ein galluogi i ychwanegu at yr hyn ddywedodd Idwal Jones:

(i.) Na ddylai fod gennym gywilydd i ddangos pwy a gynlluniodd y wisg Gristnogol a wisgwn;

(ii.) Na ddylem ofni gwisgo'r wisg, ond yn hytrach bod yn falch ohoni gan herio confensiynau ffasiynol yr oes;

(iii.) A dylem ei gwisgo mewn ffordd a fydd yn dangos mor smart ydyw - ffordd a fydd yn denu eraill i'w gwisgo hefyd.

Gweddi
Arglwydd Dduw, wrth weld fel y mae'r byd yn gwisgo yn y dyddiau hyn, gad i'r Arglwydd Iesu Grist fod fel gwisg amdanom ni a'i Ysbryd o'n mewn. Er clod i'th enw di, Amen.

3. Llythyr
(2 Cor 3: 1-3)

Cyflwyniad

Llythyrau yw un ar hugain o'r saith ar hugain o'r 'llyfrau' sydd yn y Testament Newydd a dim ond pum gwaith y gwelir y gair 'llythyr' yn Nhestament Newydd y *Beibl Cymraeg Newydd* pan nad yw'n gysylltiedig *mewn rhyw ffordd* â'r Apostol Paul. Yn wir daw'r geiriau 'epistol' ac 'apostol' o'r un gwreiddyn: y naill yn golygu 'wedi ei ddanfon *oddi wrth*' neu 'wedi ei ddanfon *ar* [bapur neu femrwn]' a'r llall yn golygu 'wedi ei ddanfon *allan*'.

    Roedd Paul yn lythyrwr heb ei ail. Dibynnai ar lythyrau i gadw mewn cysylltiad a chyfarwyddo eglwysi a blannodd - weithiau wedi iddo aros am ond ychydig mewn ardal lle bu'n efengylu'n llwyddiannus. Roedd ei lythyrau hefyd yn ffordd i gadw mewn cysylltiad â phobl a gyfarfu (Philemon) a chynghori'r sawl a gydweithiai ag ef (Timotheus a Titus). Ceir tystiolaeth yn y Testament Newydd iddo ysgrifennu mwy na'r tri ar ddeg o lythyrau a briodolir iddo yn y Beibl. Ysywaeth, dim ond y rhai a welwn yn y Testament Newydd a oroesodd.

    Fodd bynnag, gyda'i olwg mor wael, roedd yn rhaid iddo ddibynnu ar ysgrifennydd, *amanuensis* - rhywun arall i gofnodi beth roedd am ei ddweud - a byddai yntau wedyn yn cymryd y pin ysgrifennu yn ei law i ychwanegu ei lofnod (Galatiaid 6:11; 2 Thesaloniaid 3:17). Defnyddiodd sawl un i ysgrifennu drosto yn ystod ei yrfa. Defnyddiai Pedr *amanuensis* hefyd (1 Pedr 5:12) - efallai am mai pysgotwr ydoedd a heb fawr o grap ar ysgrifennu Groeg. Ffurf arall ar 'Silas' yw 'Silfanus', *amanuensis* Pedr, ac mae'n bosibl ei fod ef yn un o'r rhai a weithredai fel ysgrifennydd i Paul hefyd.

    Ag yntau'n dibynnu cymaint ar lythyrau, nid yw'n syndod fod Paul yn cymharu'r rhai a gafodd dröedigaeth dan ei weinidogaeth i lythyrau i'r byd oddi wrth Grist. Gweithredodd ef ei hun, megis *amanuensis* i'r Arglwydd wrth iddo efengylu a disgwyliai y byddai'r sawl a ymatebodd i'r Efengyl fel llythyrau Crist i'r byd.

Myfyrdod

Pan ddanfonodd brawd Verina wahoddiadau at nifer dda o gyfeillion i ddod i briodas ei ferch, derbyniodd gerdyn post gan un a'r neges yn dweud rhywbeth yn debyg i :

'Diolch am y gwahoddiad i'r briodas. Da gennym ei gael ac edrychwn ymlaen at fod gyda chi ar y diwrnod mawr'.

'Gyda chariad oddi wrth y teulu i gyd'.

Nid oedd enw wrth y cerdyn post ac nid oedd marc post 'De Cymru' yn help o gwbl! Y broblem oedd gwybod *pwy* ddanfonodd y cerdyn a *faint* oedd yr 'i gyd' yn y teulu arbennig hwnnw er mwyn paratoi ar eu cyfer?

Heblaw am y cynnwys, mae'r llythyr gorau a dderbyniwn wedi ei ysgrifennu'n glir ac mae'n gwbwl amlwg pwy a'i danfonodd. Mae hyn hefyd yn wir am lythyrau Crist i'r byd.

Mae hen bennill Saesneg yn cyfieithu'n fras fel hyn:

Ni ydyw'r llythyr cariad a dderbyn y byd gan Grist
Ni ydyw Beibl y pagan; ni ydyw'r sanctaidd dyst,
Ni yw negeswyr yr Arglwydd yn cynnig i'r byd y Gwir;
Beth os yw'r papur yn grychlyd ac nad yw'r ysgrifen yn glir?

We are the only Bible the careless world may read;
We are the sinner's Gospel, we are the scoffer's Creed;
We are the Lord's last message, given in deed and word,
What if the letters are crooked? What if the writing blurred?

Rŷm ni'n byw heddiw mewn cyfnod pan mae'r e-bost a'r tecst wedi disodli ysgrifennu llythyr. Ffordd i rannu neges yn gyflym yw'r rhain. Mae'n siwr y byddai'n well gan Paul ddanfon llythyr yn hytrach nag e-bost neu tecst, ond ni fyddai wedi anwybyddu unrhyw ffordd a ddeuai i rannu'r Newyddion Da am yr Arglwydd. Yn yr un modd dylem ninnau fod yn barod i rannu'r Efengyl ag eraill bob cyfle a gawn ac ym mha ffordd bynnag y daw'r cyfle inni wneud hynny.

Gweddi

Diolch iti'r Hollalluog Dduw am yr Efengyl Sanctaidd. Cynorthwya ni i gofio'n dyletswydd ni i rannu'r Efengyl ag eraill, er clod i'th enw. Amen

4. Persawr a Pherarogl
(2 Corinthiaid 2:12-17)

Cyflwyniad

Mae'r geiriau 'persawr' a 'perarogl' bron yn ddieithriad yn cyfleu rhywbeth positif pan ymddangosant yn yr Hen Destament. 'Y mae olew a phersawr yn llawenhau'r galon', meddai Diarhebion 27:9. O'r ddau, 'perarogl' sy'n ymddangos *amlaf* yn y *Beibl Cymraeg Newydd* ond 'persawr' yw'r gair yn *beibl.net*. Mae'r geiriau i'w gweld fwyaf wrth adrodd hanes ymweliad Brehines Seba â Solomon, ac yn *Caniad Solomon*. Ceir ambell adnod yn yr Hen Destament lle mae'r cyfeiriad yn negyddol megis Eseia 3:18-24. Yno rhybyddir y byddai'r merched yn colli yr eiddo mwyaf gwerthfawr a feddent, gan gynnwys y blychau perarogl a'r persawr ei hun, pan ddeuai'r Arglwydd i farnu Jerwsalem.

Yn y Efengylau cyfeirir at y 'jar alabaster hardd yn llawn o bersawr drud' y daeth y wraig i eneinio'r Iesu ym Methania (Mathew 26:6, *cf.* Marc 14:3; Ioan 12:3) ac at y peraroglau a gymerwyd at y bedd i eneinio corff yr Arglwydd . Ceir un cyfeiriad arall yng nghyfieithiad y *Beibl Cymraeg Newydd*, sef geiriau Paul yn 2 Corinthiaid 2:14-16 lle'r mae'r ddau air, 'persawr' a 'perarogl', yn ymddangos yng nghwmni ei gilydd. Trosiad *beibl.net* o'r adnodau yw:

> Dŷn ni'n cerdded ym mhrosesiwn buddugoliaeth y Meseia, ac mae arogl y persawr o gael nabod Duw yn lledu drwy'r byd i gyd! Ydyn, dŷn ni fel arogl hyfryd yn cael ei offrymu i Dduw gan y Meseia ei hun. Mae pawb yn ei arogli — y rhai sy'n cael eu hachub a'r rhai sydd ar eu ffordd i ddistryw. Mae fel mwg gwenwynig i'r ail grŵp, ond i'r lleill yn bersawr hyfryd sy'n arwain i fywyd.

Myfyrdod

Y syniad o arogl hyfryd yn ffroenau Duw oedd y tu ôl i arfer yr Iddew o offrymu poeth offrwm i'r Arglwydd. Ar fore Sul ym maes parcio'r Tabernacl mae aroglau cig eidon yn rhostio yn y dafarn y drws nesaf yn tynnu dŵr i'r dannedd! Credai'r Iddew fod arogl yr offrwm yn llosgi yn boddloni Duw - er mae llosgi'r darnau o'r aberth na fyddent hwy eu hunain yn bwyta a wnaent! Heddiw, arogldarthu o gwmpas yr allor wneir mewn 'uchel eglwysi' lle ceir allor.

Wrth ysgrifennu 2 Corinthiaid 2:14-16, mae Paul yn awgrymu fod yr un arogl yn gallu bod yn bleserus yn ffroenau un tra'n troi stumog rhywun arall - a gwyddom o brofiad fod hyn yn wir os ŷm ni wedi prynu persawr neu *after-shave* i rywun heb ofyn yn gyntaf beth fyddai'n dderbyniol!

Mae'n amhosibl creu perarogl fydd yn bodloni pawb. Nid yw hynny'n syndod gan fod creu perarogl yn dipyn o gamp ynddo'i hunan. Dywedir fod rhai o'r peraroglau drutaf fel gwin da yn gallu cymryd dwy flynedd i aeddfedu a chymaint â 300 o gynhwysion yn mynd i mewn iddynt. Dewisir y rhai addas allan o ryw 3000 o gynhwysion a'u cyfuno yw camp yr un sy'n creu'r persawr. Dyna ddarllennais.

Mae'n rhyfedd yr effaith a gaiff perarogl. Cred llawer fod gwerth iachusol mewn persawr a dyna yw sail Aromatherapi. Mae'r cyfuniad o bersawrau a ddewisir yn penderfynu pa effaith gaiff y persawr. Dywedir fod rhai yn gallu peri i berson ymlacio, eraill yn ysgafnhau'r pwysau a'r straen, tra bod eraill eto yn cyffroi ac adfywio a helpu person i ganolbwyntio.

Cefndir yr adnodau yn 2 Corinthiaid 2:14-16 [gw. trosiad *beibl. net*, uchod] yw o gadfridog llwyddiannus yn dychwelyd i Rufain gyda throffiau rhyfel a phersawrau yn ei gylchynnu ar hyd ei ffordd i fewn i'r ddinas lle byddai'n cyflwyno'r fuddugoliaeth i Gesar. Tu ôl iddo byddai ei filwyr a'i garcharorion yn cerdded. Byddai'r persawr yn felys yn ffroenau'r cadfridog a'r milwyr, ond yn chwerw yn ffroenau'r carcharorion oedd â'u dyfodol yn ansicr.

Dywed Paul y dylai bywyd y Cristion fod fel persawr y bydd y Crist yn gallu ei offrymu i Dduw, beth bynnag yw adwaith pobl arall ato. Wrth ddweud hyn y mae'n rhybuddio na fydd ein ffydd a'n cyffes yn cael yr un derbyniad gan bawb. Rhaid bod yn barod i gwrdd â gwrthwynebiad fel dilynwyr i Iesu Grist a gwrthodiad o'n tystiolaeth, ond nid yw hynny'n rheswm inni dewi â sôn.

Gweddi

Arglwydd Iesu, megis gardd ddyfradwy o aroglau'n llawn,
boed fy mywyd innau, fore a phrynhawn. Amen

5. Drych
(Iago 1:19-27)

Cyflwyniad

Mae adnodau yn y Beibl sy'n ein hatgoffa o'r hyn oedd drych yng nghyfnod ysgrifennu'r ddau Destament. Cyfeiria Exodus 38.8 at 'ddrychau pres y gwragedd' tra bod Job 37:18 yn cyfeirio at 'ddrych o fetel tawdd'. Effaith gwneud drych o bres y ceisiwyd rhoi sglein arno yw fod yr hyn a welwyd ynddo yn aneglur (1 Corinthiaid 13:12) - 'fel edrych mewn drych metel' yw trosiad *beibl.net* .

Mae Iago 1:23-24 yn sôn am Gristion sy'n 'wrandawr y gair, ac nid yn weithredwr' yn debyg i 'un yn gweld mewn drych yr wyneb a gafodd; fe'i gwelodd ei hun, ac yna, wedi mynd i ffwrdd anghofiodd pa fath un ydoedd.'

Myfyrdod

Er efallai na welwn yn glir beth yw neges yr ysgrythur, hi yw'r drych i edrych arno er mwyn inni weld sut pobl ydym mewn gwirionedd. Nid oes drych rhagorach ar gyfer hynny! Ond ofnai Iago fod pobl yn gallu anghofio'r hyn a welsant yn nrych yr ysgrythur. Anghofiant yn fuan iawn yr hyn a ddywed yr ysgrythur wrthynt amdanynt hwy eu hunain - anghofiant ei neges a'i her. Edrychant yn y drych ac yna anghofiant beth a welsant. Nid oedd gwrando ar y gair yn cael ei ddarllen iddynt - neu wrth ddarllen y gair eu hunain - yn cael unrhyw effaith parhaol arnynt. Maent yn wrandawyr y gair heb fyth yn troi yn wneuthurwyr y gair. I Iago, hanfod bod yn 'dduwiol' yw bod yn ymarferol hefyd.

Pa mor amherffaith bynnag fo'n gweledigaeth a'n deall ni o'r ysgrythurau, ni ddylem eu hanwybyddu a pheidio â gweithredu arnynt. Mae'r ysgrythurau yn hawlio ein bod yn gweithredu.

Ond mae neges arall mewn defnyddio drych - neges na ddaeth i feddwl Iago, mae'n siwr.

Ers colli Verina ymunais â dosbarth arlunio sy'n cwrdd yn y capel ar sgwâr Rhiwbeina - ailgydio mewn hen ddiddordeb y cefnais arno 50 mlynedd yn ôl. Nid yw f'ymdrechion yn rhai i ymffrostio ynddynt ond yn ddiweddar, y dasg a roddwyd inni oedd tynnu llun ohonom ni'n hunain. I wneud hynny roedd yn rhaid inni ddefnyddio drych, wrth gwrs, a hwnnw'n gwbl wahanol i'r un a ddefnyddiai Iago. Roedd yn adlewyrchu'n gwbl glir yr hyn oedd o'i flaen.

Mae'n rhaid i mi gyfaddef fod yr hyn a gyflawnais y bore hwnnw yn rhyfeddod - wel, yn fy ngolwg i, o leiaf. Roedd y darlun yn gampwaith! Bûm yn ystyried ei ddanfon at Olygydd *Y Pedair Tudalen* os nad i ryw oriel yng Nghymru! Wnês i ddim, wrth gwrs, ond yr wythnos ganlynol ni allwn beidio â dangos fy hunan-bortread i gyfaill a gollodd y dosbarth yr wythnos flaenorol. Edrychodd arno ac yn lle fy llongyfarch gofynnodd, 'Pam rwyt ti wedi newid yr ochr rwyt yn rhannu dy wallt?' Dyna pryd sylweddolais nad yw'r hyn a welwn ni mewn drych yn gyson â'r hyn a wêl rhywun sy'n edrych arnom. Roedd popeth a welwn i ar y dde yn y drych ar y chwith wrth i'm ffrind edrych arnaf. Nid rhaniad fy ngwallt yn unig oedd wedi newid.

Mae'r drych felly yn ein hatgoffa o wirionedd pwysig arall, sef **nad fel y gwelwn ni ein hunain y gwêl eraill ni**. Sylweddolais nad yw'n gywir pan ddywedir nad yw'r drych byth yn dweud anwiredd! Mae'n dweud anwiredd bob tro yr edrychwn ar ein hunan mewn drych. Mae'n hawdd iawn inni gredu ein bod yn well nag ŷm ni mewn gwirionedd ac mae'n drychinebus pan ddaw hynny i fewn i'n Cristnogaeth - a'n bywyd eglwysig.

Mae gan Robert Burns ddarn bach digri o farddoniaeth yn ei dafodiaeth ei hun sydd ag ergyd yn y pennill olaf. Darn ydyw yn cyfarch chwannen a welodd ar het rhyw wraig fonheddig yn yr eglwys yn 1785. Ni wyddai *hi* fod un yno! Y pennill olaf yw:

O wad some Power the giftie gie us,
O na fyddai Duw yn rhoi inni'r rhodd fach leiaf
To see oursels as ithers see us!
o allu gweld ein hunain fel y gwêl eraill ni!
It wad frae mony a blunder free us,
Byddai'n ein rhyddhau o lawer cam gwag
An' foolish notion:
a syniad ffôl:
What airs in dress an' gait wad lea'e us,
byddem yn newid ein gwisg a'n hymddangosiad,
An' ev'n devotion!
a sut, ac ar beth y byddem yn rhoi'n sylw a'n hamser!

Fe farnwn ein hunain yn ôl y ffordd y canfyddwn ni ein hunan; fe'n bernir gan eraill yn ôl ein gweithredoedd.

Gweddi
Diolchwn am gymorth drych yr ysgrythurau, a gofynnwn i ti ein cynorthwyo i gofio a gweithredu ar yr hyn a welwn ynddo. Ac Arglwydd, ti sy'n ein nabod yn well na ni ein hunain, cynorthwya ni i weld ein hunain fel y gweli di ni - fel ŷm ni mewn gwirionedd.. Amen

6. Cystadlu
(2 Tim 2:1-7)

Cyflwyniad

'... meddylia am athletwr yn cystadlu mewn mabolgampau — fydd e ddim yn ennill yn ei gamp heb gystadlu yn ôl y rheolau' (2 Timotheus 2:5 *beibl. net*). Mae sôn am g*ystadlu* ddwywaith yn yr adnod hon yn ei gwneud yn adnod addas i'w hystyried ar ddechrau wythnos yr Eisteddfod Genedlaethol yn y Fenni, gyda'r gêmau Olympaidd yn dilyn yn ddiweddarach yn yr wythnos ym Mrasil.

Myfyrdod

Cyfeirio at gystadlu mewn gêmau tebyg i'r rhai Olympaidd a wna Paul, wrth gwrs, ond yr Eisteddfod sy'n mynd â'n bryd ni yng Nghymru, ac y mae cystadlu'n rhan hanfodol ohoni. Mae cystadlu fel pe bai'n gwthio ei hun i bob adran o fywyd y dyddiau hyn: i fyd **addysg**, byd **busnes**, byd **masnach**, byd **chwaraeon**, byd **gwleidyddiaeth**, byd **teledu**, byd **adloniant**, ac ati. Mae fel pe bai ar bobl angen cystadleuaeth i'w hysgogi i wneud ymdrech. Ond ar y cyfan yn y Beibl syniad diarth yw cystadlu.

Ni welir y gair 'cystadlu' ond 10 gwaith yn y *Beibl Cymraeg Newydd* – 7 yn yr Hen Destament, gyda 3 yn y Testament Newydd. Mae dwy o'r tair enghraifft yn 2 Timotheus 2:5, a'r llall yw: '... nid ydym yn beiddio cystadlu na'n cymharu ein hunain â'r rhai sydd yn eu canmol eu hunain' (2 Cor 10:12).

Peth peryglus yw **cystadleuaeth** yn y byd crefyddol. Mae'n esgor ar falchder sy'n tanseilio brawdgarwch. Yn ei lyfr *Down to Earth* mae Howard Williams (Bloomsbury) yn adrodd am rywun yn gofyn i weinidog sut oedd pethau yn yr eglwys lle roedd ef yn weinidog. Cyfaddefodd fod pethau'n 'ofnadwy' ac yna brysiodd i ychwanegu, 'Ond, diolch i Dduw, mae pethau'n llawer gwaeth gyda'r Methodistiaid lawr yr hewl!'

Yr un hefyd yw effaith **beirniadaeth** sy'n gallu creu drwg-deimlad. Mae Paul yn sôn yn yr adnod at Timotheus am 'gystadlu *yn ôl y rheolau*'. Mae sôn am *reolau* yn golygu bod yn rhaid cael rhywun i feirniadu a sicrhau bod y rheolau yn cael eu cadw. Mewn Eisteddfod y mae'n rhaid i'r beirniad benderfynu bod cystadleuydd yn cadw at y rheolau a hefyd pa gystadleuydd sydd orau. Gwyddom (o brofiad, efallai!) fod beirniaid yn gallu bod yn bell ohoni weithiau ac yn gwneud cam â chystadleuydd. Nid yw'n syndod fod yr Iesu wedi rhoi gorchymyn i'w ddilynwyr: 'Peidiwch â bod yn feirniadol o bobl eraill' (Mathew 7:1 *beibl.net*). Mae Paul yn sôn am bobl yn feirniadol ohono ef (1 Corinthiaid 9:3). Nid oes gan bobl hawl i feirniadu eraill, ond mae gan Dduw yr hawl i farnu pawb. Ni chewch wrthod barn y barnwr, ond fe allwch amau beirniadaeth y beirniad!

Mae'n bosibl y gellid dadlau bod y gair '*teilyngdod*' yn rhwym wrth yr hyn a ddywed Paul, er nad yw yn yr adnod. Yn sicr, mae teilyngdod yn rhywbeth y gofynnir amdano mewn eisteddfod; ond am '*ennill* y dorch' y mae Paul yn sôn. Ennill yw amcan pawb sy'n cymryd rhan mewn ras, neu mewn cystadleuaeth yn yr Eisteddfod. Dim ond un enillydd sydd. Ond os yw agwedd y Testament Newydd at **gystadlu** a **beirniadu** yn wahanol i'r hyn a ddisgwylem iddynt fod, mae'r syniad am **ennill** yn hollol wahanol hefyd. Nid dim ond un sy'n ennill y 'gystadleuaeth' y sonia Paul amdani yn ei lythyr, a does dim a wnelo'r ennill â theilyngdod.

Mae gan y Sais ymadrodd: '*win-win situation*' lle mae pawb ar ei ennill, a dyna yw safbwynt y Testament Newydd. Fe welir y gair 'ennill' 41 o weithiau yno. A siarad yn gyffredinol, mae'n cyfeirio fel, arfer, at *ennill rhywbeth pwysig:-*

ennill bywyd yn ei lawnder,
'ennill ... iachawdwriaeth eich eneidiau' (1 Pedr 1:9),
'ennill gwaredigaeth dragwyddol' (Hebreaid 9:12),
'ennill Crist' (Philipiaid 3:8).

ENNILL yw iaith yr Eglwys, nid *cystadlu* na chwaith *beirniadu*. CYDWEITHIO yw'r egwyddor a bwysleisia'r Beibl, nid CYSTADLU; CEFNOGI ac nid BEIRNIADU – ac o wneud hynny mae pawb ar eu HENNILL.

Gweddi

Mewn cyfnod pryd y byddwn fel Cristnogion yn ofni am ein dyfodol, rho inni hyder, Arglwydd, i wynebu'r anhawsterau i gyd yng nghwmni Iesu. Wrth wneud hynny ni raid inni ofni dim oherwydd byddwn yn gallu dweud gyda'r emynydd,
er mai eiddil yw fy enw
eto i gyd rwy'n ennill tir. Amen

7. Bara
(Luc 11:1-13)

Cefndir

'Gweddi'r Arglwydd' yw'r enw a roddwn ni arno, ond patrwm o weddi i'r *teulu Cristnogol* ydyw, mewn gwirionedd. Y disgyblion eu hunain ofynnodd i'r Arglwydd eu dysgu i weddïo a'r frawddeg sy'n blaenori'r weddi yw, 'Pan weddïwch, dywedwch ...' (cymharer Mathew 6:9 'Gweddïwch chwi fel hyn' ...). Ond nid eu dysgu beth i ddweud *fel unigolion* wnaeth Iesu ond sut i weddïo fel cymuned. *Ein, ni, ninnau* ac nid *fy, fi* a *finnau* welir yn y weddi.

Y peth cyntaf y gofynnir amdano yng Ngweddi'r Arglwydd yw bara beunyddiol - a'i ofyn *i ni* cofier. Honnodd Martin Luther nad at *fwyd* yn unig y cyfeiria'r bara yng Ngweddi'r Arglwydd ond at bopeth sydd arnom ei angen mewn bywyd: bwyd, diod, dillad, iechyd, llety, gwaith, &c. Cywasgir y cyfan, meddai Luther, i'r gair 'bara'.

Mae'r gair bara yn ymddangos rhyw drigain o weithiau yn y Testament Newydd a nifer fawr ohonynt yn digwydd mewn cysylltiadau cymdeithasol. O gofio hyn, dylem gofio hefyd fod y geiriau 'cwmpeini' a '*companion*' yn seiliedig ar hen air Ffrengig '*compaignon*' a olygai 'un sy'n torri bara gydag un arall', gyda'r gair Lladin *panis*, 'bara', wrth wreiddyn yr ymadrodd. Wrth ddweud 'Dyro inni heddiw *ein* bara beunyddiol,' dylem gofio am anghenion pobl ar draws y byd ac nid ein hanghenion ni ein hunain yn unig. Ac mae cofio am eu hanghenion hwy yn rhoi cyfrifoldeb arnom i rannu â hwy.

Wn i ddim i ba raddau yr ystyriwn heddiw fod bara yn 'ffon y bywyd', gyda digon o fathau o fara 'ffansi' yn y siopau bellach. Bydd rhai ohonom yn cofio'r cyfnod ar ddiwedd yr Ail Ryfel Byd pan oedd bara'n cael ei ddogni, â'r siopwr yn hawlio cwpon cyn gollwng y bara o'i law. A'r unig ddewis bryd hynny oedd rhwng bara gwyn - wel, bara llwydaidd! - neu fara brown. Rhywbeth mor gyffredin â bara oedd y prif ymborth. Beth bynnag yw prif ymborth pobl ar draws y byd, hwnnw yw eu 'bara' a'n cyfrifoldeb ni wrth weddïo'r weddi yw cofio nid yn unig am ein hanghenion ni ond hefyd am anghenion eraill a gwneud beth allwn i'w helpu.

Myfyrdod

"Myfi yw Bara'r Bywyd' yw'r cyntaf o'r saith gwaith yn Efengyl Ioan y mae Iesu'n defnyddio'r ymadrodd 'myfi yw ...' wrth sôn amdano'i hun mewn ffordd sy'n ei gysylltu â delweddau am Dduw yn yr Hen Destament: Bara'r Bywyd (6:35); Goleuni'r Byd (8:12); Drws y Defaid (10:9); y Bugail Da (10:11); yr Atgyfodiad a'r Bywyd (11:25); y Ffordd, y Gwirionedd a'r Bywyd (14:6); y Wir Wynwydden (15:1).

Wrth feddwl am Fara'r Bywyd fe ddylem gofio'r stori a geir yn Exodus am 'fara o'r nefoedd' a baratôdd Duw ar gyfer plant Israel yn yr anialwch (Exodus 16:4). Yr enw arall am y bara hwnnw yw 'manna', ac chofiwn fod rhaid casglu hwnnw yn ddyddiol - ni ellid casglu heddiw ar gyfer yfory ar wahân i gasglu digon ar y chweched diwrnod o'r wythnos ar gyfer y Saboth.

Cyfeirio at reidiau *ysbrydol* bywyd a wna Iesu wrth sôn amdano'i hun fel Bara'r Bywyd, ac os ŷm ni i gofio eraill ac nid dim ond ni ein hunain pan ofynnwn am ein bara beunyddiol, rhaid inni hefyd gofio am eraill pan soniwn am Fara'r Bywyd. Mae Bara'r Bywyd, y bara ysbrydol, yn rhywbeth y mae'n rhaid inni ei rannu hefyd. I'w rannu, rhaid bod gennym ddigon ein hunain a dylem gofio fod yn rhaid ei gasglu yn ddyddiol - fel y manna. O'n digonedd ni y rhannwn. I sicrhau fod gennym ddigon rhaid diwallu ein rheidiau ysbrydol yn gyson - a gwneud hynny yn ddyddiol, yn wir, ac nid yn achlysurol drwy fynychu oedfa pan mae hynny'n ein siwtio ni, na bodloni ar yr hyn a alwodd rhywun yn '*once a week social call on the Lord*'!

Gweddi

Diolch, Arglwydd, am dy ddarpariaethau ar gyfer trigolion byd. Na ad inni fod yn hunanol â'r bendithion tymhorol a gawsom gennyt, nac anwybyddu'r bendithion ysbrydol. Amen

8. Acenion

Cyflwyniad

Beth mae'n hacen yn datgelu amdanom ni? Mae'n gwestiwn diddorol.

Bradychu'r ffaith ei fod yn Galilead ac yn un o ddilynwyr Iesu wnaeth acen Pedr yn llys yr Archoffeiriad pan oedd yr Arglwydd ar brawf yno. Cafodd ei nabod wrth ei acen. Cofiwn iddo fradychu'r Iesu deirgwaith cyn i'r ceiliog ganu, ond ni chofiwn bob amser mai'r bobl a safai o'i gwmpas a adnabyddodd ei acen ac mai hwy oedd yn gyfrifol am y drydedd waith y gwadodd Pedr Crist:- 'dyma rai eraill oedd yn sefyll yno yn mynd at Pedr a dweud, "Ti'n un ohonyn nhw'n bendant! Mae'n amlwg oddi wrth dy acen di." (Mt. 26:73, *Beibl* 1620). ['... y mae dy acen yn dy fradychu...' (*B.C.N.* 1988); '... mae dy acen yn profi hynny...' (*Y Ffordd Newydd* 1969); 'Ti'n un ohonyn nhw'n bendant! Mae'n amlwg oddi wrth dy acen di' (*beibl.net*).]

Mae acenion yn gallu datgelu llawer amdanom, meddai cymdeithasegwyr. Ymhlith pethau eraill gallant ddatgelu o ble rŷm ni'n hanu, pa ddylanwadau fu arnom, beth yw ein statws cymdeithasol a hyd yn oed beth yw ein hagwedd tuagat ein cenedligrwydd.

Mae rhai acenion yn dderbyniol, eraill yn anffasiynol ac yn destun gwawd, ac oherwydd hynny mae rhai pobl yn ceisio cuddio'u hacen. Faint o Gymry, tybed, sy'n mabwysiadu acen Saesneg *posh* - a pham? Profiad digrifwr o America oedd '... *whenever people heard my Southern accent, they always wanted to deduct 100 IQ points.*' Tebyg oedd profiad yr actor Wilmer Valderrama; meddai ef: '*Because I had an accent, people had this impression that I was dumb.*'

Yr un oedd profiad yr athrylithgar Bob Owen, Croesor. Adroddir amdano'n siarad yn rhywle yn Lloegr ac wrth sôn am ddŵr yn dweud 'watter' sawl gwaith. Ar ddiwedd y cyfarfod rhywun yn gofyn iddo braidd yn ddirmygus, '*How do you spell "watter", Mr Owen?*' Bob Owen yn ateb ar ei union, '*One "t" in "watter", two "n's" in "manners"*'!

Myfyrdod

Gall acen fod yn destun dirmyg a difyrrwch. Tybed ai dyna paham y mae llawer ohonom yn cuddio'n 'hacen Cristnogol' a thrwy hynny'n methu bod yn dystion i'n ffydd pan ddaw'r cyfle i'n rhan? A yw'n fethiant yn gyfystyr â chywilydd? Rhybuddiodd Iesu am gywilydd (Marc 8:38) tra bod Paul yn cyhoeddi'n eofn: 'Nid oes arnaf gywilydd o'r Efengyl.' (Rhufeiniaid 1:16). Yn ein heglwysi hynaf roedd bedydd yn digwydd y tu allan i'r capel, ac yn dystiolaeth i'r byd. Bedyddiwyd Verina yn yr afon heb fod yn bell o Salem Llangyfelach. Fe fedyddiais i aelodau mewn pwll bedydd a gloddiwyd yn y fynwent ym Methel Silian, ac mae llawer o rai tebyg ar hyd ac ar led Cymru. Fe fedyddiai W.H.Rowlands, fy Nhad yn y Ffydd, yn y môr yn Nefyn. Dëellais mai yn y môr y bedyddia'r eglwys yr aem iddi yn Dubai pan yn ymweld â'r teulu yno. Gweithred a ddigwyddai yng ngolwg y cyhoedd oedd bedydd - tystiolaeth *gyhoeddus* o ffydd ydyw; ond bellach fe ddigwydd y tu ôl i ddrysau caëedig y capel, ymhell o olwg y cyhoedd. Pam ddigwyddodd hynny, tybed? Cyfleustra? Swildod? Cywilydd?

Mae emyn a ganwyd mewn oedfa fedydd ers talwm gan ein brodyr yn Lloegr yn cydnabod fod ymdeimlad o gywilydd am y Ffydd yn bosibl ymhlith Cristnogion:

Ashamed of Jesus! - sooner far
let evening blush to own a star ...
and, O, may this my portion be
that Christ is not ashamed of me. (Joseph Grigg 1720-68)

Pan enillodd Fiji y Fedal Aur am rygbi yn y Gemau Olympaidd ym Mrasil yn ddiweddar roeddent mor 'ddigywilydd' â chanu emyn a chynnal gweddi yn agored ar y maes! Gwnaethant beth tebyg yn '*Sevens*' Dubai - mewn gwlad Fwslemaidd. Dilyn esiampl Paul wna'r Fijiaid. Beth amdanom ni?

Gweddi

Arglwydd Dduw, na foed arnom gywilydd i arddel dy enw gerbron y byd. Amen

9. Coed
(Dameg Jotham - Barnwyr 9:1-21)

Cyflwyniad

Pan oeddem fel teulu yn byw yn maesdref Hampstead yn Llundain, roedd gennym fwthyn bach prydferth â'r ardd yn llawn o bob math o lwyni lliwgar. Brysiaf i ddweud nad fy ngwaith i oedd hyn ond gwaith yr hen wraig a werthodd y bwthyn inni, a hithau wedi byw yno am dros ddeugain mlynedd ers iddo gael ei adeiladu. Ar waelod yr ardd roedd gennym goeden a'i henw botanegol oedd *liriodendron tulipifera*. 'Tiwlipwydden' fyddai Cymry gwybodus sy'n arddwyr brwd yn ei galw, neu o gyfieithu'r enw: 'coeden y lili yn dwyn tiwlipau' (H.S.T.) - coeden frodorol o Loegr Newydd. Roedd hi'n goeden enfawr a allai dyfu yn ei chynefin i uchder o dros gant o droedfeddi. Ar ddechrau'r haf byddai blodau tebyg i diwlip drosti i gyd a rheiny, yn ôl a ddarllennais, yn gyfoethog mewn neithdar i'r gwenyn. Pan alwai rhywun i'n gweld, y *liriodendron tulipifera* oedd yn dal y llygad a thestun y sgwrs, nid y llwyni lliwgar; ac roedd hynny'n wir yn y gaeaf, fel yn yr haf. Roedd yn goeden sylweddol, hardd, ac yn hawlio sylw. Wn i ddim os yw'n wir, ond fe ddywedwyd wrth Verina rhywdro mai dim ond mewn rhyw hanner dwsin o lefydd y gwelech un yn Llundain; gardd Kew a Hampton Court oedd dau o'r mannau hynny. Yr unig beth a wyddem oedd bod '*tree preservation order*' ar ein coeden ni. Roedd yn goeden amlwg, brydferth, gadarn - fel cedrwydd Lebanon - ac yn gyson yn dwyn y blodau a'r dail yn eu pryd.

Fel saer, gwyddai Iesu am bwysigrwydd coed. Roedd yn rhaid wrth bren ar gyfer adeiladu, gwneud celfi ac offer i'r tŷ, erydr ac offer arall ar gyfer ffermio, ac ati. Nid oedd gormodedd o goed yn tyfu yn naear llwm Gwlad yr Addewid a dyna paham yr oedd deri Basan a chedrwydd Lebanon mor bwysig yng ngolwg yr Iddew. Bu'n rhaid cael cedrwydd a ffynidwydd o Lebanon er mwyn i Solomon fedru adeiladu'r Deml yn Jerwsalem (1 Brenhinoedd 5:1-14). Er hynny, mae'n ymddangos fod digon o ddrain a mieri o gwmpas ym Mhalesteina. Mae *Geiriadur Ysgrythyrol* Thomas Charles yn dweud eu bod yn 'fanwydd pigog,' yn dda i ddim 'ond am danwydd ac i wneud gwrychoedd â hwynt'. Tybed ai'r ffaith fod y manwydd mor lluosog a'r coed defnyddiol mor brin a symbylodd dameg Jothan am ethol y fiaren yn frenin y coed (Barnwyr 9:8-15)?

Myfyrdod

Cofiaf ddarllen rywdro ei bod yn ffaith am lawer o'r coed fod cymaint o'r goeden o'r golwg o dan y ddaear ag sydd i'w gweld yn tyfu uwchben; mae cymaint o wraidd gan goeden ag sydd o ganghennau. Â siarad yn fras, gall gwraidd y goeden ymestyn o dan y ddaear i'r un lled ac i'r un dyfnder ag yw lled y canghennau ac uchder y goeden a welwn uwchben y ddaear. Onibai am hynny, byddai'r coed mawr yn syrthio yn y gwynt. Prin fod y fath gadernid yn perthyn i'r coed a blannwn ni mewn twba! Mae'r twba ei hun yn cadw tyfiant y goeden neu lwyn o dan reolaeth y garddwr. Nid 'crefydd y twba' yw ein crefydd ni - crefydd heb le i ddatblygu a bwrw gwreiddiau ac heb lawer o faeth. [Nid crefydd y *bonsai* a reolir gan docio eithafol ydyw, chwaith!]

O'i ddeall a'i dehongli fel neges i'r Cristion, mae dameg Jotham yn pwysleisio pwysigrwydd **cadernid** a **chyfrifoldeb**. Ymhlith pethau eraill, dylai'r ddameg ein hatgoffa am bwysigrwydd gwreiddiau a chadernid yn ein crefydd ac hefyd o'n dyletswydd i beidio â chwilio am esgusodion i osgoi ein cyfrifoldebau ni. Crefydd y cedrwydd a'r dderwen yw'n ffydd ni ac nid crefydd sydd fel 'mân us yn cael ei yrru gan y gwynt' (Salm 1:4 *BCN*).

Gweddi

Gwna fi fel pren planedig o fy Nuw, yn ir ar lan afonydd dyfroedd byw, yn gwreiddio ar led a'i ddail heb wywo mwy, yn ffrwytho dan gawodydd dwyfol glwy. Amen

10. Tywyllwch
(Exodus 20:21)

Cyflwyniad

Mae llawer o sôn am dywyllwch yn y Beibl. Mae'r gair yn ymddangos dros gant a hanner o weithiau rhwng Genesis 1:2 a Datguddiad 16:10. Ond er gwaethaf hynny, pwysleisio cysylltiad Duw â goleuni wna'r Beibl drwyddo:

☐ Gweithred gyntaf Duw oedd creu goleuni;
☐ Ymestynodd Duw'r goleuni y dydd yn Ajalon (Joshua 12 *ff.*);
☐ Roedd golau newydd yn y ffurfafen pan anwyd Iesu.;
☐ 'Yr haul uwchben dywyllodd' adeg ei groeshoelio;
☐ Saul 'yn gweld y golau' pan ddaeth wyneb yn wyneb â Christ;
☐ 'A'r ddinas ni raid wrth yr haul na'r lleuad i oleuo ynddi, canys Gogoniant Duw a'i goleuodd hi, a'i goleuni hi yw yr Oen' (Datguddiad 21:23 *cf.* 22:5)

Ble bynnag mae Duw, mae'n olau – dyna yw neges arferol y Beibl. Ac wrth gofio geiriau Ioan, '...goleuni yw Duw ac nid oes ynddo ddim tywyllwch' (1 Ioan 1:5) a chwestiwn Paul, 'Pa gymdeithas sydd rhwng goleuni a thywyllwch?' (2 Cor. 6:14) y syndod yw fod Exodus yn honni fod Duw'r goleuni hefyd yn y tywyllwch! Ffordd yw hyn o ddweud nad yn unig yn y mannau y byddech yn disgwyl dod o hyd iddo y canfyddwch Dduw. Mae'n bresennol hefyd yn y mannau mwyaf annisgwyl - hyd yn oed yn y tywyllwch dudew gall feddiannu'r byd a'r enaid.

Myfyrdod

Yn aml defnyddiwn 'y tywyllwch' fel symbol o anobaith. Dywedwn bethau fel, 'Mae'r dyfodol yn dywyll.' Er hynny, peidiwn ag anghofio chwilio am Dduw'r goleuni hyd yn oed pan mae tywyllwch o'n cwmpas ymhobman! Gwyddai Joseff fod Duw gydag ef yn nhywyllwch anobeithiol y pydew y taflodd ei frodyr ef iddo, ac roedd gydag ef hefyd yn llys Potiffar a charchar y brenin. Gallodd ddweud wrth ei frodyr ar ôl hynny: 'Chwi a fwriadasoch ddrwg i'm herbyn, **eithr Duw** a'i bwriadodd er daioni' (Genesis 50:20). Roedd Duw wedi bod gydag ef ym mhob sefyllfa dywyll a wynebodd.

Mae stori ysgytwol gan Dr Colin Morris yn *The Hammer of the*

Lord:- Elie Wiesel (a enillodd wobr Nobel am Heddwch yn 1985) yn cael ei hun yn 14 oed yn Auschwitz. Gydag eraill o'r carcharorion cafodd ei orfodi i wylio crwt iau nag ef ei hun yn cael ei grogi am ddwyn crwstyn o fara. Roedd Wiesel yn methu goddef y peth, a rhwng ei ddannedd yn dweud yn chwyrn, 'Ble mae Duw nawr?'

Hen ŵr yn sefyll gydag ef yn dweud yn dawel: 'Agor dy lygaid ac edrych! Mae yno gydag ef ar y grocbren!'

'Nac ofnwch' yw'r gorchymyn a welir amlaf yn y Beibl – 365 o weithiau. Y rheswm dros beidio ofni yw fod Duw gyda ni bob amser, ym mhob man a gall ef droi tywyllwch yn oleuni. Y GROES, efallai, yw'r enghraifft orau o dduwch a thywyllwch anobaith yn troi yn olau gobaith:

Pan hoeliwyd Iesu ar y pren yr haul uwchben dywyllwyd;

ond wele yn y t'wyllwch mawr **daeth gwawr** o'r gair 'Gorffennwyd'. Roedd Duw wrthi'n gwasgaru ei oleuni yno yn y tywyllwch.

Ychydig o'r rhai sy'n darllen hwn fydd yn cofio am Siôr VI yn dyfynnu darn allan o *God Knows* gan Minnie Louise Haskins (1875-1957) yn ei neges brenhinol, ar ddechrau'r Rhyfel yn Nadolig 1939. Gorffennodd ei neges â'r dyfyniad:

I said to the Man who stood at the gate of the year,
'Give me a light that I may tread safely into the unknown.'
And he replied, 'Go out into the darkness and put your hand in the Hand of God.
That will be to you better than a light and safer than a known way.'
So I went forth and finding the Hand of God
Trod gladly into the night…

Gweddi

Arglwydd Dduw, estyn dy law a gad i ni afael ynddo beth bynnag yw'r sefyllfa a wynebwn. Amen

11. Palmwydden
(Salm 92)

Cyflwyniad

Nodi cymeriad y person cyfiawn drwy ei gymharu i'r palmwydd a chedrwydd Lebanon yw pwrpas y Salmydd yn 92:12. Nid yw'n ymhelaethu ac egluro beth sydd yn ei feddwl. Byddai ergyd ei eiriau yn eglur i'w ddarllenwyr, ond efallai fod rhoi'r balmwydden gyda'r cedrwydden gadarn, urddasol, yn gyfuniad rhyfedd i ni.

Er syndod, y balmwydden yw 'tywysog' ['tywysoges' ddwedem ni'r Cymry] byd y llysiau yn ôl Carl Linnaeus, y botanegwr, biolegwr, sŵolegwr a meddyg o Sweden a roes drefn ar ddosbarthiad planhigion ac anifeiliaid yn y ddeunawfed ganrif. Mae rhai cannoedd o fathau gwahanol o'r balmwydden ar gael, er mai'r ddwy a ddaw i'n meddwl ni yw'r un sy'n rhoi'r gneuen goco a'r un a rydd y ddatysen. Ac roedd nifer helaeth o ffyrdd i ddefnyddio'r balmwydden os derbyniwn arweiniad Thomas Charles - gwybodaeth a gadarnheir gan Wikipedia!

Yr hyn a wna'r balmwydden mor ddefnyddiol a gwerthfawr yw ei bod hi'n goeden â chanddi gymaint i'w gynnig, heblaw'r ffrwyth rŷm ni'n gyfarwydd â hwy. Mae Hindŵiaid yn dweud fod dros dri chant a hanner o bethau y gellir eu gwneud â hi, megis bwyta'i ffrwyth, gwneud rhaffau o'i rhisgl, bwydo gwartheg o'i had wedi malu, bragu diod gadarn o'i sudd, ac ati.

Myfyrdod

Yn ôl *Geiriadur Beiblaidd* Thomas Charles, ymhlith ei nodweddion eraill, mae'r balmwydden yn **tyfu'n unionsyth**. 'Y mae y coed hyn yn tyfu yn dra uchel ac yn syth… Tyfant weithiau i gan troedfedd o uchder, a rhai yn uwch, medd Xenophon'. Er nad *pwrpas* y cyfiawn yw cael ei weld, fe *gaiff* ei weld ac felly mae'n bwysig ei fod yn 'unionsyth'. Am wn i, y Saeson sy'n sôn am bobl 'straight' - rhywun fel Nathanael 'yn yr hwn nid oes dwyll' (Ioan 1:47).

Mae'n **sefyll yn gadarn a chryf**. 'Y mae yn ddywediad cyffredin am y palmwydd … yr ymnertha y canghennau yn fwy, po fwyaf fyddai y pwysau yn crogi wrthynt; oblegid hynny [fe'i gelwir yn] bren gwrth-bwys…'. Daw pwysau ar y cyfiawn o wahanol gyfeiriadau ac mae'n bwysig ei fod yn tebygu i'r Un 'sy'n dal y pwysau i gyd'.

Perthyn iddi **brydferthwch deniadol**. 'Y mae ei dail yn wyrddleision trwy y flwyddyn.' Ysywaeth gellir gwneud yr hyn sy'n dda mewn ffordd sy'n anatyniadol, ond mae'r person gwir gyfiawn yn gymeriad deniadol.

Mae'n **'ddigyfaddawd'**. Dywedir na ellir impio dim ar y balmwydden, ac na all llwch lynu wrth ei dail. Fel Cristnogion mae galw arnom i gyfaddawdu â'r byd mewn dyddiau fel rhain pan yw cymdeithas o'n cwmpas mor gyfnewidiol, ond mae'r person cyfiawn yn sefyll ei dir.

Mae'n tyfu'n annibynol o'i amgylchfyd. Gall y balmwydden dyfu ar dywod ym mhoethder gwres haul yr anialwch lle na thyf dim arall. Weithiau bydd rhaid i bobl gyfiawn sefyll wrthynt eu hunain yn erbyn cymdeithas. Gwelwyd hynny'n digwydd yn aml yn hanes y proffwydi - y rhai cyfoes yn ogystal â'r rhai o'r oes o'r blaen.

Mae'n symbol o fuddugoliaeth. 'Tarddodd y ddefod [o gario palmwydd fel arwydd o fuddugoliaeth] mae yn debygol, oddi wrth y meddwl am briodolrwydd neillduol y palmwydd i wrthweithredu pob pwysau a roddir arnynt.' Ceir enghreifftiau o gangen o'r balmwydden yn dynodi buddugoliaeth yn Ioan 12:13 a Datguddiad 7:9.

Cynydda'i ffrwythlondeb wrth iddi hi heneiddio. '... ac a ddygant bob un dri neu bedwar cant o bwysau o ffrwythau, a elwir *dates* bob blwyddyn.' Mae ffrwythlondeb y balmwydden yn ddiarhebol a'r gred yn gyffredinol yw na pheidia â dwyn ffrwyth tan ei bod yn marw. Ffrwyth yr Ysbryd (Galatiaid 5:22) a ddisgwylir gan y cyfiawn.

Gweddi

Arglwydd ein Duw, gad i nodweddion y balmwydden ein herio ni wrth inni geisio dy wasanaethu di yn y byd. Amen

12. Y pelican, y dylluan ac aderyn y to
(Salm 102 - yn hen gyfieithiad y Beibl)

Cyflwyniad

Mae Lewis Valentine yn dweud yn *Detholiad o'r Salmau* fod Salm 102 wedi ei chreu wrth i'r Salmydd gyfuno dwy salm a darn o drydedd i wneud un salm, a bod awyrgylch y tri darn yn wahanol i'w gilydd. Mae esbonwyr eraill yn credu mai un salm sydd yma ond bod tair rhan iddi hi sef adnodau 1-12, 12-22, a 23-28. Daw'r adnodau am y pelican, y dylluan ac aderyn y to yn y rhan gyntaf, a eilw Valentine yn **'weddi'r truan'**, ar adeg pan mae'r Salmydd ei hun yn teimlo'n isel ei ysbryd.

Y Salmydd ei hun yw'r truan, felly, ond ni ddywed beth sy'n ei boeni yn y rhan hon o'r salm. Daw'n amlwg yn yr ail ran mai cyflwr Seion sy'n ei boeni, tra'i fod yn mynegi ei ffydd a'i obaith a'i hyder yn yr Arglwydd yn y rhan olaf. Mae neges y Salm hon ar gyfer pobl o bob oedran.

Dylid nodi nad yw'r cyfieithiadau modern - Cymraeg na Saesneg - yn sôn dim am **belican** yr anialwch yn eu fersiynau hwy o Salm 102. Dywed yr esbonwyr mai dau air gwahanol am y 'dylluan' a geir yn adnod 6, ac ar y cyfan, dim ond y cyfieithiadau cynharaf sy'n defnyddio 'pelican' wrth drosi'r gymhariaeth gyntaf yn yr adnod hon. ['Jac-y-do' yw trosiad *beibl.net.*] Y mae Geiriadur Charles yn tynnu sylw at y gair Groeg *'pelecan'.* Hwnnw yw'r gair a welir yn y Septwagint - yr LXX - sef y cyfieithiad Groeg o'r Hen Destament Hebraeg sy'n dyddio nôl i'r drydedd ganrif cyn Crist. Mae'n amlwg fod y sawl oedd yn gyfrifol am gyfieithiadau cynnar yr Hen Destament i'r Gymraeg a'r Saesneg wedi defnyddio'r LXX i'w helpu i gyfieithu.

Myfyrdod

Wrth gadw at yr hen gyfieithiadau enwir tri aderyn hollol wahanol - y pelican, y dylluan ac aderyn y to - yn adnodau 6 a 7 . Gwelais awgrym rhywdro fod y tri aderyn yn darlunio tri math o arwahanrwydd ac mae'n bosibl i addasu'r hyn a deimlai'r 'truan' fel rhybudd i'r sawl sy'n cymryd y Ffydd o ddifri - yr ifanc yn ogystal â'r hen.

Mae'r *pelican* yn yr anialwch yn dynodi person allan o'i gynefin.
Y lle y byddech yn disgwyl gweld pelican yw ar lan afon, neu yn ymyl dŵr

– rhywle lle gall bysgota. Mae allan o'i gynefin yn llwyr mewn lle diffaith – lle a gysylltwn yn bennaf â sychter a phrinder o ddŵr.

Y ffaith drist yw fod y Salmydd yn teimlo'n ddyn diarth yn ei gynefin ysbrydol. Roedd Seion wedi newid; roedd popeth wedi newid yno, a bellach roedd y lle'n teimlo'n le diarth pan âi'r Salmydd yno. Mae ei gariad a'i frwdfrydedd ef at y lle heb ddiflannu, ond beth ddigwyddodd i ogoniant y lle? Onid dyna a deimla'r rhai hŷn am y capel heddiw?

Er hynny rhaid cofio y gall Seion fod yn lle diarth i'r ifanc hefyd. Fe'i gwelant fel lle sy'n galw am newid a moderneiddio cyn y gwelant ystyr iddo a bod yn gyffyrddus yno.

Mae'r *dylluan* yn unig yn byw mewn adfeilion – yn aros yn y gorffennol, mewn lle y mae pawb arall wedi ei adael.

Ymweld ag adfeilion a wnawn ni, nid *byw* yno! Mae pobl yn gallu bod yn unig wrth fyw yn y gorffennol, allan o gysylltiad â'r presennol. Ac ymddengys mai dyna a wnâi'r Salmydd Cofiai fel y bu pethau yn Seion yn y gorffennol a phan ysgrifennai'r salm, gofidiai am yr hyn oedd wedi digwydd yno. Ond 'does dim dyfodol mewn byw yn y gorffennol! 'Ddoe i neb ni ddaw yn ôl'.

Byw yn y Gorffennol wnâi Tywysoges Cymru, Alexandria - y frenhines wedi hynny. Yn 1892 pan fu farw Edward, Dug Clarence, ei mab hynaf, torrodd ei fam ei chalon gan ymneilltuo o fywyd cyhoeddus. Mehefin 1893: Arglwydd Rosebury, yr Ysgrifennydd Tramor, ac yntau wedi colli ei wraig, yn ysgrifennu at y Dywysoges i'w hannog i ddod i dderbyniad yn y Swyddfa Dramor. Dywedodd:

Nothing after all can recall the past, but it should be a shrine to which we retire at times, not the cell in which we live.

Mae'r Salmydd wedi creu cell iddo'i hunan o'r gorffennol, yn lle edrych yn ôl i'r gorffennol am ysbrydoliaeth i'w helpu i symud ymlaen. Gall Cristnogion wneud cell o'r gorffennol tra bod yr ifanc am symud ymlaen a dianc o'r gell.

Gwrthod gwneud cell o'r gorffennol *na'r* presennol wnaeth yr Eglwys erioed os darllennwn ei hanes yn ofalus.

Mae *aderyn y to* yn unig wedi colli cwmni'r adar eraill.

Mae adar y to, yr *house sparrows*, yn arfer heidio gyda'i gilydd ac mae'r Salmydd yn teimlo'n unig oherwydd iddo golli cwmni cyfeillion a gofleidiai'r un syniadau ag ef. Gall yr ifanc deimlo'n unig hefyd am fod eu cyfoedion wedi troi eu cefn ar yr Eglwys 'hen-ffasiwn'.

Ond yn ei unigrwydd y mae'r Salmydd yn cofio fod yr Arglwydd Dduw yn dal yn Seion, a phan gofia hyn, y mae'n codi ei galon (adnodau 12-22) ac yn sicr y bydd gogoniant y Duw digyfnewid eto i'w weld yn amlwg yn Seion. Efallai y bydd gwedd newydd i'r gogoniant hwnnw, er na fydd y Salmydd fyw i'w weld, ond mae'n gwbl sicr y daw'r gogoniant yn ôl i Seion (adnodau 23-28).

Gweddi

Pan fwyf yn teimlo'n unig lawer awr
heb un cydymaith ar hyd llwybrau'r llawr,
am law fy Ngheidwad y diolchaf i
â'i gafael ynof er nas gwelaf hi. Amen

13. Olew yr Olewydd
(2 Bren 4.6)

Cyflwyniad

Pan oeddwn i'n grwt yn ystod yr Ail Ryfel Byd dim ond gan y fferyllydd y gallech brynu potel o olew yr olewydd - a honno'n botel fach iawn. Defnydd meddygol yn unig a geid ohono. Cofiaf ei fod yn olew trwm a chanddo flas cas, er na chofiaf pam y bu'n rhaid imi ei flasu! Ni chlywais am neb yn ei ddefnyddio yn lle *lard* a *margarine* i goginio! Defnyddiai Nhad ef i wneud yr eli llosg teuluol oedd yn enwog drwy'r ardal, a hefyd fe roddai'r olew rhwng y clwyf a'r eli i rwystro'r bandais rhag glynu yn y clwyf.

Mae'r defnydd o olew yr olewydd yn mynd yn ôl yn bell. Wn i ddim sut gwyddant hynny, ond dywed archaeolegwyr fod defnydd ohono o gwmpas y Môr Canoldir yn mynd yn ôl 6000 o fynyddoedd cyn geni'r Iesu. Mae'r coed bytholwyrdd sy'n rhoi'r olif yn gallu byw am ganrifoedd a thyfu mewn tir a hinsawdd na allai coed arall ffynnu ynddynt - ar dir caregog, heb fawr o ddŵr ac mewn poethder eithafol, ac er ei docio nes bod dim ond boncyff ar ôl, gall yr olewydden egino eto a dwyn ffrwyth.

Yn yr Hen Fyd cawsai'r olew ei ddefnyddio wrth baratoi bwyd, fel moddion, fel eli i'r croen, i wneud sebon ac ennaint, a chawsai ei losgi mewn lampau (Mathew 25:3-10). Fe'i defnyddiwyd hefyd mewn defodau crefyddol (Exodus 25:6) ac mewn masnach (1 Brenhinoedd 5:10-11; Luc 16:6). Roedd pren yr olewydden yn werthfawr hefyd, fel y dengys y defnydd a wnaed ohono wrth adeiladu'r Deml (1 Brenhinoedd 6:23-33).

Roedd yr Hen Fyd wedi uniaethu ei dduwiau heddwch â brigyn o'r olewydden. Daeth yn boblogaidd fel symbol o heddwch ymhlith Cristnogion wedi i Tertwlian a Jerôm awgrymu mai *brigyn* ac nid *deilen* o'r olewydden oedd ym mhig y golomen pan ddychwelodd i arch Noa ar ôl y dilyw (Genesis 8:11). Hynny ddangosodd fod y dilyw ar ben a bod lefel y dŵr yn disgyn.

Myfyrdod

Roedd yr olew a'r olewydd yn cynnig nifer o ddelweddau gwahanol o'r gwirioneddau ysbrydol i'r Iddewon. Roedd yr olew yn eu hatgoffa o ffyddlondeb a gofal Duw ond hefyd o'r pethau y gallai yntau ddisgwyl ganddynt. Disgwyliai iddynt werthfawrogi mai ef oedd ffynhonnell eu cynhaliaeth, er iddynt ar adegau anghofio hynny a'i briodoli i eraill (Hosea 2:5-8); ond disgwyliai hefyd y meddylient am yr olew fel ennaint i'w cysegru yn ei wasanaeth (1 Samuel 10:1; &c.) a chofio cydnabod eu dibyniaeth arno yn eu defodau crefyddol (Lefiticus 2:1*ff.*; &c.). Roedd yr olewydden ei hun i'w hatgoffa am haelioni a darpariaeth Duw (Josua 24:13; Eseia 41:19-20) a'i gyfamod ag Israel. Gellid ymddiried yn llwyr ynddo (Salm 52:8). I Paul roedd yr olewydden yn symbol o Israel ei hun ac yn darlunio'r ffordd y cawsai'r Cenhedloedd ran yn yr etifeddiaeth ddwyfol drwy gael eu himpio i olewydden y grefydd Iddewig (Rhufeiniaid 11:11-24).

Heddiw, mae rhinweddau olew'r olewydd yn cael eu cydnabod yn gyffredinol ym Mhrydain, er imi weld amheuaeth yn cael ei fynegi yn ddiweddar am ddoethineb ei ddefnyddio i ffrïo bwydydd. Fe'i ystyrir yn fwyd iachus ac eli defnyddiol wrth baratoi bwyd, er nad felly y bu hi tan yn *gymharol* ddiweddar - yn wahanol i safbwynt pobl y Cyfandir. Nid yw gwerth rhywbeth yn amlwg bob amser, ac hyd yn oed pan yw'n cael ei gydnabod mewn un cyfnod, nid oes sicrwydd y caiff ei gydnabod felly mewn cyfnod arall. Gall y farn gyffredinol am bethau tebyg i olew'r olewydd amrywio o gyfnod i gyfnod, ac o le i le.

Fel gydag olew'r olewydd, mae agwedd pobl at Dduw a'r Arglwydd Iesu wedi amrywio o gyfnod i gyfnod hefyd. 'Hi ddoe'n fyw a heddiw'n fud' yw hi yn hanes ffydd yn ein cymdeithas ac ymhlith pobl rŷm ni'n eu hadnabod. Pan feddyliwn am hyn, fe ddigalonnwn; ond dylem sylwi mai at *ddoe* a *heddiw* y cyfeiria'r dyfyniad ac nad yw'n dweud dim am '*yfory*' - ac ni ddylem fyth anghofio mai Duw piau yfory! A gredwn ni hynny?

Gweddi
Gwna fi fel pren planedig, O fy Nuw, yn ir ar lan afonydd dyfroedd byw, yn gwreiddio ar led, a'i ddail heb wywo mwy, yn ffrwytho dan gawodydd dwyfol glwy'.
Gad imi fyw, ynghanol pob rhyw bla, dan gysgod clyd adenydd Iesu da; a'm tegwch gwir fel olewydden wiw o blaniad teg daionus Ysbryd Duw. Amen

14. Edrych yn ôl
(Eseia 43:16-21)

Cyflwyniad
Y tro cyntaf i Mam Verina ymweld â ni fel teulu wedi inni symud i ardal newydd yn Llundain, roedd am fynd am dro wrthi hi ei hunan er mwyn dod i nabod yr ardal. Gwyliais hi'n mynd allan am ei wâc ac wrth iddi hi gerdded i fyny'r stryd sylwais ei bod hi'n troi ac edrych yn ôl bob hyn-a-hyn. Gwnaeth hynny tan iddi hi fynd allan o'r golwg. Wedi iddi hi ddychwelyd gofynnais iddi hi pam roedd yn troi i edrych yn ôl mor aml, a chystal imi gyfaddef imi synnu at yr ateb a gefais. 'Roeddwn yn edrych yn ôl', meddai, ' er mwyn imi weld yr adeiladau a'r olygfa a welwn wrth imi gerdded yn ôl. Roedd yn help imi nabod y ffordd a pheidio mynd ar goll!'

Myfyrdod
Edrych yn ôl er mwyn gwybod y ffordd yn ôl a wnâi Mam Verina, ond mae'n ddiddorol edrych i weld beth ddywed y Beibl am edrych yn ôl. Mae rhai adnodau yn yr ysgrythurau yn *galw am* edrych ymlaen tra bod eraill yn *awgrymu* edrych yn ôl ac eraill eto yn *gwahardd* edrych yn ôl.

'Unig uchelgais llanc o'r wlad yw torri cwys fel cwys ei dad', meddai Cynan - a chwys syth fyddai honno. Galw am dorri cwys syth mewn bywyd wna'r Iesu pan ddywed nad 'yw'r sawl a osododd ei law ar yr aradr ac sy'n edrych yn ôl yn addas i deyrnas Dduw.'

Erfyn digon syml wedi ei wneud o bren oedd yr aradr ym Mhalestina yn nyddiau'r Iesu, gydag ych yn ei thynnu. Un gwys ar y tro y byddai'n aredig ac roedd yn rhaid i'r ffermwr roi ei bwysau i gyd ar gyrn yr aradr er mwyn i'r cwlltwr o bren caled dorri i fewn i'r pridd a'i rwygo. Er mwyn medru cael y mwyaf o gynnyrch o'r tir, roedd hi'n bwysig fod y cwysau'n syth ac yn cwtsio lan i'w gilydd. I wneud hyn roedd yn rhaid i'r amaethwr gadw'i lygad ymlaen ar y gwys a dorrwyd eisoes wrth iddo dorri'r nesaf. Pe bai'n troi i edrych yn ôl byddai'r gwys a dorrai yn camu, a phellhau wrth y gwys nesaf mewn mannau ac yn mynd drosti hi mewn mannau eraill. Ond wrth droi i edrych yn ôl ni fyddai ei holl bwysau ar gyrn yr aradr ac nid yr un fyddai dyfnder y gwys y byddai yn ei thorri. Byddai hyn yn ei dro yn lleihau'r cynnyrch a ddeuai o'r cae.

Er bod Iesu'n galw ar ei ddilynwyr i edrych ymlaen, mae pob adran o'r Beibl hefyd yn cofnodi llawer iawn o enghreifftiau o orchmynion sydd i bob pwrpas yn galw am edrych yn ôl. Yn aml, daw'r anogaeth i wneud hynny yng ngwisg y geiriau 'cofia / cofiwch...': 'Cofia iti fod yn was yng ngwlad yr Aifft '(Deut. 5:15); 'Cofiwch yr holl ffordd yr arweiniodd yr Arglwydd Dduw chwi' (Deut. 8:2); 'Cofia, a phaid ag anghofio, iti ennyn dig yr Arglwydd dy Dduw yn yr anialwch...' (Deut. 9:7); 'Cofia y dyddiau gynt, ystyria flynyddoedd y cenedlaethau a fu...' (Deut 32:7): 'Cofiwch y gair a ddywedais wrthych' (Ioan 15:20); 'Cofia Iesu Grist: ei gyfodi oddi wrth y meirw' (2 Tim. 2:8), &c. Wrth ddarllen yr adnodau hyn yn eu cysylltiadau, gwelir bod gwerth mewn edrych yn ôl, a chofio gan fod yno rhyw wers i'w dysgu ac ysbrydoliaeth i'w gael o'r gorffennol. Tra na ddylem fyw yn y gorffennol, mae amrywiaeth o ganlyniadau gwerthfawr yn gallu dilyn cipdrem yn ôl yn awr ac yn y man.

Os mai **galw ar ei ddilynwyr i edrych ymlaen** wna'r Iesu ac **awgrymu edych yn ôl** a wna Duw a Iesu ar adegau, mae llawer o adnodau yn y Beibl yn **gwahardd edrych yn ôl**. Efallai mai'r gwaharddiad y bydd pawb yn cofio yn y cyd-destun hwn yw'r rhybudd a gafodd Lot a'i wraig i beidio edrych yn ôl pan yn dianc o Sodom. Anufuddhaodd gwraig Lot a throi i edrych yn ôl ac fe gafodd hi ei throi yn golofn o halen (Genesis 19) - digwyddiad y cyfeiriodd Iesu ato (Luc 17:32).

Beth oedd yn gyfrifol am y dynged y dywedir i wraig Lot ei dioddef? Dau beth, mae'n debyg. Un oedd iddi hi anwybyddu gorchymyn Duw. Yr ail oedd ei bod yn edrych yn ôl yn hiraethus am Sodom. Roedd hi wedi mwynhau'r bywyd da - yr *'high life'* - yn Sodom, ond ni sylweddolodd na allai fynd yn ôl i'w fwynhau. Nid edrych yn ôl wnâi hi er mwyn dysgu gan y gorffennol neu i gael ei hysbrydoli gan y gorffennol, ond roedd yn gobeithio medru aros yno. Ni allai symud ymlaen - a chafodd ei dymuniad!

Mae edrych yn ôl *yn hiraethus* yn gallu'n rhwystro rhag gweld beth mae'r Arglwydd yn gwneud nawr - ac nid yw ef yn segur (Eseia 43:18-19). Y dydd y peidiwn edrych yn ôl yn hiraethus yw'r dydd y dechreuwn symud ymlaen.

Hoffaf y fendith Wyddelig: *'May you have the hindsight to know where you've been, The foresight to know where you are going, And the insight to know when you have gone too far.'*

Gweddi

Arglwydd, wrth imi symud ymlaen drwy ddilyn yr Iesu, na ad i ddoe fod yn rhwystr imi ond yn hytrach gad iddo'm hyfforddi a bod yn ysbrydoliaeth i mi. Amen

9. Gwaith

1. Cario Dŵr
(Marc 14: 12-21)

Cefndir

Dim ond yn Efengyl Marc y darllenwn y stori am y dyn yn cario stenaid o ddŵr o'r ffynnon yn Jerwsalem i arwain dau o Ddisgyblion Iesu i'r tŷ lle byddent yn paratoi'r gwledd y Pasg. O gofio'r tebygolrwydd mai yng nghartref Ioan Marc ei hun yr oedd yr Oruwch Ystafell (*cymh.* Actau 12:12), mae'n resymol dadlau mai tad Ioan Marc oedd perchennog y tŷ a'r dyn a arweiniodd Ddisgyblion Iesu yno - gŵr ydyw na wyddom ddim mwy amdano, ddim hyd yn oed ei enw..

Gwaith merch oedd mynd i'r ffynnon i godi dŵr. Gwaith gwasaidd oedd cario dŵr o'r ffynnon yn nyddiau Iesu a dyna pam mai gwaith i'r merched ydoedd. Mae statws y ferch yn dal yn isel mewn llawer o wledydd y Dwyrain Canol a chyfyngir ar yr hyn y gall hi ei wneud - a gwaith gwasaidd ei naws yw hynny fel arfer. Mae'r dyn anadnabyddus, felly, wrth gytuno i gario'r stên, yn barod i iselhau ei hun yng ngwasanaeth Iesu.

Lle peryglus oedd Jerwsalem i Iesu yn ystod wythnos olaf ei fywyd – dyna pam yr arhosai dros nos ym Methania – ond fel Iddew da, roedd am fwyta'r Pasg yn Jerwsalem ei hun. Rhaid felly fyddai cael lle ble na feddyliai'r awdurdodau'n chwilio amdano – tŷ disgybl di-enw, anadnabyddus. Ac mae'n amlwg nad oedd y Disgyblion yn ei nabod chwaith. Byddai'n rhaid i'r Disgyblion baratoi'r Pasg yn nhŷ'r disgybl anadnabyddus hwn. Ond dieithriaid oeddent hwy yn Jerwsalem, ac os nad oeddent yn adnabod y disgybl, sut y gallent wybod lle roedd yn byw? Doedd 'cyfeiriadau' ddim yn bod (nac enw i'r strydoedd, ond am ambell stryd, e.e. 'Y Stryd Union' yn Damascus). Byddai'n rhaid i rywun eu harwain yno.

Efallai y gallai'r disgybl anadnabyddus gwrdd â hwy? Byddai ef yn nabod y Disgyblion; gallai ei gyflwyno'i hunan iddynt a mynd â hwy i'r tŷ. Roedd hynny'n rhy beryglus os oedd pobl yn eu gwylio! Felly beth petai'r disgybl anadnabyddus yn gwisgo mewn ffordd arbennig? Rhywbeth lliwgar neu wahanol i'r arfer? Na! Ar adeg yr Ŵyl byddai miloedd yn dod i Jerwsalem o bob cwr o'r wlad ac Iddewon ar draws y Hen Fyd. Roedd y ddinas yn le digon lliwgar ar adeg yr Ŵyl a byddai'n hawdd dilyn y person anghywir.

Felly, beth ellid ei wneud fel bod y Disgyblion yn ei 'nabod? Byddai'n rhaid iddo wneud rhywbeth oedd yn anarferol iawn ac eto ddim yn *hollol* annhebygol. Fe gariai stenaid o ddŵr – peth na fyddai dynion *fel arfer* yn ei wneud a rhywbeth na welid fawr ohono ar strydoedd Jerwsalem. Gwaith y merched oedd 'nôl dŵr o'r ffynnon - gwaith menyw! – gwaith y byddai dynion yn cywilyddio o orfod ei wneud.

Myfyrdod
Roedd yr hyn a wnaeth tad Ioan Marc yn galw am ostyngeiddrwydd mawr. Mae Cynddylan Jones yn dadlau yn rhywle mai gwreiddyn y gair Groeg am 'ostyngeiddrwydd' yw'r gair am *mat*! Dyma ddyn oedd yn fodlon bod yn 'fat bach' er mwyn yr Iesu a chyflawni gwaith distadl merch, gwaith y forwyn, yn wir!

Beth petai rhywun oedd yn ei nabod yn digwydd ei weld - a byddai posibilrwydd cryf o hynny'n digwydd wrth iddo agosáu at ei gartref. Byddai hynny'n ei wneud yn destun sbort ymhlith ei gymdogion! Ond mae'n amlwg na fyddai cywilydd arno ef, beth bynnag a ddigwyddai iddo, gan ei fod yn ddigon gostyngedig i ystyried mai braint oedd cael gwneud *unrhywbeth* - y peth lleiaf - mewn gwasanaeth i'r Iesu. Ni welai fod unrhyw gywilydd yn perthyn i hynny.

Gofynnwyd i Leonard Bernstein, arweinydd Cerddorfa Ffilharmonic Efrog Newydd, pa offeryn mewn cerddorfa oedd y mwyaf anodd i chwarae? Heb oedi atebodd, *'The second fiddle. I can get plenty of first violinists, but to find someone who can play the second fiddle with enthusiasm - that's a problem; and if we have no second fiddle, we have no harmony.'*

Pa mor barod ŷm ni i fod yn *'second fiddle'* yng ngwaith y Deyrnas?

Gweddi
Arglwydd Dduw, gad i mi fedru dweud gyda thad Ioan Marc, a Pedr Fardd, fod 'mwy o bleser yn dy waith na *dim* a fedd y ddaear faith'. Amen

2. Y Saer

Cyflwyniad

Gan fod pobl Nasareth yn cyfeirio at Iesu fel 'mab y saer' yn Mathew 13:55 ac fel 'saer' yn Marc 6:3, mae'n debyg mai gan ei dad ei hun y dysgodd y grefft. Gellir dychmygu iddo chwarae fel crwt yng ngweithdy ei dad a sylwi ar Joseff wrth ei waith ac o bosib iddo lunio ambell i beth o'r darnau bach o bren oedd ar ôl wedi i Joseff orffen beth bynnag roedd yn gwneud. Ac wrth dyfu byddai'n dod fel prentis i'w dad. Gwêl A. M. Hunter ddarlun o brentis yn Ioan 5:19: 'Dyma ddwedodd Iesu wrthyn nhw: "Credwch chi fi, dydy'r Mab ddim yn gallu gwneud unrhyw beth ohono'i hun; dim ond beth mae'n gweld ei Dad yn ei wneud. Dw i y Mab yn gwneud yn union beth mae'r Tad yn ei wneud' (*beibl.net*).

Ond gall y gair a cyfieithir 'saer' hefyd olygu 'adeiladydd' ac felly byddai Joseff yn fwy na saer coed yn y pentref; fe fyddai hefyd yn adeiladydd, yn gyfrifol am bob ran o'r gwaith o adeiladu a gofalu am adeiladau a'u trwsio pan ddeuai galw.

Mýn A. M. Hunter fod mwy o gyfeiriadau at waith y saer coed a'r adeiladydd yn yr Efengylau nag a sylweddolwn. Mae'n hawdd nabod rhai, wrth gwrs, ond rhaid bod yn effro i weld y gweddill.

Atgof am weithdy'r saer geir gan Iesu yn Mathew 7:3-5: 'Pam wyt ti'n poeni am y sbecyn o flawd llif sydd yn llygad rhywun arall, pan mae trawst o bren yn sticio allan o dy lygad dy hun!?' (*beibl.net*). Ac fel adeiladydd dichon iddo orfod rhybuddio cwsmeriaid am y gwahaniaeth rhwng adeiladu tŷ â'i sylfeini ar graig solet ac adeiladu tŷ ar dir ansefydlog. (Matthew7:24-27). Mae Iesu hefyd yn sôn am adeiladu ar graig wrth sôn am sefydlu ei eglwys (Mathew 16:18).

Barn Justin Ferthyr yn yr ail ganrif oedd mai gwneud erydr a ieuau oedd arbenigedd Iesu a thystiodd fod erydr a wnaeth Iesu yn dal i gael eu defnyddio pan oedd yntau'n ysgrifennu. Yn sicr y mae erydr yn ymddangos yn namhegion Iesu, ac awgrymodd rhywun mai'r hysbyseb uwchben siop y saer yn Nasareth oedd, 'Mae fy iau i'n esmwyth' (Mathew 11:30).

Myfyrdod

Mae'r gair 'iau' i'w weld 49 o weithiau yn yr Hen Destament ond dim ond dwywaith yn yr Efengylau a chwe gwaith i gyd yn y Testament Newydd.

Symbol o gyfyngu a chaethiwo oedd yr iau yn yr Hen Destament a dyna arwyddocâd y defnydd o'r gair yn Actau a'r Epistolau; ond am waith y saer yn creu yr iau y sonnir yn nefnydd Iesu o'r gair yn Mathew 11:30-31).

Er y byddai ffermwyr yn sicr o ddefnyddio'r offer oedd wrth law er mwyn arbed y gost o brynu rhywbeth newydd, byddai'r ieuau gorau yn cael eu paratoi ar gyfer gwedd arbennig. Nid yr un fyddai cryfder pob ych a byddai saer da yn gallu llunio'r iau yn y fath fodd fel mai ar ysgwyddau'r cryfaf o'r ddau anifail y byddai'r pwysau mwyaf yn gorwedd, Dyna pam gallai saer da ddweud 'fy iau sy'n esmwyth a'm baich sy'n ysgafn'.

Dweud a wna'r Un sy'n llunio iau bywyd fod y sawl sy'n derbyn ei wahoddiad i rannu'r iau gydag ef yn sylweddoli fod yr iau'n eistedd yn gyffyrddus ar ei ysgwyddau ac yn gallu ysgafnhau'r pwysau a ddaw i ran pawb mewn bywyd. 'Mae fy iau i yn gyfforddus a dw i ddim yn gosod beichiau trwm ar bobl' (Mathew 11:31, *beibl.net*)

Gweddi
Arglwydd Da,
boed imi dreulio yn ddi-goll
o dan iau Crist fy nyddiau oll;
mae mwy o bleser yn ei waith
na dim a fedd y ddaear faith. Amen

3. Y Pensaer a'r Adeiladydd
(Mathew 7:24-28)

Cyflwyniad

Yr ydym eisoes wedi trafod Iesu fel saer y pentre [Myfyrdod 9:2] ond mae mwy i'w ddweud oherwydd mewn gwirionedd mae'n bosibl mai adeiladydd y pentref ydoedd wrth ei alwedigaeth. Dim ond dwywaith y gwelir y gair yn y Testament Newydd sy'n cyfeirio at Iesu (Marc 6:3) ac at ei dad (Mathew 13:55) fel 'seiri'. 'Saer' yw'r cyfieithiad y ddeudro, ond mŷn D. E. Nineham mai *adeiladydd y pentre* oedd Iesu fel ei dad. Mae'r gair Groeg a ddefnyddir yn y Testament Newydd am ei alwedigaeth yn gallu golygu 'saer' ond fe all hefyd gyfeirio at y gwahanol bethau y byddai saer gwlad y cyfnod yn troi ei law atynt. Byddai angen trin cerrig, a chynllunio, yn ogystal â thrin coed wrth adeiladu.

Dywed Nineham fod Iesu'n gwneud sylwadau yn y Testament Newydd sy'n nodweddiadol o un oedd yn adeiladydd. Cyfeiriodd at safle adeiladau (Mathew 5:14; Luc 4:29), at y gost o adeiladu (Luc 14:28-30), at yr angen i gloddio'n ddwfn wrth osod sylfeini (Luc 6: 48, 49), ac at garreg a wrthododdir gan adeiladydd (Matthew 21:42; Marc 12:10; Luc 10:17). Yn wir, mae'n sôn am fwrw adeilad i lawr a'i ailadeiladu (Luc 12:18; Mathew 26:61; 27:40; Marc 14:58); ac yn dweud y bydd yn adeiladu ei Eglwys ar graig (Mathew 16:18).

Adeiladydd y pentre hefyd fyddai'n cynllunio'r adeilad - ef oedd y *pen*-saer.

[Un o ddirgelion y Testament Newydd yw pam nas enwir Sepphoris, tref Rufeinig fechan oedd yn ganolfan gweinyddol ac wedi ei lleoli ar ben bryn rhyw bedair milltir o Nasareth. Yn nyddiau'r Iesu roedd yn cael ei hailadeiladu, a byddai digon o waith yno ar gyfer yr adeiladwyr o Nasareth. Tybed a weithiodd Iesu yno, ac ai Sepphoris yw'r 'ddinas a osodir ar fryn' (Mathew 5:14) ?]

Myfyrdod

Mae'r sawl sy'n cynllunio adeilad yn bwysig - '*pen*-saer' fyddem ni'n ei alw er efallai bod hwnnw'n air rhy *grand* i'r un a gynlluniai adeilad ym Mhalesteina yng nghyfnod Iesu.

Ni chaiff pensaer lwyddiant bob tro! Ar yr unfed ar ddeg o Hydref

2015 bu ymdrech rhannol lwyddiannus i ddinistrio'r pedwar olaf o dyrau fflatiau Red Road yn Glasgow. Adeiladwyd chwe thŵr uchel o fflatiau yn ôl yn chwedegau'r ganrif ddwethaf - yr adeiladau uchaf yn Ewrop ar y pryd. Roedd y fflatiau'n fodern iawn yr adeg honno, ond buan y gwelwyd fod y penseiri wedi gwneud camgymeriadau dybryd wrth eu cynllunio, a chyn hir fe'u cyfrifwyd hwy'n slymiau. Nid oedd dim yn bod ar y fflatiau eu hunain, ond nid oedd siopau cyfleus na chwaith ysgol gerllaw; nid oedd lle i blant i chwarae; nid oedd fawr o wyrddni i'w weld; roedd teuluoedd yn byw ar loriau uwchben ei gilydd, heb gymdogion y gallent gysylltu â hwy. Mewn gair, nid oedd unrhyw fath o gymdeithasu'n bosibl. Roedd y penseiri wedi methu ac nid yw'n unrhyw syndod fod ymddygiad anghymdeithasol yn bla o gwmpas eu creadigaeth. Dinistriwyd dau dwr yn 2012 a 2013 a'r gweddill cyn diwedd mis Hydref 2015.

Mae'n anodd credu y byddai pobl Nasareth yn anfodlon ar waith Iesu, yr adeiladydd a'r 'pensaer' yn eu plith hwy. Fel y byddem yn disgwyl, mae'r ffordd y siaradai â phobl yn dangos ei fod yn onest a chraff, yn amgyffred y sefyllfa o'i gwmpas a chanddo weledigaeth glir o'r hyn oedd rhaid ei wneud. Ni fyddai diffyg mewn adeiladydd a chynllunydd â chanddo'r rhinweddau hynny.

Un o fwriadau Iesu oedd adeiladu Eglwys, a gadawodd gynlluniau ar ei ôl ar gyfer y sawl a ymatebai i'w alwad arnynt i ysgwyddo'r gwaith a ddechreuodd ef. Dyna'n cyfrifoldeb ni.

Am I a builder who works with care,
Or am I a wrecker who walks to town
measuring life by rule and square?
content with the labour of tearing it down?
Am I shaping my work to a well-made plan
O Lord, let my labours be
patiently doing the best I can?
that which will build for eternity!

Gweddi

Arglwydd da, 'n'ad im adeiladu'n ysgafn ar un sylfaen is y ne', ond ar 'Graig yr Oesoedd'. Rho ras imi ddilyn dy gynllun di i'm bywyd a'th fwriadau di ar gyfer dy Eglwys. Ac wrth imi wneud hyn, gad i'm hymdrechion arwain eraill i wneud yr un peth, er gogoniant i'th enw, Amen.

4. Garddio
(Diarhebion 24:30-34)

Cyflwyniad

Mae stori'r Beibl yn dechrau mewn gardd ac mae llawer o sôn am erddi ar y tudalennau. Yng ngardd y palas y claddwyd dau o frenhinoedd gwaethaf Jwda, sef Manasse ac Amon; roedd Ahab am droi Gwinllan Naboth yn ardd iddo'i hun; ac mae'r ardd ymhlith hoff ddelwedau'r proffwydi, &c. Er hynny dim ond tair gwaith yr ymddengys y gair 'garddwr' ac ni welir 'garddio' o gwbl yn y *Beibl Cymraeg Newydd*. Ond mae'n rhaid bod garddwyr a garddio yn olygfa digon cyffredin cyn y byddai sôn am gymaint o erddi.

Mae llawer o gyfeiriadau at ardd yn *Caniad Solomon* ac er mai cân serch ydyw, mynnodd yr awdurdodau Iddewig a gasglodd lyfrau Hen Destament at ei gilydd mai mynegiant o serch Duw at Israel oedd yn y llyfr. I Gristnogion, barddoniaeth yn rhagfynegi serch Crist at ei Eglwys a geir yn y llyfr. 'Yr Eglwys yw'r ardd yng Nghaniad Solomon', meddai Geiriadur Charles.

Yn y cyswllt hwn mae'n werth cofio'r awgrym a welir yn Efengyl Ioan wrth iddo gofnodi un o'r camgymeriadau mwyaf arwyddocaol yn y Beibl. Pan oedd Mair Magdalen yn sefyll yn wylo y tu allan i fedd gwag Iesu, gofynnodd rhywun y tu cefn iddi hi paham yr wylai a phwy a geisiai. 'Gan feddwl mai'r garddwr ydoedd', gofynnodd hithau iddo os gwyddai ble cafodd corff Iesu ei guddio. Galwodd y gŵr ei henw ac fe'i hadnabu fel Iesu ei hunan (Ioan 20:11-16).

Iesu fel garddwr; ei Eglwys fel gardd!

Myfyrdod

Os mai'r Arglwydd yw'r Garddwr Mawr, mae'n disgwyl i ni ei helpu i gadw trefn ar yr ardd a grëodd, sef yr Eglwys, a'i gynorthwyo yn y gwaith o roi trefn unwaith eto arni a diogelu'r wedd ysbrydol ym mywyd yr Eglwys. Mae lle i feddwl mai'r hyn a welir ynddi nawr yw

Mieri lle bu myrtwydd
Ac anial lle bu gardd.   (I.D.Hooson)

Mae rhoi trefn ar yr Eglwys yn galw arnom ni i sicrhau bod trefn ar yr ysbrydol yn ein bywyd ni ein hunain. I ddyfynnu o gerdd Kipling, *The Glory of a Garden*:

... Adam was a gardener, and God who made him sees
That half a proper gardener's work is done upon his knees.

Mor wir yw hynny i ddiogelu'r ysbrydol ym mywyd yr Eglwys a'r Cristion: yr Eglwys ar ei gliniau mewn gweddi wrth weithio yng ngardd yr Arglwydd!

Mae'r gwaith o gynnal a hyrwyddo'r bywyd ysbrydol yn gyfrifoldeb i bawb ohonom. Nid yw neb yn rhy hen i weithio yng ngardd Crist. Roedd mam Verina yn mwynhau gweithio yn ei gardd hi tan ei bod ymhell dros ei 90. Mae hen ddywediad o wlad Groeg sy'n honni bod cymdeithas yn rhagori pan fydd hen bobl yn plannu coed y gwyddant na fyddant hwy eu hunain byth yn eistedd yn eu cysgod! Does neb yn rhy ifanc i weithio yn yr ardd, chwaith. Gall *pawb* gyfrannu i waith yr Eglwys.

Wrth gwrs, nid yr un ddawn a gallu sydd gan bawb wrth weithio yng ngardd yr Arglwydd, ond mae *rhywbeth* y gall pawb ohonom ei wneud. Fel y dywed Kipling eto:

... some can pot begonias and some can bud a rose,
and some are hardly fit to trust with anything that grows ;
but they can roll and trim the lawns and sift the sand and loam,
for the Glory of the Garden occupieth all who come.

Gweddi

Arglwydd, megis gardd ddyfradwy o aroglau'n llawn,
boed fy mywyd innau, fore a phrydnawn. Amen

5. Gwaith tŷ a gweini

Cyflwyniad

Ychydig o sôn sydd yn y Testament Newydd am wragedd a gwaith tŷ. Mae gan Paul a Phedr digon o gynghorion - byddai rhai'n dweud 'gorchmynion'! - i wragedd; ond rhaid *chwilio* am gyfeiriadau at wragedd tŷ a'u gorchwylion hwy, ond maent yno, yn y cefndir, megis. Y rhai a ddaw i'r meddwl yn syth yw Iesu'n sôn yn un o'i ddamhegion am wraig yn glanhau ei thŷ wedi iddi hi golli rhywbeth gwerthfawr (Luc15:8-10); mam-yng-nghyfraith Pedr yn gweini ar Iesu (Marc 1:31) a gofal Martha ohono pan oedd yn ei chartref ym Methania (Luc 10:38-42). Oherwydd hynny Martha yw nawddsant gwragedd tŷ yn ôl Eglwys Rufain a chaiff ei darlunio bob amser yn dal allweddi, neu frwsh llawr neu letwad. Ar wahân i'r cyfeiriadau amlwg hyn, digon prin yw'r cyfeiriadau yn y Testament Newydd at waith gwraig yn y tŷ.

Gwyddom fod gwragedd arall wedi gweini ar Iesu a'i ddisgyblion heblaw Martha a mam-yng-nghyfraith Pedr (Luc 8:1-5). Mae'n rhaid mai rhyw wraig anhysbys baratôdd Swper i'r Iesu yn yr Oruwch Ystafell, er nad oes cyfeiriad ati. Mae Luc 22:8 yn dweud fod Iesu wedi danfon Pedr ac Ioan i baratoi iddo ef a'r disgyblion gael bwyta gwledd y Pasg a bod hynny i ddigwydd mewn 'goruwchystafell fawr wedi ei threfnu' (Luc 22:12). Rhan bwysig o baratoadau'r Pasg yw sicrhau nad oes unrhyw beth yn yr ystafell fwyta na'r gegin sy'n cynnwys unrhyw furum - dim hyd yn oed briwsionyn. Dyna waith y mae dynion yn cael ei wneud a dyna fyddai'r disgyblion wedi gwneud yn yr Oruwch Ystafell, a thrwy'r tŷ a ble byddai'r bwyd yn cael ei baratoi.

Ond pwy fyddai wedi paratoi'r bwyd a rhostio'r cig oen? Os mai yng nghartref Ioan Marc y cynhaliwyd y Swper Olaf - ei gartref ef oedd man cyfarfod yr Eglwys Fore ar ôl hynny (Actau 12:12) - mae'n *debyg* mai Mair mam Marc oedd honno. Ond ni wyddom. Oherwydd ei statws mewn cymdeithas, ni roddwyd pwys na fawr o sylw i gyfraniad y merched yn y tŷ. Roedd yn rhywbeth a ddisgwylid ganddynt ac a gymerwyd yn ganiatâol.

Myfyrdod

Mae hynny wedi bod yn wir am ferched hyd at einn cyfnod ni, er fod pethau'n newid mewn cymdeithas erbyn hyn - i raddau, o leiaf.

Bu'r Eglwys hefyd yn hir yn dianc o afael y syniad fod safle merch mewn cymdeithas yn is nag un y dyn ac nad yw ei chyfraniad mor bwysig â'r eiddo ef. Ni chawsai merch arwain mewn eglwys tan yn gymharol ddiweddar pryd dechreuwyd cydnabod cymaint y mae'r eglwysi wedi (ac yn) dibynnu ar gyfraniad gwragedd ar hyd y blynyddoedd. Ond mae'r gwrthwynebiad iddynt yn dal mewn llawer o eglwysi a cham-ddefnyddir yr hyn a ysgrifennodd Paul i gyfiawnhau hynny.

Mae olion o *ymgais* yn y Testament Newydd i newid yr agwedd at ferched yn gyffredinol - fel at gaethweision - a hynny drwy weithredu egwyddorion yr Efengyl. Nid condemnio oedd y ffordd y gwnaed hynny ond ceisiwyd rhoi cariad ar waith i *ddylanwadu*'r newid ym meddylfryd cymdeithas yr Eglwys Fore. Ni ellid gorfodi'r newid ar bobl geidwadol oedd wedi cyfarwyddo â'r hen ffordd o feddwl mewn byd patriarchaidd. Ysywaeth, dros y blynyddoedd anwybyddodd yr Eglwys arweiniad y Testament Newydd. Er fod Efengyl Ioan - yr olaf i gael ei hysgrifennu - wedi dweud mai i ferch, sef Mair Magdalen, yr ymddangosodd Iesu gyntaf wedi'r Atgyfodiad, ni roddodd yr Eglwys le i bwysigrwydd hynny. Do, fe'i galwyd hi yn *apostolorum apostola,*'apostol yr apostolion', yn y Canol Oesoedd ond ni ddihangodd yr Eglwys Babyddol o'r honiad enllibus *a chyfeiriornus* mai hi oedd y butain a olchodd draed Iesu â'i dagrau a'u sychu â'i gwallt. Ni newidiwyd y safbwynt hwnnw tan fod Ioan XXIII yn y Fatican

Ble fyddai'r Eglwys a'r eglwysi heb gyfraniad y merched dros y blynyddoedd? Cawsant weini yn y dirgel, ond nid gweinyddu yn yr amlwg. Bellach maent yn cael dod 'allan o'r gegin' yn y bywyd eglwysig.

Gweddi

Diolch, Arglwydd, am y gwragedd a'th wasanaethodd di ar hyd y canrifoedd. Troes eu gwaith ymarferol hwy - o'r golwg ac yn y cefndir - yn fendith i lawer, a'u ffyddlondeb yn her i'th weision ym mhob oes. Amen

6. Bugeilio
(Salm 23)

Cyflwyniad

Pan feddyliaf am y Sabath Iddewig, daw dau ddigwyddiad i'm meddwl. Â ninnau'n byw mewn ardal Iddewig yn Llundain, daeth cais gan yr Iddewes Uniongred ar draws y ffordd un nos Wener i Verina fynd draw i'w chartref i ddiffodd y golau. Pe bai *hi*'n gwneud hynny ei hunan ystyrid y byddai'n gweithio ar y Sabath yn groes i ofynion y Gyfraith. Cofiais hyn pan ymwelodd Ysgol Sul Eglwys Castle Street â'r synagog yn Great Portland Street a gofynnais i'r Rabbi beth wnelent am oleu'o'r synagog ar y Sabath? Synnodd mod i'n gofyn; roedd yr ateb yn amlwg, *time-switches*!

Mae'n anodd deall y Gyfraith Iddewig am weithio ar y Sabath. Hyd heddiw, mae'r hyn y mae Iddew Uniongred yn ei wneud ar y Sabath yn gyfyng iawn. Mae'n parhau o fachlud haul nos Wener tan fachlud haul dydd Sadwrn a cheir llawer o waharddiadau ar yr hyn y gellir ei wneud yn y cyfnod hwnnw. Ymhlith pethau eraill, dylid osgoi pob gwaith. Y gred ymhlith rhai yw pe bai *pob* Iddew yn cadw *un* Sabath fel y gorchmynnid iddynt wneud, fe wireddid holl addewidion yr Hen Destament.

Ond sut mae deffinio 'gwaith', oherwydd y mae'n rhaid gwneud rhai pethau ar y Sabath? Y *bwriad* wrth weithio sy'n bwysig. Nid yw'r gwaith i fod yn fanteisiol i'r sawl sy'n gweithio. Un enghraifft a roddir yw ei bod hi'n dderbyniol i ddiffodd cannwyll er mwyn bod mewn tywyllwch i fyfyrio a gweddïo, ond torri'r Gyfraith yw diffodd y golau os mai'r bwriad yw arbed arian ar ganhwyllau! A dyna'r math o ymresymu oedd yn cyfiawnhau dilyn galwedigaethau megis bugeilio a alwai am weithio ar y Sabath. Yr anifeiliaid oedd i fanteisio ar y gwaith ac nid y bugail. [Dyna sydd y tu ôl i stori'r dyn â llaw ddiffrwyth a ddaeth at Iesu (Mathew 12:9-14). Roedd modd cyfiawnhau codi dafad a syrthiodd i'r ffos, ond ni fyddai wedi gwneud dim niwed i'r dyn fod wedi aros am ddiwrnod arall am iachâd.]

Roedd gwaith y bugail yn cynnwys chwilio am fwyd a dŵr a lloches i'r defaid, eu harwain (yn llythrennol ym Mhalesteina) a'u diogelu pan fyddai perygl. Roedd yn waith 24/7 (i ddefnyddio ymadrodd ddaeth yn gyfarwydd yn ddiweddar). *Rhaid* oedd iddo weithio ar y Sabath er mwyn y defaid ac roedd y gwaith felly'n perthyn i bethau y gellid eu gwneud ar y

Sabath. Oherwydd hyn, roedd hi'n bosibl i fugeiliaid gael eu hystyried yn seremonïol lân. A mwy na hynny, roedd gan y bugail le anrhydeddus iawn ym meddwl yr Iddew. O rengoedd y bugeiliaid y daeth rhai o'u hynafiaid pwysicaf (Abraham, Jacob, Moses); brenin (Dafydd); proffwydi (Amos); arweinwyr y genedl (Jeremeia 23:1; Eseciel 34:1) ac onid Bugail oedd Duw (Salm 23:1; Eseia 40:11)? Oni ddisgrifiodd Iesu ei hun fel 'y Bugail da.'

Myfyrdod
Mae'r ddelwedd o'r bugail yn ei chynnig ei hun yn naturiol fel delwedd addas i'r Eglwys. Gorchmynnodd yr Arglwydd i Pedr, y pysgotwr, i fod yn Pedr y bugail (Ioan 21:15-17), ac ers hynny caiff y ddelwedd ei defnyddio am swyddi gwahanol o fewn i'r Eglwys. Y gweinidog yw bugail eglwys a'i waith yw bugeilio'r praidd, sef yr eglwys o dan ei ofal. Mae'n porthi, ymgleddu ac arwain y saint. Ond mae disgwyl i aelodau'r eglwysi i fod yn fugeiliaid hefyd, wrth ofalu am ei gilydd a cheisio'r rhai a grwydrodd o'r Gorlan.

Gweddi
Diolch Arglwydd am dy ofal drosof. Gad imi gofio ym mhob syfyllfa mai:
Bugail da i mi wyt, Arglwydd, ni fydd arnaf fyth eisiau dim;
chwilio 'rwyt i'm borfa welltog, gan roi noddfa a phob gofal im;
Bugail ydwyt sy'n gofalu am Dy braidd ar hyd eu holl oes;
rhoddi bwyd a lloches iddynt a'u hamddiffyn o hyd rhag pob loes.
Gorwedd wnaf ger dyfroedd tawel, rhodio'n ddiogel wnaf ger eu lli'
a phan ddaw y bleiddiaid rheibus Dy wialen a'th ffon gadwant fi.
Ti arlwyi ford i'm derbyn, rhoddi ffiol lawn ger fy mron;
Dy ddaioni a'th drugaredd a'm canlynant ar hyd y ddaear gron. Amen
(Verina)

7. Pysgota
(Ioan 21:1-14)

Cyflwyniad

Mae'n ymddangos mai pysgotwyr oedd o leiaf saith o Ddisgyblion Iesu. Cawsant ei galw ganddo pan gyfarfu â hwy ym Methsaida a phentrefi arall o gwmpas Môr Galilea.

Pysgota ac amaethyddiaeth oedd prif ddiwydiannau'r ardal ac mae'n rhyfedd nad oes sôn i'r Iesu alw gweithiwr amaethyddol, er bod llawer o'i ddamhegion yn sôn am waith amaethyddol ac am weision ffarm. Ar y llaw arall, er iddo alw pysgotwyr yn ddisgyblion, nid oes ganddo fawr i ddweud am y môr, morwyr na physgotwyr. Eithriad yw Mathew 13:47. Er hynny, mae llawer o'r digwyddiadau a gofnodir gan yr efengylwyr *ar y môr* neu *o'i gwmpas*; er enghraifft galw'r pysgotwyr (Mathew 4:18-22; Marc 1:16-20; Luc 5:1-11); gostegu'r storm (Mathew 8:23-27; Marc 4:35-41; Luc 8:22-25); cerdded ar y môr (Mathew 14:22-33; Marc 6:45-52; Ioan 6:15-21); arian i dalu treth y Deml (Mathew 17:24-27); y dyrfa ar lan y môr (Marc 3:7-12); defnyddio llong fel pulpud (Marc 4:1); stori'r helfa bysgod (Ioan 21:1-14). (Mae'n ddiddorol mai troi a sôn am waith bugail a wna Iesu wedi bwyta brecwast o'r pysgod a ddaliwyd y bore hwnnw.)

Myfyrdod

Mae rhai wedi awgrymu bod galw pysgotwyr yn ddisgyblion iddo yn ddewis da gan fod y rhinweddau a berthyn i bysgotwyr yn addas ar gyfer y gwaith y'u galwyd iddo gan Iesu.

Yn ôl yn 1653 - dim ond pedair blynedd ar ôl sefydlu eglwys gyntaf y Bedyddwyr yn Ilston, Bro Gŵyr - ysgrifennodd Izaac Walton lyfr o'r enw *The Compleat Angler* . Er mai llyfr ar bysgota plu ydyw, mae ganddo bennill sy'n cynnwys cynghorion da i 'bysgotwyr dynion':

> *Be sure your face is toward the light,*
> *Study the fishes' curious ways*
> *Then keep yourselves well out of sight,*
> *And cherish patience all your days.*

Iesu yw'r 'Golau' y mae'n rhaid i bysgotwyr dynion gadw eu golwg arno - 'rhaid inni hoelio'n sylw ar Iesu' (Hebreaid 12:2, *beibl.net*).

Fel pysgotwyr dynion rhaid inni fod yn ymwybodol o'r math o bobl y byddwn yn ymwneud â hwy. Nid yw pawb yr un fath, a rhaid nabod y bobl yr ydym yn ceisio cyflwyno'r Efengyl iddynt. Pan oeddwn yn weinidog yn Llanbed ac yn byw o fewn i 400 llath i afon Teifi, dysgais yr ymadrodd am bysgota plu: 'Dewis y bluen i siwto'r dŵr'. Mae'n debyg fod y llif yn yr afon a lliw y dŵr yn penderfynu'r dewis o blu a ddefnyddia'r pysgotwr i ddenu'r pysgod. Mae'r Cristion yn llwyddo orau pan yw'n nabod person yn dda ac yn gwybod y ffordd orau i ddenu ei ddiddordeb yn yr Efengyl.

Mae'n bwysig hefyd fod y pysgotwr ei hun yn cadw allan o'r golwg ac nad yw ei gysgod ef ei hun yn syrthio ar y dŵr. Nid tynnu sylw ato'i hunan yw pwrpas pysgotwyr plu na physgotwyr dynion!

Prin fod eisiau dweud bod angen amynedd ar bob math o bysgotwyr! Ffordd Father Brown o ddweud hyn am 'bysgotwr yr Efengyl' yn un o storïau G. K. Chesterton oedd:

> '*I caught him with an unseen hook and an invisible line which is long enough to let him wander to the ends of the world, and still to bring him back with a twitch upon the thread*.'

Gweddi

Diolchwn i ti, yr Arglwydd Iesu, am ein braint o gael gweithio yn dy Eglwys fel 'pysgotwyr dynion' a dwyn eraill atat. Mae'n fwy na braint - mae'n gyfrifoldeb. Amen

8. Aredig
(Diarhebion 20:4; Luc 9:57-62)

Cyflwyniad

Nid peth hawdd yw aredig, yn ôl y sôn. Mae'r ffaith fod cystadlaethau aredig yn bod yn nyddiau'r tractor pwerus yn cadarnhau hynny. Mae'n ymddangos mai cadw'r cwysau'n syth ac o'r un dyfnder yw'r her. Mae mor hawdd i'r gwys wyro wrth daro yn erbyn carreg, a cholli'r dyfnder yr anelir ato.

Daw hen stori o America am weinidog yn bugeilio'i braidd ac yn ceryddu ffermwr pan oedd yr awyr o'i gwmpas yn las gan ei regfeydd wrth iddo ymgodymu ag aradr yn cael ei dynnu gan geffyl mewn maes caregog. Dyma'r ffermwr yn gwahodd y gweinidog i gymryd yr aradr. Derbyniodd yntau'r her ac yn fuan roedd yn chwys i gyd wrth i'r aradr wingo yn ei afael. Wrth estyn yr aradr yn ôl wedi cyrraedd pen y dalar, meddai'r gweinidog wrth yr arddwr: 'Wel, gwna dy orau – a phaid â rhegi mwy na sydd raid!'

Os yw hi'n ddigon anodd aredig heddiw gyda'r holl beiriannau grymus, cymaint yn fwy fyddai'r anhawster yn nyddiau Iesu, er mai ychydig sydd gan y Beibl i ddweud am yr arddwr, yr aradr ac aredig.

Myfyrdod

Mae'r ddau ddarlun a welir yn y darlleniadau heddiw yn cynnwys negeseuau pwysig i ni.

Mae'r cyntaf, o Diarhebion 20:4, yn sôn am aredig yn yr hydref. Onid dyna'r adeg pan fyddwn yn cynnal ein cyrddau diolchgarwch i ddiolch am y cynhaeaf? Nid yw'n ein taro - _ni_ nad ydym yn bobl y wlad - fod yr hydref yn adeg pryd y dylid aredig er mwyn i'r rhew gael cyfle i dorri'r pridd coch ymhellach. Ond os nad yw'r gwaith yn cael ei ddechrau yn yr hydref, ni fydd y cynhaeaf cystal y flwyddyn ganlynol ag y gallai fod. Tybed a fyddwn ni yn yr eglwysi - fel y diog - yn disgwyl medi heb hau yn yr hydref crefyddol sydd o'n cwmpas heddiw?

Mae'r gair 'diog' yn y cyfieithiad Cymraeg o'r adnod hon yn yn Diarhebion yn addas iawn. Daw o 'di-awg', sef 'heb fod wedi ei hogi, heb fod yn llym'. Mae perygl mai erydr heb eu hogi - heb awch arnynt - ydym ninnau yn ein gwaith fel aelodau o'r eglwys!

Pan oedd Iesu'n troedio daear Palesteina, yr ychen fyddai'n tynnu'r aradr. Byddai'r arddwr yn llywio'r swch â'i law chwith ac yn rheoli'r ychen â swmbwl (*goad*), sef ffon bigfain yn ei law dde, gan roi cymaint o bwysau ag y gallai ar gyrn yr aradr. [Y swmbwl yw'r 'symbylau' y cyhuddir Paul o wingo yn eu herbyn adeg ei dröedigaeth (Actau 26:14).] Cadw'i lygad ar un pwynt o'i flaen ac anelu ato oedd y ffordd y byddai'r arddwr yn sicrhau fod ei gwys yn unionsyth - yn 'gwys di-dolc', i ddefnyddio ymadrodd Wiliam Llŷn. Pe bai'n tynnu ei lygad oddi wrth y nod o'i flaen byddai'r gwys yn gwyro. Dyna pam y dywedodd Iesu nad 'yw'r sawl a osododd ei law ar yr aradr, ac sy'n edrych yn ôl yn addas i deyrnas Dduw' (Luc 9:62) gan addasu hen ddihareb a ddywedai 'Ni ellwch aredig cwys syth drwy edrych yn ôl'. Gellir olrhain y ddihareb yn ôl i'r bardd Groegaidd, Hesiod, tua 700 o flynyddoedd cyn geni Crist.

Ond mae'r geiriau'n awgrymu perygl arall. Yn nyddiau Iesu un gwys ar y tro fyddai'r arddwr yn gallu ei droi, ac wrth droi'r gyntaf byddai'r nesaf yn dilyn yr un a arddwyd ddwethaf, neu byddai bylchau rhwng y rhychau. Canlyniad hyn fyddai fod pob cwys a dorrwyd ar ôl hynny ar gam am i'r arddwr droi ac edrych yn ôl gan fethu â chadw ei lygad ar y nod o'i flaen wrth droi'r un gyntaf.

Perygl methiant Cristion wrth dorri cwys ei ffydd yw peidio â chadw ein llygaid ar Iesu a gall ein cwys gam ni fod yn achos i eraill fethu wrth iddynt hwy dorri eu cwysi hwy eu hunain yn y byd.

Gweddi

Arglwydd Iesu, wrth gofio am 'y cefen gwerthfawr, lle'r arddwyd cwysau hir', rho inni awch at dy waith a chynorthwya ni i dorri cwysi union er gogoniant i'th enw. Amen

10 Dŵr

'Fel dŵr oer i lwnc sychedig, felly y mae newydd da o wlad bell'
(Diarhebion 25:25)

1. Y Graig Gallestr
(Exodus 17:1-7 *cymharer* Numeri 20:1-13)

Cyflwyniad

Wedi i Foses ennill eu rhyddid i'r Israeliaid yn yr Aifft a'u harwain dros y Môr Coch ni welodd lawer o ddiolchgarwch yn eu hymateb. Cwyno wnaethant am bob math o bethau ac yr oedd eu hagwedd wedi mynd mor negyddol ar un adeg nes iddynt fynegi awydd i ddychwelyd i'r Aifft (Numeri 14:4)!

Efallai ei bod yn ymddangos fod ganddynt esgus dros gwyno am y sefylla a wynebent yn y stori hon. Roeddent yn yr anialwch heb fod ganddynt *ddŵr* iddynt hwy eu hunain nac i'w hanifeiliaid. Ond roeddent wedi anghofio'r adeg pan oeddent heb *fwyd* yn yr anialwch a Duw wedi gweld eu hangen a'u bwydo â *manna* (Exodus 16), er iddynt flino ar hwnnw yn fuan. Roeddent yn cwyno fod y *manna*'n ddiflas ac yn *ddi-*flas a hiraethent am 'y pysgod ... a'r cucumerau, y melonau, y cennin, y wynwyn a'r garlleg' a gawsent '*yn rhad*' pan oeddent yn gaethweision yr yr Aifft!

Dyma Duw eto'n gweld eu hangen ac yn dweud wrth Moses sut i gael dŵr o'r graig gallestr - craig mor galed â fflint - ac fe ddigonwyd pawb ac hefyd eu hanifeiliaid. Fel bob amser, roedd Duw wedi darparu ar eu cyfer cyn bod yr angen yn codi.

Ac eto, wedi'r holl bethau a wnaeth yr Arglwydd drostynt, bu'n rhaid eu hannog i beidio ag anghofio'r Duw a wnaeth 'i ddŵr darddu allan ... o'r graig galed' (Deuteronomium 8:15). Mae anghofrwydd ac anniolchgarwch yr Israeliaid o'r hyn a wnaeth Duw drostynt yn ddiarhebol. Er hynny, ni ellir peidio â sylwi cymaint o weithiau y mae pobl yn yr Hen Destament *yn cyhuddo Duw* o fod wedi eu hangofio hwy.

Myfyrdod

Mae'r gair 'wisgi' yn dod o ddau air Gwyddeleg sy'n golygu 'dŵr y bywyd'. [Gwn hyn oherwydd imi fod yn astudio Gwyddeleg am gyfnod byr ym Mangor - wir nawr!] Mae'r geiriadur yn dweud wrthyf mai gair Rwseg am ddŵr yw *vodka*'. Mae dŵr yn un o hanfodion bywyd - ond nid y math o ddŵr a enwir uchod, chwaith!

Mae dŵr yn un o dri pheth sy'n hanfodol i gynnal bywyd: awyr iach, dŵr, a bwyd. Yr *awyr* a anadlwn yw anghenraid cyntaf y corff - mae hyd yn oed pysgod yn 'anadlu' yr ocsijen sydd yn y dŵr o'u cwmpas. Yn ail, daw *dŵr*, gyda *bwyd* yn olaf o'r tri. Ni all y corff fyw heb ocsigen i'w anadlu, nac yn hir heb ddŵr, ond gall oroesi yn hirach heb fwyd.

Neges yr ysgrythurau yw bod angen awyr, dŵr, a bwyd ysbrydol ar bobl, hefyd. Mae Duw a'r awyr ysbrydol o'n cwmpas ni ymhobman - er na sylweddolwn hynny, efallai. Y bwyd ysbrydol yw'r ysgrythurau - er inni eu hanwybyddu. Iesu Grist yw'r dŵr iachusol sy'n ein bywhau a'n glanhau (gw. Ioan 4:7-15) - er efallai na sylweddolwn hynny ac o'r herwydd rŷm ni'n farw yn ein pechodau (Rhufeiniaid 6:11).

Y mae pob math o ddarpariaeth ar gyfer pobl yn y byd a grëodd Duw, a chyflenwir ein holl anghenion, gan gynnwys yr anghenion ysbrydol - os dymunwn eu derbyn hwy.

Gweddi

Y Gŵr wrth Ffynnon Jacob
eisteddodd gynt i lawr,
tramwyodd drwy Samaria,
tramwyed yma nawr;
'roedd syched arno yno
am gael eu hachub hwy,
mae syched arno eto
am achub llawer mwy.
Os wyt ti Arglwydd yn sychedu amdanom ni, dylem ni sychedu amdanat ti yn llawer mwy - hiraethu am y dŵr bywiol. Amen

2. Blysio Dŵr
(2 Samuel 23.13-17)

Cyflwyniad

"Milwyr enwog Dafydd" yw teitl y *BCN* uwchben y stori hon - adran ddigon gwaedlyd wrth i'r bennod adrodd yr hanes. Y mae tri gwron sy'n cael clod arbennig :- **Isbaal yr Hachmoniad** a chwifiodd ei waywffon mewn buddugoliaeth uwchben 800 o laddedigion ar un tro (23:8); **Eleasar fab Dodo fab Ahohi** a safodd gyda Dafydd yn erbyn y Philistiaid pan ffôdd gweddill yr Iddewon (23:9-11); a **Samma fab Age yr Haruriad,** gŵr a enillodd fuddugoliaeth fawr i Dafydd yn erbyn y Philistiaid mewn cae o ffacbys (*lentils*) (23:11-12).

Roedd y tri wedi aros yn ffyddlon i Dafydd mewn hindda a drycin. Roedd hi nawr yn ddrycin yn ei hanes. Roedd yntau bellach yn llochesu yn ogof Adulam, nid nepell o'r lle ble gorchfygodd Goliath. Pan ddeallodd y tri fod Dafydd ar awr dywyll yn ei hanes yn blysio diod o ddŵr o'r pydew y tu fewn i byrth Bethlehem, tref ei febyd a oedd bellach yn nwylo'r Philistiaid, mynnent ei fod yn ei gael. Er yr holl filwyr Philistaidd a'r anhawsterau a orweddai rhyngddynt â'r pydew, llwyddodd y tri i ddwyn y dŵr a dychwelyd ag ef at Dafydd. Ond nid ei yfed wnaeth Dafydd ond ei arllwys ar y llawr.

Myfyrdod

Mae gweithred Dafydd yn un rhyfedd yn ein golwg ni - yn wastraff pur ac fel pe'n bychanu teyrngarwch ac ymdrech y tri. Awgryma rhai esbonwyr mai dysgu gwers iddynt hwy a'u tebyg oedd y bwriad, sef na ddylent wneud pethau ffôl hyd yn oed i geisio plesio'r brenin.

Esboniad gwahanol iawn a llawer gwell a ddaw wrth ystyried arferion a thraddodiadau crefyddol yr Hen Destament. Roedd diod-offrwm a diod-offrymu yn un o'r defodau a berthynai i grefydd Israel, fel, yn wir i lawer o grefyddau eraill. Ceir nifer o gyfeiriadau at yr arfer (Genesis 35:14), ynghyd â nifer o adrannau lle gorchmynnir diod-offrwm (e.e. Lefiticus 23:9-13; Numeri 15:1-5). Gwin, olew a dŵr oedd yr elfennau a offrymwyd , a'r dull arferol o wneud hynny oedd drwy eu tywallt ar yr allor neu'r hyn a ystyrid oedd yn gysegredig.

Nid bychanu ymdrech y milwyr, na gwerth y dŵr yn ei olwg, a

wnâi Dafydd, felly, ond eu mawrhau. Roedd y dŵr yn rhy gysegredig - yn rhy sanctaidd - i'w yfed ganddo ef, ac roedd Dafydd yn ei fawrhau gymaint fel na ellid ond gwneud un peth ag ef: ei gyflwyno'n ddiod-offrwm i Dduw.

Wrth annog ei ddisgyblion i beidio â rhoi'r hyn sy'n sanctaidd i'r cŵn (Mathew 7:6) mae Iesu'n awgrymu un o ddau beth - neu efallai'r ddau. (i.) Nid ydym bob amser yn adnabod yr hyn sy'n sanctaidd mewn bywyd, neu (ii.) nid ydym bob amser yn ofalus o'r hyn sy'n sanctaidd.

A ydym ni yn y genhedlaeth hon wedi cefnu ar y sanctaidd? Beth, tybed, a ystyriwn ni sy'n sanctaidd heddiw? A yw'r syniad fod rhai pethau yn sanctaidd yn rhan o'n crefydd ni heddiw? Yn wir, a oes unrhywbeth yn ein crefydda yn sanctaidd yn ein golwg ac a ydym yn ofalus ohono? Cwestiynau y tala i bawb ohonom eu hystyried.

Gweddi

Arglwydd, mewn cyfnod pan yw'n ymddangos fod pawb yn taflu yr hyn sy'n sanctaidd i'r cŵn, cynorthwya ni sy'n dy broffesu di yn Arglwydd ac yn Dduw, i lynu wrth y sanctaidd a'i ddiogelu. Amen

3. Wrth Ffynnon Jacob
(Ioan 4:1-15)

Cyflwyniad

Ni fyddai'n arferol i Iddew siarad â rhywun diarth - ac yn sicr nid â gwraig ddiarth. Dyna pam yr oedd ei ddisgyblion yn synnu ei fod yn siarad â gwraig pan ddaethant yn ôl wedi bod yn chwilio am rhywbeth iddynt ei fwyta (4:27). Beth oedd yn waeth, roedd y wraig y siaradai â hi'n Samariad. Gwaeth fyth oedd bod Iesu yn barod i rannu'r ystên oedd ganddi i godi dŵr o'r pydew oedd yn rhy ddwfn iddo ef fedru codi'r dŵr ohono - 'ni bydd yr Iddewon yn rhannu'r un llestri â'r Samariaid' (4:9). Hyd y gallent, osgoi Samariaid a wnâi'r Iddew gan mai hereticiaid oeddent o'r safbwynt Iddewig. Ond gorweddai Samaria rhwng Jwdea yn y De a Galilea yn y Gogledd a phan yn symud o'r naill le i'r llall roedd yn anodd ei osgoi heb fod yn barod i wneud ymdrech arbennig, mynd allan o'r ffordd, a theithio y tu allan i'r dalaith. Dyna pam yr oedd 'yn rhaid [i'r Iesu a'i ddisgyblion] fynd drwy Samaria' (4:4).

Roedd y ffaith fod y wraig wedi dod at y pydew am hanner dydd, pan na ddisgwyliai weld neb arall yno, yn weithred digon amheus. Mynd i godi dŵr yn y bore bach neu'n hwyr yn y dydd a wnâi'r gwragedd fel arfer er mwyn osgoi gwres tanbaid y prynhawn. A phan ddechreuodd y wraig siarad â Iesu roedd yn ddigon parod i weld y sgwrs yn troi yn drafodaeth ddiwinyddol pan ddechreuodd yr hyn a ddywedai ef wrthi gyffwrdd â phethau personol yn ei bywyd. Roedd wedi dweud wrth Iesu nad oedd ganddi ŵr. Roedd hyn yn wir er iddi hi gael pump o wŷr cyn iddi hi ddechrau byw gyda'r un nad oedd wedi ei phriodi. Roedd y ffaith iddi gael pump o wŷr ynddo'i hun yn adlewyrchu'n wael arni hi. Dim ond y gŵr fedrai ysgaru'r wraig yr adeg honno ac felly roedd hi wedi cael ei gwrthod gan bump o ddynion tra nad oedd y dyn a rannai ei bywyd pan oedd yn siarad â Iesu yn barod i ymrwymo iddi hi. Beth, tybed, oedd y rheswm am hynny?

Mae'n debyg mai ceisio osgoi cleber y gwragedd oedd y rheswm y byddai'r wraig yn mynd i'r pydew ar ganol dydd pan fyddai'r haul ar ei gryfaf a phobl gall yn aros gartre yn y cysgod. Wrth siarad â hi sylweddolodd Iesu fod angen mwy na dŵr i'w yfed arni hi. Ni ddeallodd hi beth oedd yr Iesu'n dweud a chredodd y gallai arbed iddi hi ddod bob dydd i nôl dŵr o'r pydew (4:15).

Dychwelodd y wraig i Sychar i siarad am y person hwn nad oedd hi wedi ei ddeall yn iawn beth a ddywedai wrthi ond a wnaeth argraff arbennig arni. Ac fe enynnodd diddordeb eraill ynddo(4:28-30).

Pwy ohonom ni sy'n deall Y Drindod? Ond 'dyw deall popeth ddim yn ofynnol cyn inni roi tystiolaeth o'n ffydd. Daeth pobl Sychar i gredu yn Iesu oherwydd tystiolaeth y wraig na ddeallai bopeth a glywodd!

Myfyrdod

Ni allwn ni fyw heb ddŵr. Mae gwyddonwyr o'r farn na all bywyd fodoli yn unman heb ddŵr. Dyna paham y maent yn chwilio i weld a allant ganfod dŵr ar blaned arall. Mae'n bosibl y bodolai bywyd o ryw fath ar y blaned honno os oes dŵr yno. 'Rhaid wrth ddŵr i gynnal bywyd,' meddant.

Gwyddai Iesu na all yr enaid fyw heb y dŵr bywiol sydd ganddo ef i'w gynnig chwaith. Rhaid i'r bywyd ysbrydol gael cynhaliaeth ysbrydol. Nid yw'r enaid yn bodoli ar yr un lefel â'r corff dynol - rhaid iddo gael y 'dwfr bywiol' i ffynnu. Ni raid inni ddeall sut mae'r dŵr yn diwallu syched ysbrydol; ni raid inni wybod mwy am y dŵr na ble mae dod o hyd iddo. A phan wyddom hynny byddwn am rannu'r gyfrinach ag eraill.

O'r nef mi glywais newydd - fe'm cododd ar fy nhra'd -
fod ffynnon wedi'i hagor i gleifion gael iachâd...
(Dafydd William, *Caneuon Ffydd*, 32)

Gweddi

Diolch Arglwydd am y dŵr sy'n cynnal bywyd ac am y 'dŵr bywiol' sy'n bywiocáu. Amen

4. Y Pydewau
(Genesis 26:1-2a, 12-22)

Cyflwyniad

Un o straeon bach yr Hen Destament y gallwn ni wneud dameg ohoni a welir yma. Stori yw hi am yr anghydfod a fu rhwng Isaac â phobl Abimelech, brenin y Philistiaid, cyn i'r ddau arweinydd gymodi â'i gilydd a gwneud cytundeb (adnodau 23-33).

O weld llwyddiant Isaac yn ffermio'r tir, y mae Abimelech yn gofyn iddo i symud i ffwrdd gan fod y Philistiaid yn dechrau cenfigenu wrtho. Mae Isaac yn cytuno, ac yn symud ymlaen i Gerar; lle mae'r Philistiaid wedi llenwi â phridd y pydewau yr oedd Abraham, tad Isaac, wedi eu cloddio. Mae Isaac yn ail-agor pydewau Gerar ond yn cael cais i symud ymlaen eto. Ddwywaith wedyn, pan ymsefydlodd ar ôl hynny yn Esec a Sitna, y mae'r Israeliaid yn cloddio'n llwyddiannus am ddŵr a'r ddeudro yn gorfod symud ymlaen tan i Isaac ac Abimelech gymodi â'i gilydd a chawsant aros yn Rehoboth.

Myfyrdod

Y mae'r stori yn codi nifer o gwestiynau. Y cyntaf yw: pam wnaeth y Philistiaid gau'r pydewau a gloddiwyd gan Abraham pan oedd dŵr mor bwysig iddynt ond yn ddigon prin yn yr ardaloedd hynny? Nid esgeulusdod a gaeodd y pydewau oherwydd ymddengys fod y Philistiaid wedi eu cau yn fwriadol (26:15). Mae'n anodd deall pam. Ai oherwydd eu bod am gael gwared o'r Israeliaid ac nid oedd arnynt hwy angen y pydewau ac felly'n gweld dim gwerth ynddynt?

Enw'r Philistiaid a roes y gair Saesneg *'Philistine'*, sef yn ôl un geiriadur: *'A boorish and uncultured person, especially one who is proud of his ignorance and actively antagonisic to intellectual or artistic matters.'* Gellir ychwanegu 'crefydd' at y pethau mae'r Philistiad yn ddi-hid ac yn ddibris ohonynt - ac mae'r Philistiaid o gwmpas o hyd.

Wedyn, pam wnaeth Isaac ail-gloddio pydewau ei dad, Abraham? Roedd yn ddyn ifanc, mentrus, felly pam na chwiliai am ffynonellau newydd o ddŵr? Yn ddiweddarach fe wnaeth symud ymlaen a chloddio pydewau eraill, ond yn y cyfamser gwyddai lle roedd ei dad wedi dod o hyd i ddŵr a dechreuodd yn y mannau hynny.

Mae'n bwysig na chaewn ffynhonnau ein tadau, ond mae'n bwysig hefyd inni sylweddoli pan na fyddant yn ateb ein anghenion ysbrydol ni a phryd hynny symud ymlaen i chwilio am ddŵr iachusol ein hunain. Chwilio am ddigon o ddŵr i'w ddiwallu wnaeth Isaac a gwrthod rhoi fyny tan iddo ddod o hyd iddo. Golygai hyn fod rhaid iddo symud ymlaen, newid.

Pan oeddwn yn grwt yng Nghaersalem Newydd, cynhelid 'Cwrdd Chwarter yr Ysgol Sul' ar un Sul bob tri mis. Cyflwynai'r plant eitemau yn y bore ac oedolion yn yr hwyr. Roedd un pâr yn canu'r un ddeuawd bob tro a daeth yn dipyn o ffefryn gan y gynulleidfa. *'Give me that Old Tyme Religion; it was good enough for my father and it's good enough for me!'* oedd y gân. Y gwir yw nad yw'r *Old Tyme Religion* yn bodloni pobl heddiw ond nid yw hynny'n golygu fod crefydd wedi colli ei werth. Nid yw sylfeini Cristnogaeth yn newid ond rhaid dehongli ei neges ar gyfer pob cyfnod. Gwir y dywediad, 'Os na allwch newid eich meddwl ni newidiwch ddim!' Ysywaeth, cyndyn yw'r Eglwys i newid.

Gweddi

Arglwydd Dduw, cymorth ni i flysio am y dŵr sy'n adfywio'n heneidiau, mewn cyfnod pan gred y byd y gall lwyddo heb 'y dŵr bywiol' sydd gennyt ti. Amen

5. Glaw a Chwmwl
(1 Brenhinoedd 18:41-46)

Cyflwyniad

Cawn yma yn 1 Brenhinoedd 18:1-46 un arall o straeon cyfarwydd yr Hen Destament, sef yr ymryson rhwng Elias a phroffwydi Baal.

Oherwydd iddo addoli Baal ei hun a chaniatáu ei addoli yn y wlad, Ahab, brenin Israel, oedd yn gyfrifol na ddisgynnodd y glaw ac am sychder a barhaodd am rai blynyddoedd yn Israel. Maes o law arweiniodd hyn at ornest ar Fynydd Carmel rhwng Elias, proffwyd yr Arglwydd, a phroffwydi Baal. Yr her a roddodd Elias i bobl Israel oedd: Pa hyd yr ydych yn cloffi rhwng dau feddwl? Os yr Arglwydd sydd Dduw, dilynwch ef; ac os Baal, dilynwch hwnnw (21).

Y ffordd i ddatrys dilema'r bobl oedd drwy drefnu 'cystadleuaeth' rhwng proffwydi Baal ac Elias. Cawsai dau fustach eu haberthu a'u rhoi ar allor poethoffrwm ond heb dân o danynt. Roedd y proffwydi i alw ar enw eu duw ac yntau ei hun oedd i roi'r tân ar gyfer llosgi'r offrwm. Roedd ffydd Elias yn gadarn a gwyddai mai'r duw a gynrychiolai ef oedd y Duw Byw.

Proffwydi Baal oedd i fynd gyntaf, ond er iddynt fod yn galw ar eu duw am hydoedd ni ddaeth ateb i'w herfyniadau. Tra roeddent wrthi'n galw cafodd Elias hwyl fawr yn eu profocio a'u gwawdio (27).

Pan ddaeth hi'n amser i Elias alw ar enw ei Dduw ef i roi tân dan y poethoffrwm, paratôdd yr allor a gwneud pethau'n anodd iddo'i hun drwy arllwys dŵr ar draws yr aberth a'r tanwydd 'nes bod y dŵr yn llifo o amgylch yr allor ac yn llenwi'r ffos' (35). Wedi i Elias alw ar Dduw 'disgynnodd tân yr Arglwydd ac ysu'r poethoffrwm, y coed, y cerrig, a'r llwch, a lleibio'r dŵr oedd yn y ffos' (38). Ac wedi profi grym a gallu'r Arglwydd dywedodd Elias wrth Ahab, 'Dos yn ôl, cymer fwyd a diod, oherwydd y mae sŵn glaw' (41).

Dim ond Elias a glywodd sŵn y glaw a bu'n rhaid i'w was chwilio'r gorwel saith waith cyn iddo yntau weld 'cwmwl bychan fel cledr llaw dyn yn codi o'r môr ... Ar fyr dro duodd yr awyr gan gymylau a gwynt a bu glaw trwm' (44-45).

Myfyrdod

Mae delweddau a ddefnyddiwn ar adegau yn amrywio yn eu harwyddocâd. Er ein bod yn sôn am 'gwmwl tystion' mewn ffordd bositif, ar y cyfan mae'r ddelwedd o'r cwmwl yn cynrychioli'r negyddol mewn bywyd - 'byw dan gwmwl'. Os nad yw cwmwl yn diffodd y golau - fel y gwna'r nos - o leiaf y mae'n gallu tywyllu'r hyn sydd oddi dano. 'Y mae un cwmwl bychan yn cuddio lliaws o sêr,' meddai Emrys ap Iwan a gwyddom oll beth yw 'bod dan gwmwl'. Gall 'cwmwl' ddod i'n rhan ni a chuddio pethau dymunol yn ein bywydau. Mae rhai o'n hemynau yn sôn yn ddigon positif am y 'cwmwl tystion' ond mae eraill yn sôn yn ddigon negyddol am dduwch a'r bygythiad sydd yn y cymylau:

O! na welwn ddydd yn gwawrio - bore tawel hyfryd iawn,
haul yn codi heb un cwmwl, felly'n machlud y prynhawn;
un diwrnod golau eglur boed fy oes.   (W.W)

Er hynny o safbwynt yr emynau mae'r bygythiad *fel arfer* megis rhagarweiniad ar gyfer sôn am rhywbeth rhagorach a ddaw wedi'r cwmwl a'r glaw. Ceir enghraifft o hyn mewn emyn arall o eiddo Williams, Pantycelyn:

Rhwng cymylau duon tywyll gwelaf draw yr hyfryd wlad;
mae fy ffydd yn llefain allan - dacw o'r diwedd dŷ fy Nhad
digon, digon: mi anghofia 'ngwae a'm poen.   (W.W)

Yn stori Elias symbol o'r positif yw'r cwmwl bychan fel cledr llaw dyn.' Mae'n ein hatgoffa am ddycnwch a dyfalbarhad ffydd y proffwyd. Glynodd yn ei ffydd er gwaethaf y gwrthwynebiad a'r elyniaeth a brofodd gan y lliaws ac er gwaethaf arafwch cyflawni'r hyn a broffwydodd. Iddo ef, felly, mae'r 'cwmwl bychan fel cledr llaw dyn' yn cadarnhau ei ffydd a'i ymddiriedaeth yn Nuw.

Cawn ein hatgoffa unwaith eto nad yw disgwyliadau ein ffydd yn cael eu gwireddu ar unwaith bob tro ac weithiau ni wneir hynny tan ar ôl ein dyddiau ni. Dywedwyd bod ffydd weithiau yn debyg i hen bobl yn plannu coeden afalau y gwyddant na fyddant fyw i eistedd yn ei chysgod a mwynhau ei ffrwythau!

Gweddi

Arglwydd Dduw, cynorthwya ni i ddal gafael ar ein ffydd, yn enwedig ar yr adegau hynny pan y byddai mor hawdd i anobeithio. Amen

6. Y Dilyw a'r Enfys
(Genesis 9:8-17)

Cyflwyniad

Prin fod angen atgoffa neb o stori Noa a'r dilyw. Am a wn i, mae'n un o'r straeon cyntaf y bydd plentyn yn ei chlywed yn yr Ysgol Sul ac er bod dyddiau'r Ysgol Sul wedi hen fynd heibio i'r rhan fwyaf o blant erbyn hyn, mae apêl stori Noa a'r enfys a'r anifeiliaid yn aros.

Wedi i Noa a'i Arch achub o'r dilyw a foddodd y byd, bob rhywogaeth o anifeiliad ac adar ar y ddaear, y mae Duw yn gwneud cyfamod ag ef gan addo pan fydd cwmwl yn ymddangos y rydd enfys i arwyddo na fydd byth eto yn boddi'r ddaear.

Am a wn i, mae plant ymhobman yn cofio lliwiau'r enfys gyda rhyw frawddeg nemonig [**R**ichard **O**f **Y**ork **G**ave **B**attle **I**n **V**ain], neu bennill fel y mae eiddo Verina yn *Duw'r Enfys* yn dwyn i gof:

Enfys a welwyd yn fwa uwchben
  mor lliwgar yn y nen;
fioled, glas, coch, yn glir yn ei ffurf,
  melyn, indigo, oren a gwyrdd.

Mae'r gair 'bwa' yn ymddangos rhyw 73 gwaith yng nghyfieithiad y *B.C.N.* o'r Hen Destament, ond dim ond pedair gwaith yr ymddengys gyda'r ystyr o 'fwa yn y Nefoedd', *sef yr enfys*: tair gwaith yn Genesis 9:8-17 - stori'r dilyw - ac unwaith yn Eseciel 1:28. Yr ystyr bob tro arall yw'r 'bwa ar gyfer saethu'. Nid oes gair yn yr Hebraeg i wahaniaethu rhwng 'bwa' (saethu) a bwa'r 'enfys'. [Fe geir gair Groeg am 'enfys' ac fe'i gwelir ddwywaith yn y Llyfr Datguddiad.]

Myfyrdod

Yn stori Noa mae'r enfys yn awgrymu **addewid a gobaith**.

Addewid Duw oedd na fyddai dilyw arall (Genesis 9:11) ac roedd yr enfys yn arwydd o hynny. Mae'r enfys, felly, yn symbol o gyfamod (neu addewid) Duw i Noa - ac fe ddylai'n hatgoffa ni o addewidion Duw a'u bod yn ddibynadwy. Gallwn ddibynnu ar Dduw. Mae'n bwysig cofio mai addo enfys ac nid addo wybren ddi-gwmwl a wnaeth Duw. Fe ddywedodd Anthropos: 'Ni all cwmwl gynhyrchu enfys, ond mae'n gyfrwng i'w ddatguddio.' Yr haul y tu ôl i'r cwmwl sy'n cynhyrchu'r enfys a dim ond pan fydd cymylau yn y nefoedd y gwelwn yr enfys. Cyhoeddi a wna fod yr haul yn dal i wenu er i'r cymylau o gwmpas edrych yn fygythiol;

Os daw deigryn, storm a chwmwl,
Gwena drwyddynt oll yn llwyr;
Enfys Duw sy'n para i ddatgan,
Bydd goleuni yn yr hwyr.   (E. Herber Evans)

Mae'r enfys hefyd yn awgrymu **amrywiaeth ac undod**.

Pan fyddwn ni fel Cristogion yn siarad am y Duwdod, rŷm ni'n arfer yr ymadrodd 'Y Tri yn Un a'r Un yn Dri' i geisio esbonio'r anesboniadwy, sef y Drindod. Fe allem ni ddisgrifio'r enfys fel 'Yr un yn saith a'r saith yn un'! Mae saith lliw yn yr **un** enfys ond mae'r lliwiau i gyd yn dod wrth i un pelydryn o'r haul ddisgleirio drwy un diferyn o ddŵr. Mae'r enfys felly'n cynrychioli amrywiaeth ac undod - ac onid dyna yw'r Eglwys ar ei gorau: amrywiaeth ac undod.

Mae Duw yn defnyddio pob math o bobl at ei bwrpas ei hun. Yn wir, mae amrywiaeth ei bobl fel amrywiaeth lliwiau'r enfys - neu i newid y ffigwr, fel amrywiaeth tywod y môr.

Gweddi

Arglwydd Da, pan fydd y Cymylau yn casglu o'n cwmpas, gad inni gofio bod yr Haul yn dal i ddisgleirio y tu ôl iddynt a chynorthwya ni i chwilio am yr Enfys. Amen

11. Gweithredoedd y Cnawd 1-6

"Mae canlyniadau gwrando ar y natur bechadurus yn gwbl amlwg: anfoesoldeb rhywiol, meddyliau mochaidd a penrhyddid llwyr; hefyd addoli eilun-dduwiau a dewiniaeth; a phethau fel casineb, ffraeo, cenfigen, gwylltio, uchelgais hunanol, rhaniadau, carfanau gwahanol, eiddigeddu, meddwi, partïon gwyllt, a phechodau tebyg. Dw i'n eich rhybuddio chi eto, fel dw i wedi gwneud o'r blaen, fydd pobl sy'n byw felly ddim yn cael perthyn i deyrnas Dduw" (Rhestr Paul yn Galatiaid 5:19-22 beibl.net).

1. Puteindra, amhurdeb ac anlladrwydd
(1 Corinthiaid 5:1-13)

Cyflwyniad

Mae troi at restrau Paul o Weithredoedd y Cnawd a Ffrwyth yr Ysbryd - rhestrau sy'n dilyn ei gilydd yn Galatiaid 5 - yn siwr o'n hanesmwytho am eu bod yn herio llawer o'n rhagdybiaethau, gan herio hefyd ein hymddygiad fel Cristnogion. Ni allwn ond teimlo'n anghyffyrddus wrth ystyried yr adrannau hyn o'r Ysgrythur.

Ym meddwl Paul bodolai gelyniaeth rhwng yr hyn a alwai 'y cnawd' a'r 'Ysbryd'. Mae chwantau'r cnawd a disgwyliadau'r Ysbryd yn milwrio yn erbyn ei gilydd ac yn tynnu'n groes i'w gilydd ym mywyd pawb ohonom (Galatiaid 5:17). Disgwyliai'r Apostol mai'r Ysbryd a enillai'r frwydr ym mywyd y Cristion.

Cyn iddo fynd ymlaen i enwi ffrwyth yr Ysbryd yn Galatiaid 5:22 mae Paul yn rhestru pymtheg o'r hyn a eilw yn 'weithredoedd y cnawd'. [*Enwir 17 yng nghyfieithiad 1620 gan fod William Morgan (fel y gwnaeth yr A.V.) yn dilyn yr hyn a welir mewn un neu ddau o lawysgrifau diweddar o Galatiaid.*] Cyfeirio at rywbeth a *wna* person yw pob un o weithredoedd y cnawd a enwir gan Paul - *'activities of the lower nature'* yw cyfieithiad J.B.Phillips - tra bod ffrwyth yr Ysbryd yn cyfeirio mwy at y rhinweddau a berthyn i'r Cristion.

Gellir casglu'r gweithredoedd a enwir gan yr Apostol i chwe chorlan. Yn y gyntaf o'r corlannau hyn gwelir **puteindra, amhurdeb** ac **anlladrwydd** - pethau ydynt sy'n ymwneud â'r corff ei hun.

Y gair Groeg *porneia* sy'n cael ei drosi fel 'puteindra'. Hwnnw yw'r gair a roes y gair *pornograffi* inni. Cyfeiria at unrhyw gyfathrach rhywiol sy'n anfoesol ac yn anghyfreithlon. Awgryma William Barclay ei fod yn tarddu o ferf sy'n golygu 'gwerthu'. Nid rhywbeth i'w werthu a'i brynu yw cyfathrach rhwng y rhywiau.

Mae '**amhurdeb**' yn cyfeirio at fryntni y bydd y glân yn ei osgoi, ond bydd eraill yn ddigon parod i ymdrabaeddu ynddo.

Bydd y mwyafrif yn awyddus i guddio eu *puteindra* a'u *amhurdeb*, ond yn ôl yr Esgob J. B. Lightfoot, golyga'r gair a drosir '**anlladrwydd**' berson sy'n gwbl ddigywilydd ac yn ymffrostio yn ei bechod.

Myfyrdod

Wrth ddarllen hanes y byd Groegaidd a Rhufeinig, mae'n anodd peidio â'i gymharu i'n cyfnod ni. Ar lawer golwg roedd yn fyd diwylliedig, yn gyfoethog mewn meddylwyr praff, athronwyr, gwyddonwyr, a llenorion o fri; ond roedd yn gwbwl bwdr ac yn oddefol o bob math o anweddustra. Ymhlith pethau eraill roedd pedoffilia'n bla ac yn gyfreithlon.

Gwyddai Paul yn dda am yr anfoesoldeb a fodolai yn y ddinas, a gofidiai fod pydredd y cyfnod yn gallu llithro i mewn i'r Eglwys. Roedd eisoes wedi digwydd yn yr eglwys a blannodd yng Nghorinth wedi iddo symud ymlaen ar ôl cyfnod o ryw ddwy flynedd yn yn y ddinas. Bu'r achos yn reswm i Paul i gyhoeddi barn ar oddefgarwch o anfoesoldeb yn 1 Corinthiaid 5:1-13.

Dros y misoedd diwethaf clywsom am anfoesoldeb sydd wedi llechu ym mhob adran o gymdeithas dros ddegawdau lawer, ond sy'n dod i'r golwg yn awr. Sioc - a siom i lawer - oedd clywed enwau'r enwog yn ogystal ag eraill yn cael eu cyhuddo a'u herlyn am droseddau rhywiol yn erbyn plant. Ni ellir byth wneud iawn â'r sawl a gafodd eu camdrin a gweddïwn na ddigwydd fyth eto.

Ond mae stori Corinth yn ein hatgoffa mai pechadur yw pob un ohonom, ac mae digon o bechodau amrywiol o'n cwmpas i'n maglu. Dylem gofio geiriau John Bradford, y diwygiwr Protestannaidd o ganol yr unfed ganrif ar bymtheg, pan welodd garcharorion ar eu ffordd i gael eu dienyddio'n gyhoeddus: '*There but for the grace of God goes John Bradford*.'

Gweddi

Arglwydd Iesu, mewn oes pan glywn gymaint am bob math o buteindra, amhurdeb ac anlladrwydd ynghyd â chamdrin plant, cynorthwya ni i gadwn hunain yn bur, gan ddefnyddio hefyd iaith sy'n weddus o'n galwedigaeth fel Cristnogion bob amser. Amen.

2. Eilunaddoliaeth a dewiniaeth
(Eseia 44:9-20; Galatiaid 5:20)

Cyflwyniad

Roedd **eilunaddoliaeth** yn gyffredin yn yr hen fyd. Mae'r ail o'r deg gorchymyn yn rhybuddio yn ei erbyn:

'Na wna i ti ddelw gerfiedig ar ffurf dim sydd yn y nefoedd uchod na'r ddaear isod nac yn y dŵr o dan y ddaear; nac ymgryma iddynt na'u gwasanaethu, oherwydd yr wyf fi, yr Arglwydd dy Dduw, yn Dduw eiddigeddus ... (Exodus 20:4)'

Er hynny bu adegau yn ei hanes pan aeth Israel ar ôl eilunod. Roedd llawer o'r hyn a ysgrifennai Eseia yn gondemniad o eilunod ac eilunaddoliaeth. Gwelai fod cenedl Israel yn cefnu ar ei Duw ac yn cofleidio eilunod, ac mae disgrifiad deifiol o'r arfer o greu delwau yn Eseia 44:14-20.

Roedd eilunaddoliaeth yn rhemp pan weinidogaethai Paul ac roedd yn rhaid iddo ef ac apostolion eraill bregethu'n gyson yn ei erbyn (Actau 15:20, 29; 17:16;1 Corinthiaid 8:7; 12:2; 1 Ioan 5:21 &c.).

Eilunaddoliaeth yw'r gyntaf o'r ddwy o weithredoedd y cnawd yn y gorlan hon, a'r ail yw **dewiniaeth**. Y gair am ddewiniaeth yw *'pharmakeia'*, sef yn wreiddiol 'gweinyddu cyffuriau' - *Pharmacy* heddiw! Ond newidiodd y gair ei ystyr a daeth i olygu 'gwenwyno', a phan ddefnyddiai Paul y gair roedd wedi dod i olygu rhywbeth a ystyriai oedd hyd yn oed yn waeth na *cham*ddefnydd o gyffuriau, sef 'hudo' neu 'swyno'. 'Swyngyfaredd' yw cyfieithiad *Yr Oraclau Bywiol* o'r gair.

Cyfarfu Paul â swynwyr yn ystod ei weinidogaeth. Roedd swyno yn gyffredin yn yr Hen Fyd, yn broffidiol (Actau 16:19) a llyfrau costus ar y pwnc gan y rhai a arferai'r grefft (Actau 19:19). Roedd rhywbeth a ddechreuodd fel peth da, sef cyffuriau ar gyfer gwella pobl, wedi troi yn rhywbeth gwrthun, sef twyll yn camarwain pobl.

Neges yr Efengyl oedd bod gwir grefydd yn fwy nag eilunaddoliaeth a bod Iesu'n drech na phob swynwr ac yn cynrychioli'r hyn sydd wir.

Myfyrdod

Pan oeddwn ar ymweliad â'm mab Tegid a'i deulu sy'n byw yn Bali, tynnodd fy sylw at y delwau gwahanol sydd i'w gweld mewn man uchel ar bob tŷ - ar y to ger y ddisg deledu, fel arfer! Ynys Hindŵaidd yw Bali a delw o unrhyw un o aml-dduwiau'r grefydd bantheistaidd honno sydd i'w gweld. Roedd un i'w gweld ar ben y garej yn y tŷ roedd Tegid yn ei rentu.

Pwrpas yr eilun oedd rhoi'r cyfle i breswylwyr y tŷ i ddelweddu eu duw hwy i ddangos fod y duw a drigai ar eu to yn agos atynt. Mai rhai adrannau o'r Eglwys (e.e. y Pabyddion a'r Uniongred) yn creu delweddau o Grist, yr Apostolion a'r saint i'w hatgoffa am elfennau'r ffydd Gristnogol, ond heb i'r ddelwedd ei hun droi yn eilun a addolir. Yn Bali, fel arfer, rhoddwyd eilun a ddewisodd yr adeiladydd o un o'r cannoedd o dduwiau'r grefydd honno ar ben to pob tŷ a adeiladai, a deuai'r duw hwnnw yn fath o dalisman i'r sawl oedd yn byw yno.

Rhybuddiodd Calvin mai ffatri eilunod yw'r galon, ac y mae'r oes hon yn ddigon parod i gynhyrchu eilunod o'r bobl y mae'r gymdeithas yn eu mawrhau ar y pryd a'u 'haddoli', boed yr eilunod yn sêr ym myd chwaraeon, y cyfryngau, neu rhyw fyd arall.

Nid yw swyno a dewiniaeth yn ddieithr i'n byd chwaith. Ceir cwfennau gwrachod mewn sawl man o hyd a defodau rhyfedd y priodolir iddynt rhyw wyrth anhygoel. Ac i ba raddau, tybed, y gellir galw peth o'r 'meddyginiaethu amgen' yn 'swyno'? Cwestiwn pryfoclyd!

Gweddi

Mewn byd lle caiff cymaint o bobl enwog eu 'haddoli' gan y cyhoedd, cynorthwya ni i 'gadw ein golwg ar Iesu, awdur a pherffeithydd ffydd.' Amen

3. Cweryla, cynnen a llidio
(Genesis 13:1-11; Galatiaid 5:20)

Cyflwyniad

Nid oes dim arbennig yn perthyn i'r gair a gyfieithir 'cweryla'. Gellir hefyd ei gyfieithu fel 'gelyniaeth' sef yr hyn a welir yn y ddeudro arall yr ymddengys yn y Testament Newydd (Rhufeiniaid 8:7 ac Effesiaid 2:14).

Gair tebyg iddo yw'r un a drosir 'cynnen'. Ymddengys naw gwaith yn y Testament Newydd, bob tro yn yr epistolau a briodolir i Paul ac mae'n ymwneud â bywyd a rhwygiadau o fewn i'r eglwys. Yn 1 Corinthiad 1:13 a 3:3 mae Paul yn sôn am yr eglwys yn rhannu yn bleidiau, ac mae'n ofni bydd cynnen yn eglwys Corinth pan fydd yn ymweld â hi (2 Corinthiad 12:20). Daw'r gair yn Rhufeiniaid 1:29 mewn adran lle mae Paul yn sôn am nodweddion pobl sy'n bechaduriaid; ac apêl i osgoi cynnen sydd hefyd yn Rhufeiniaid 13:13. Rhywbeth ydyw bob tro sy'n gwanhau a dinistrio eglwysi ac effeithiolrwydd y dystiolaeth Gristnogol.

Gwreiddyn y gair Groeg a gyfieithir 'llidio' yw berf sy'n golygu 'berwi'. Mae 'llidio' mewn Groeg Clasurol yn cyfeirio at ymateb sydd weithiau'n beth da, ond yn aml yn beth drwg. Tebyg yw'r defnydd yn llythyrau Paul yn y Testament Newydd. Pan yw'r llid yn erbyn pethau drwg mae'n gyfiawn a da; ond pa yw'r llid yn ddim mwy nag ymfflamychu heb reswm a dangos tymer wyllt, mae'n beth drwg. Mae llid Duw yn erbyn y rhai sy'n ufudd i anghyfiawnder yn gymeradwy - *indignation* yw cyfieithad yr A.V. (Rhufeiniaid 2:8); ond mae Paul yn ofni'r derbyniad a gaiff pan â i Gorinth ac y bydd pobl yno yn llidio (2 Corinthiad 12:20), tra bod Effesiaid 4:31 a Colosiaid 3:8 yn cyhoeddi na ddylai llid gael unrhyw le ym mywyd Cristion.

Myfyrdod

Mae'n amlwg na all eglwys ffynnu os bydd cweryla, cynnen a llid yn ei nodweddu. Rhybuddiodd Iesu beth ddigwyddai pe bai tŷ 'yn ymrannu yn ei erbyn ei hun' (Marc 3:25). Ni olyga hyn na fydd gwahaniaethau yn gallu bodoli o fewn i'r eglwys. Mae pawb ohonom yn wahanol a gallwn goleddu safbwyntiau gwahanol ar bynciau; y cwestiwn pwysig yw 'Beth wnawn â'n gwahaniaethau?' Yr ateb yw geiriau Duw wrth Israel, 'Yn awr, ynteu, ymresymwn â'n gilydd' (Eseia 1:18).

Nid yw ymresymu â'n gilydd bob amser yn sicrhau cytundeb; yn wir fe all arwain at ymwahanu, ond beth bynnag a ddigwydd i'n hanghytuno ni ddylai arwain at gweryla, cynnen a llidio.

Y mae stori sy'n darlunio'r ffordd i anghytuno yn llyfr Genesis 13:1-11. Roedd Abram a'i nai Lot yn gowmyn a bugeiliaid llwyddiannus â chanddynt nifer dda o weision. Am fod ganddynt gymaint o eiddo nid oedd yn bosibl i'w gweithwyr gyd-fyw a bu cynnen rhwng pobl Abram a phobl Lot. Ni chaniatâodd Abram i hyn ei droi yn erbyn ei nai a phenderfynodd mai gwahanu fyddai orau. Ond er y gallai ef fel yr hynaf hawlio gael dewis ble i symud ei anifeiliaid, ni wnaeth. Dywedodd wrth Lot:

Peidied â bod cynnen rhyngom na rhwng fy mugeiliaid i a'th rai di, oherwydd brodyr ydym ... Ymwahana oddi wrthyf. Os troi di i'r chwith, fe drof finnau i'r dde; ac os i'r dde, trof finnau i'r chwith.

Dewisodd Lot y tir gorau: gwastadedd yr Iorddonen lle roedd y tir 'i gyd yn ddyfradwy, fel gardd yr Arglwydd'. Ni ddigiodd Abram a phan gafodd Lot ei herwgipio yn ddiweddarach aeth i'w achub a'i ryddhau (Genesis 14:8-16).

Pan yw'n *rhaid* ymwahanu gellir gwneud hynny'n rasol ac nid oes rhaid iddo arwain at gweryla, cynnen a llidio.

Gweddi
Cofiwn, Arglwydd, i'r Apostol Paul ddweud wrth y Rhufeiniaid, 'Os yw'n bosibl, ac os yw'n dibynnu arnoch chwi, daliwch mewn heddwch â phob dyn.' Dyro inni ras i wneud hynny. Amen

4. Eiddigedd a chenfigen
(1 Brenhinoedd 21:1-16; Galatiaid 5:20,21)

Cyflwyniad

Y gair a welir yn y *Beibl Cymraeg Newydd* yw 'eiddigedd', ond 'gŵynfydau' ym Meibl 1620, sef hen air am 'soriant, cenfigen, eiddigedd' yn ôl Geiriadur y Brifysgol. *Zēlos, y gair* a roes inni'r gair 'sêl' (*zeal*) yw'r hyn ysgrifennodd Paul, ond mae ei ystyr yn dibynnu ar y cwmni mae'n cadw. Mae 'sêl dros y gwir' yn beth da, ond mewn cwmni gwael y'i gwelir yma, a'i ystyr yw 'sêl drosto'i hunan', ac felly 'eiddigedd'.

Cymar iddo yw **cenfigen**. Yr unig wahaniaeth rhyngddynt yw nad oes modd priodoli ystyr dda i 'cenfigen' yn y Groeg.

Myfyrdod

Mae eiddigedd a chenfigen yn cael eu defnyddio fel cyfystyron yn y Gymraeg ac mae hyn yn cael ei adlewyrchu yng Ngeiriadur y Brifysgol. Ac eto ceir *awgrym* o wahaniaeth yn y Geiriadur hefyd. Ei ddeffiniad o genfigen yw 'drwgdeimlad a chasineb at berson oherwydd ei feddiannau a'i fanteision &c.' Gallai hyn fod yn ddeffiniad o eiddigedd hefyd, er na chofnodir un. Serch hynny gellir barnu fod elfen ychwanegol, mwy ymosodol, yn perthyn i eiddigedd o sylwi fod y Geiriadur yn nodi ymhlith ei gyfystyron eiriau na welir fel cyfystyron i 'cenfigen'. Y geiriau hynny yw 'gwancus, rheibus, awchus'. A oes awgrym fod cenfigen yn ddrwgdeimlad at berson tra bod eiddigedd am weld amddifadu'r person hwnnw o'i fantesion a'u meddiannu nhw ein hunain?

Pa un a yw hyn yn gywir ai peidio, gwyddom y gall cenfigen ac eiddigedd gydio ymhob un ohonom. 'Gall y lleuad fod yn genfigennus o'r sêr', meddai un awdur. Ni ddylai fod lle i genfigen mewn eglwys nac ymhlith unigolion. Dywedodd Awstin Sant mai cariad at yr hunan yw'r unig gariad a welir mewn cenfigen. Awgrymodd digrifwr ei fod yn beth hollol chwerthinllyd pan ddywedodd, 'Mae fy ngwraig mor genfigenus. Edrychodd ar fy nyddiadur ddoe a gofyn imi pwy oedd Mai!' Mae'n beth cwbl afresymol. Ni all newid dim ar wahân i ddifetha'r berthynas rhwng pobl â'i gilydd - a dyna a'i gwna mor beryglus os caiff le mewn Eglwys.

Am flynyddoedd Sir Walter Scott a ystyrid yn brif lenor yr Ymerodraeth Brydeinig. Dywedai pawb nad oedd llenor cystal ag ef yn ysgrifennu mewn Saesneg. Yna ymddangosodd gwaith George Gordon Byron (y gŵr a adwaenir fel 'Lord Byron') a chydnabu pawb ragoriaeth ei farddoniaeth a'i waith ef. Yn fuan wedyn ymddangosodd gwerthfawrogiad o waith Byron gan feirniad di-enw yn un o'r papurau a fodolai yn Llundain ar y pryd. Canmolodd waith Byron a dywedodd na ellid ystyried Sir Walter Scott fel prif fardd yr iaith Saesneg mwyach. Darganfuwyd yn ddiweddarach mai Syr Walter Scott ei hun oedd y beirniad a luniodd yr adolygiad. Geiriau Ioan Fedyddiwr am Iesu a ddaw i'r cof: 'Y mae'n rhaid iddo Ef gynyddu ac i minnau leihau' (Ioan 3:30).

Gwyleidd-dra yw'r ateb i genfigen ac eiddigedd.

Gweddi
Arglwydd Iesu, cynorthwya ni i ymhyfrydu pan welwn lwyddiant eraill sy'n dy gyffesu yn Arglwydd ac yn Dduw ac yn cenhadu drosot; a gad i ni gael yr un llwyddiant. Amen

5. Rhwygo, ymgiprys ac ymbleidio
(1 Corinthiaid 3:1-10; Galatiaid 5:20)

Cyflwyniad

Gair digon prin yw'r gair Groeg a gyfieithir '**rhwygo**' yn yr adnodau hyn. Ni welir llawer ohono mewn Groeg Clasurol chwaith, a dim ond un tro arall y mae'n ymddangos yn y Testament Newydd, a hynny yn Rhufeiniaid 16:17. Ystyr lythrennol y gair yw 'cadw / sefyll ar wahân', ac felly awgryma rwyg mewn perthynas pobl â'i gilydd.

Mae'r amrywiaeth o drosiadau a welir o'r gair Groeg, a gyfieithir '**ymgiprys**' yn y *Beibl Cymraeg Newydd*, yn dangos ansicrwydd am ba un yw'r trosiad gorau. 'Ymrysonau' a geir yn Beibl 1620 ac *Oraclau Bywiol* John Williams; 'uchelgais hunanol' sydd yn *beibl.net*, a 'brad-gynllwynion' yng nghyfieithiad William Edwards, gyda'r dewis o gyfieithiadau'r beiblau Saesneg yn cynnig mwy o amrywiaeth fyth. Eglura Willam Edwards darddiad y gair: 'un cyflogedig i fod yn bleidiwr dall, yna, ymbleidiau cynllwyngar neu gynhennus'. Deffiniad William Barclay ohono yw: '*... the spirit of personal ambition and rivalry which issues in a partnership which sets a party above the Church.*'

'*Hairesis*', y gair a roes inni'r gair 'heresi', yw'r un a gyfieithir yma '**ymbleidio**'. Fel arfer nid cyfeirio a wna mewn Groeg Clasurol nac yn y Testament Newydd at athrawiaeth gyfeiliornus, ond at bleidiau. Wrth gwrs, gall rhai o'r pleidiau gofleidio athrawiaeth gyfeiliornus, ond yn Actau 24:14 a 28:22 cyfeiria at y 'sect' a elwir yn Gristnogion, fel pe bai Cristnogaeth yn ddim ond sect o Iddewiaeth. Y bobl hynny sy'n creu pleidiau *o fewn* i'r Eglwys yw'r rhai a gyhuddir o weithredoedd y cnawd.

Myfyrdod

'Manwl pob rhan: hardd pob cyfan', meddai hen ddihareb Gymraeg. Ysywaeth, rhwygiadau, ymgiprys ac ymbleidio sy'n nodweddu'n cymdeithas heddiw, er bod eithriadau lawer. Yn wir, gellir defnyddio o leiaf un o'r geiriau hyn pan fyddwn yn sôn am y ffordd y mae pobl yn ymateb i'w gilydd ac yn trin ei gilydd. Mae'n wir mewn cymaint o adrannau o fywyd: am wladwriaethau, gwleidyddiaeth, y gwerth a roddir ar fywyd, hilyddiaeth, gwahaniaethau ar sail rhyw, ac ati.

Mae cymdeithas yn gyfan pan fo pawb yn un, yn cydweithio, yn cyd-dynnu ac yn parchu ei gilydd. Trwy groesdynnu y daw rhwygiadau, ac fel mae rhwygiadau yn gallu difetha gwisg neu luniau sy'n eiddo i ni, felly mae rhwygiadau'n difetha cymdeithas hefyd. Dichon mai rhwygiadau, ymgiprys ac ymbleidio o fewn i'r Eglwys yw'r pethau gwaethaf all ddigwydd gan fod Iesu wedi gweddïo y byddai ei ddilynwyr yn un (Ioan 17:11, 21-23). Mae hyn yn cynnwys y rhaniadau a welir o hyd rhwng rhai eglwysi sy'n perthyn i un enwad.

Pan oeddwn yn grwt roedd llyfr gartref a'i deitl oedd *Kagawa*. Ni ddarllenais y llyfr erioed, ac wn i ddim ble mae yn awr, ond gwyddwn bryd hynny mai Cristion o Siapan oedd Kagawa, a gwyddwn hefyd ei enw cyntaf, 'Toyohiko'. Darllenais ei hanes yn ddiweddarach. Cristion a heddychwr ydoedd a dreuliodd amser mewn carchar yn Siapan oherwydd ei waith dros y gweithwyr. Roedd yn America yn ceisio sicrhau heddwch rhwng ei famwlad a'r wlad honno pryd yr ymosododd Siapan yn ddi-rybudd ar Pearl Harbour. Ymwelodd â Chymru yn 1949 - ac mae'n debyg mai dyna pryd y daeth y llyfr i'n tŷ ni. Pan ês i'n weinidog i Castle Street yn Llundain roedd yno rywbeth a fu unwaith yn eiddo i Kagawa. Syr Ben Bowen Thomas a'i cyflwynodd i'r eglwys. Roedd yntau wedi ei dderbyn gan gyfaill i Kagawa pan oedd yn Llywydd UNESCO. Mewn fframyn gwydr y mae llythrennau Siapanëaidd bras yn cofnodi sylwadau am gariad Duw sy'n seiliedig ar 1 Ioan 4:16, 'Duw, cariad yw'. Pwysleisiant bwysigrwydd ein perthynas â'n gilydd. Ysgrifennodd Kagawa nifer o lyfrau, rhai yn Saesneg sy'n cynnwys dywediadau bachog. Roedd yn frwd o blaid Undeb Eglwysig, ac un o'i ddywediadau bachog oedd, 'I *do not speak English very well, and sometimes when I say the word* denomination *people think I have said* damnation - *and to me they are the same thing*!'

Nid yw rhwygo, ymgiprys nac ymbleidio yn gweddu mewn eglwys na rhwng eglwysi. Po agosaf y deuwn at Dduw, agosaf y byddwn i'n gilydd.

Gweddi

Arglwydd Iesu, mewn cyfnod pan ddaeth hi'n ffasiynol i wisgo dillad â rhwygiadau ynddynt, cadw d'Eglwys yn rhydd o rwygiadau o bob math. Amen

6. Meddwi, gloddesta a phethau tebyg
(Eseia 28:5-8; Galatiaid 5:21)

Cyflwyniad

Mae **meddwi** a **gloddesta** yn mynd yn naturiol gyda'i gilydd yn y gorlan olaf o weithredoedd y cnawd. Maent gyda'i gilydd hefyd yr unig dro arall y gwelir y geiriau yn y Testament Newydd, sef yn Rhufeiniaid 13:13.

Roedd gwin yn ddiod gyffredin yn yr Hen Fyd, a hyd yn oed plant yn cael ei yfed. Nid oedd y dŵr yn lân nac yn iachus. Felly nid galw am ddirwest - llwyr ymwrthod â gwin - a wnâi Paul. Onid oedd wedi cynghori Timotheus i gymryd ychydig o win at ei stumog a'i aml anhwylderau (1 Timotheus 5:23)? Mae pawb fel pe'n cofio'r adnod honno gan anghofio i Paul ddweud yn yr un llythyr am beidio â bod yn rhy hoff o win nac yn drachwantus am win (1 Timotheus 3:3,8). *Meddw*i oedd yn gywilyddus - pleser wedi troi yn warth ydoedd.

Cymar meddwi yn yr adnod yw gloddesta - ond mae'r gair hwnnw, neu 'cyfeddach' (Beibl 1620), neu 'partïon gwyllt' (*beibl.net*), yn eiriau rhy llipa i gyflwyno beth ddywedai Paul. Mae ei air ef yn cyfeirio at rywbeth llawer gwaeth nag anghymedroldeb neu fynd dros ben llestri. I Paul golygai'r gair y llygredd eithafol a ddaw pan yw pobl ar ôl meddwi wedi colli arnynt hwy eu hunain ac yn ymddwyn mewn ffordd sy'n anweddus ac yn wrthun gan Dduw a phobl eraill. Gwelsom ddigon o hyn ar strydoedd ein dinasoedd.

Myfyrdod

Yn hanesyddol, bu meddwi a gloddesta yn rhemp mewn cyfnodau ac mewn cymdeithasau gwahanol ar draws y byd. A barnu oddi wrth yr hyn a welir ar strydoedd Caerdydd y dyddiau hyn mae lle i ofni ei fod ar gynnydd heddiw eto, a'r tro hwn yng Nghymru. Ymddengys mai'r bwriad yn aml yw mynd allan i yfed nes meddwi. Gwelwyd cymaint o newid yn ymddygiad pobl nes ffurfio mudiad y *street pastors* i gynnig cymorth i bobl ifanc anghyfrifol y mae eu cyflwr yn eu peryglu hwy eu hunain. Cafodd rhai o Fugeiliaid y Stryd yng Nghaerdydd eu lleoli yng nghapel y Tabernacl ar nos Wener a nos Sadwrn er mwyn cynnig cymorth. Ac nid Caerdydd yw'r unig ddinas sydd â'u hangen.

Mae safonau cymdeithas yn gyffredinol wedi newid yn fawr

os nad wedi eu hanghofio'n llwyr ac mae pethau oedd yn annerbyniol ddoe bellach yn cael eu derbyn yn gyffredinol heddiw. Mae'n anorfod fod cymdeithas yn newid o genhedlaeth i genhedlaeth a diau fod rhai o'r newidiadau sy'n ddigwydd mewn cymdeithas yn dda - er mae'n siwr y byddem yn dadlau ac anghytuno pa rai yw rheiny! Mae technoleg yn gyfrifol i raddau am y newid. Heb fod yn hir yn ôl ni chaniateid rhai pethau ar y teledu cyn naw o'r gloch bob nos er mwyn sicrhau na fyddai plant yn eu gweld. Bellach mae'r offer sydd ar gael yn ein tai yn caniatáu inni weld rhaglenni ar amserau sy'n gyfleus i ni ac aeth y *watershed* yn ddiystyr - yn enwedig gan fod y plant yn deall y dechnoleg yn well na'u rhieni! Ac mae'r wê ei hun yn agored i bob math o gamddefnydd ac yn cynnig pob math o sothach i danseilio safonau. A gwneir hynny yn enw rhyddid, a naw wfft i'r canlyniadau.

Onid rhan o'r broblem heddiw yw bod cymdeithas wedi newid cymaint nes bod cywilyddio - fel safonau - yn cael eu hystyried yn bethau sy'n perthyn i ddoe. Flynyddoedd yn ôl ysgrifennodd Jonathan Swift: '*I never wonder to see men wicked, but I often wonder to see them not ashamed.*'

Gweddi

Arglwydd Dduw, helpa ni i gofio fod modd inni feddwi ar bethau bydol yn ogystal â gwin a diodydd a phethau tebyg. Amen

12. Ffrwyth yr Ysbryd 1-8

Ond dyma'r ffrwyth mae'r Ysbryd Glân yn ei dyfu yn ein bywydau ni: cariad, llawenydd, heddwch dwfn, amynedd, caredigrwydd, daioni, ffyddlondeb, addfwynder a hunanreolaeth. Does dim cyfraith yn erbyn pethau felly (Rhestr Paul yn Galatiaid 5:22-23, beibl.net).

1. Cariad
(1 Corinthiaid 13)

Cyflwyniad

Doniau'r Ysbryd yw : arwain, proffwydo, addysgu, cyflawni gwyrthiau, iachau, cynorthwyo, cyfarwyddo, llefaru â thafodau (1 Cor. 12:27-31). Ond **ffrwyth yr Ysbryd** yw: cariad, llawenydd, tangnefedd, goddefgarwch, daioni, ffyddlondeb, addfwynder a hunan-ddisgyblaeth (Galatiaid 5:22). Wrth edrych ar y ddwy restr fel crynodeb o'r hyn ddylai gael ei amlygu ym mywyd y Cristion i ddangos dilysrwydd ein Ffydd, mae'n amlwg ein bod yn methu gyda'r rhestr gyntaf, ond beth am yr ail? Dywed Tony Campolo fod ffrwyth yr Ysbryd yn bwysicach na doniau'r Ysbryd. Ac â ymlaen i ddyfynnu Paul yn 1 Corinthiaid 13 lle mae'r Apostol yn sôn am siarad â thafodau, proffwydo, cyflawni gwyrthiau, ond yn dweud 'heb fod gennyf gariad, nid wyf ddim.'

Mae Paul yn rhestru'r hyn a eilw yn 'ffrwyth yr Ysbryd' (Galatiaid 5:22) ar ôl iddo ysgrifennu am 'weithredoedd y cnawd' yn adnodau 19-21. Nid damwain oedd dewis y gair 'ffrwyth'. Rhywbeth sy'n tyfu'n naturiol yw ffrwyth a rhywbeth sy'n tyfu'n naturiol ym mywyd y Cristion yw 'ffrwyth yr Ysbryd'. Sylw John Tudno Williams yn ei esboniad yw fod y 'gair unigol *ffrwyth* yn cyfleu'n dda y syniad o unoliaeth a gynhyrchir gan y rhinweddau hyn. Awgrymir yn ogystal y dylid disgwyl eu cael yn gyfan ym mhob Cristion.'

Mae'n naturiol mai **cariad** yw'r cyntaf o'r wyth ffrwyth a enwir gan mai 'Duw, cariad yw' (1 Ioan 4:8) tra bod Paul yn cyhoeddi mai cariad yw mwyaf o'r grasusau ysbrydol.

Ysgrifennodd C.S.Lewis lyfr yn dwyn y teitl *The Four Loves*, ac mae'n debyg mai ychydig sydd heb glywed pregethwr yn dweud rhywbryd fod gan y Groegiaid bedwar gair am 'gariad', er nad yw pob un ohonynt yn ymddangos yn y Testament Newydd.

Y cariad a welir mewn teulu yw *storgē* - y cariad sy'n bresennol ymhlith cylch cyfyngedig o bobl. Mae rhywbeth mawr yn bod onid yw'n bresennol yn naturiol ym mherthynas aelodau o'r un teulu â'i gilydd. Nid yw'n dibynnu ar safle a phwysigrwydd neb ac y mae'n gallu goresgyn y pethau a fyddai'n arwain at droi cefn a chau rhywun allan mewn unrhyw berthynas arall. Efallai mai'r syndod yw na welir y gair yn y Testament Newydd,

Ni welir y gair *erōs* yn y Testament Newydd chwaith. 'Eros' oedd enw duw cariad ym mytholeg gwlad Groeg. Hwn yw'r cariad rhywiol sy'n dechrau gydag atyniad corfforol mab at ferch, neu ferch at fab. Gall hyn arwain at berthynas da neu ddrwg rhyngddynt, ond erbyn cyfnod y Testament Newydd yr ochr ddrwg oedd amlycaf ac mae'n debyg mai dyna pam na welir *y gair* yno. Roedd yn gynwysedig ymhlith 'gweithredoedd y cnawd', oherwydd dyna a welwyd mewn mewn puteindra, amhurdeb ac anlladrwydd (Galatiaid 5:19).

'*Philia*' yw'r trydydd o'r geiriau am gariad. Gair ydyw am y cariad a geir ymhlith cyfeillion. Cyfeillgarwch ydyw sy'n arddangos hoffter a serch. Hwn yw'r gair sydd yn *philanthropy* (cariad o'r ddynoliaeth). *philosophy* (cariad o ddoethineb), *philology* (cariad o eiriau), *Francophile* (un sy'n caru Ffrainc), ac ati. Roedd gan C.S.Lewis feddwl mawr o'r cariad hwn a dywedodd, '*Affection is responsible for nine-tenths of whatever solid and durable happiness there is in our natural lives.*'

Y gair am gariad a welir amlaf yn y Testament Newydd yw *agapē*. Er bod y ferf *agapaō* yn gyffredin mewn Groeg Clasurol, prin iawn yw'r defnydd o'r enw *agapē*. Meddiannodd y Testament Newydd y gair hwn gan fod cariad Cristnogol yn arbennig ac yn wahanol i bob cariad arall. Fe'i gwelir 135 o weithiau yn y Testament Newydd. Hwn oedd y cariad a welwyd yng Nghrist. Mae'n gariad y gall Iesu orchymyn i'w ddisgyblion ei arfer - 'cerwch eich gelynion' (Mathew 5:43) - ac felly mae disgwyl inni garu'r sawl nad ydym yn ei hoffi. Sylw C.H.Dodd amdano yw mai '*an active determination of the will*' ydyw.

Myfyrdod

Beth yw'r arbenigrwydd sy'n perthyn i'r cariad Cristnogol a sut mae e'n wahanol i bob cariad arall? Cariad anhaeddiannol, di-amod ydyw. Cariad tuag at rywun na ofynnodd amdano ac nad yw'n deilwng ohono, na'r hawl i'w ddisgwyl; un fydd, o bosib yn ddibris ohono ac yn ei wrthod.

Dyna yw cariad yr Arglwydd. A dyna'r cariad a ddisgwylir gennym ni, ddilynwyr yr Arglwydd Iesu.

Gweddi

Arglwydd Dduw, fel y ceraist ti 'wrthrychau anhawddgara' erioed a fu', gan ddengys hynny drwy ddanfon 'annwyl fab dy fynwes gu' i brofi hynny a datguddio dy gariad i'r byd, cynorthwya ninnau i adlewyrchu'r cariad hwnnw yn ein bywyd ni. 'Cariad gaiff y clod, tra bo'r nef yn bod.' Amen

2. Llawenydd
(Philipiaid 4:2-7)

Cyflwyniad

'Gan ei fod yn ddibynnol ar y gobaith na all dim ei siglo', nodweddir y **llawenydd** Cristnogol gan y gallu i ddal ati hyd yn oed pan fo amgylchiadau'n anodd.

Llawenydd sydd i nodweddu Cristnogaeth. Nid crefydd diflasdod a wyneb hir ydyw. Fe welir y gair am lawenydd 60 o weithiau yn y Testament Newydd, a'r ferf, am fod yn llawen, 72 o weithiau. Yn y Testament Newydd y mae'n air sydd bob amser yn cynrychioli llawenydd buddugoliaethus, gorfoleddus, ac yn rhywbeth na all dim ei ddinistrio. Yng ngeiriau Robert Rainy: 'Llawenydd yw'r faner ar gaerau'r enaid yn cyhoeddi bod y Brenin adref.' Ac eto, mae'n rhywbeth sydd yn anodd ei ddiffinio.

Myfyrdod

Nid yr un peth yw llawenydd â hapusrwydd er nad yw'n hawdd gwahaniaethu rhyngddynt. (cymharer y Saesneg: *happiness* a *joy*) Un awgrym yw y gall llawenydd barhau er gwaethaf yr amgylchiadau y cawn ein hunain ynddynt; ond daw hapusrwydd i'n rhan oherwydd yr amgylchiadau ac mae'n dibynnu ar amgylchiadau. Meddai Mark Twain: *Happiness ain't a thing in itself - it is only a contrast with something that ain't pleasant ... As soon as the novelty is over and the force of contrast is dulled, it ain't happiness any longer and you have to get something fresh.* Rhywbeth dros dro yw hapusrwydd, felly, ond rhywbeth parhaol yw llawenydd. Mae hapusrwydd yn dibynnu ar yr hyn sy'n digwydd o'n cwmpas ac felly ar lwc a siawns. (Mae'r 'hap' sydd yn wreiddyn i'r gair yn dangos hyn: cymharer ymadroddion megis 'hap a damwain' a'r geiriau sy'n dechrau â 'hap-' *hap*chwarae, &c.). Mae llawenydd yn hytrach yn dibynnu ar rywbeth sydd ynom ni ac nid ar bethau allanol.

Rhywbeth yn y galon yw llawenydd; rhywbeth yn y meddwl yw hapusrwydd. Canlyniad i hyn yw bod llawenydd yn parhau pan fydd hapusrwydd wedi diflannu.

Rhywbeth preifat, personol yw llawenydd. Mae bod yn llawen yn agor ffordd drwy boen, ond mae poen yn difetha hapusrwydd. Rhaid i ni ein hunain yn bersonol feddiannu llawenydd. Ni allwn ei rannu ag eraill fel y gallwn rannu hapusrwydd, ac eto fe all herio eraill pan wêl eraill lawenydd wedi ein meddiannu, Fe ddylai'n llawenydd ni fod yn heintus wrth i eraill weld nad yw profedigaeth wedi'n difetha ni'n llwyr, er efallai wedi'n clwyfo. Mae rhywbeth gennym y gallwn ddal ein gafael ynddo.

Bod yn llawen yw'r ffordd orau i ddiolch, meddai'r diwinydd, Karl Barth.

Gweddi
Llawenydd fo i'r galon drist; yn lle tywyllwch, golau Crist ...
Llawenydd fo'n llanw pob gwlad, a chaned y bobloedd ynghyd;
cyflawnwyd addewid y Tad - fe gafwyd Iachawdwr y byd;
Arglwydd, gad i hynny fod yn sail i'n llawenydd ni. Amen

3. Tangnefedd
(Philipiaid 4:8-9)

Cyflwyniad

*Perthyna*s yw hanfod **tangnefedd** yn y Testament Newydd.

Mae'r gair Cymraeg yn gyfuniad o ddau air sef *tangc,* hen air am 'heddwch', a *nefedd* sy'n ffurf ar y gair 'nefoedd'. Ym meddwl y Cymry y mae'n rhaid fod 'heddwch y nefoedd' felly yn golygu rhywbeth gwahanol i 'heddwch', er mai'r un gair Groeg (sef *eirēnē*) a welir amdanynt yn y Testament Newydd. Y cysylltiadau sy'n penderfynu ai 'heddwch', rhywbeth 'dynol' (h.y. rhywbeth sy'n dechrau gyda dyn), ynteu 'tangnefedd' rhywbeth 'dwyfol' (h.y. rhywbeth sy'n dechrau gyda Duw) a olygir. Rhaid i'r cyfieithydd ei hun benderfynu prun o'r ddau a ddewisir pan yn cyfieithu *eirenē*. Barnodd y cyfieithwyr mai 'heddwch' oedd y dewis gorau yn y mwyafrif o adnodau'r Testament Newydd ond weithiau amrywiant yn eu deall o ba un o'r ddau gyfieithiad i'w gynnig, a gellir gweld 'heddwch' mewn un cyfieithiad lle ceir 'tangnefedd' mewn cyfieithiad arall.

Shalôm yw gair sy'n cyfateb i 'heddwch / tangnefedd' i'r Iddew a *salaam* yw gair y Moslem - ac at hwnnw wrth gwrs y cyfeiria Cynan mewn darn enwog o'i farddoniaeth:

Ni wn i am un cyfarchiad gwell
Nag a ddysgais gan feibion y Dwyrain Pell.
A'u dymuniad hwy yw 'nymuniad i
Tangnefedd Duw a fo gyda thi.

Myfyrdod

A oes perygl ein bod, mewn gwirionedd, yn defnyddio'r gair 'heddwch' i nodi rhywbeth negyddol? Cyfeiria at rhywbeth *nad* yw'n bod, hynny yw, os nad oes rhyfel, mae heddwch. Ar y llaw arall mae 'tangnefedd' yn fwy cadarnhaol ac yn drech na'r holl amgylchiadau. Mae heddwch yn dibynnu mwy ar bethau allanol, a thangnefedd ar bethau ysbrydol, mewnol. Mae modd bod yn dangnefeddus pan yw'r byd o'n cwmpas yn ferw cythryblus. Dywedodd rhywun nad absenoldeb rhyfel yw heddwch, ond presenoldeb cariad - a phresenoldeb cariad sy'n creu tangnefedd. Sylw Martin Luther King oedd y byddai tangnefedd ar ein daear pan fydd plant yn clywed geiriau na fedrant eu deall: '*Children of India will ask "What is hunger?"*'

Children from Alabama will ask, "What is segregation?" Children from Hiroshima will ask, "What is the atomic bomb?"'

Â'r holl gyffro a therfysg yn y byd, rŷm ni'n byw mewn cyfnod pan mae heddwch yn beth digon prin a bregus. Mae un hanesydd wedi amcangyfrif mai dim ond mewn 268 o flynyddoedd allan o gyfanswm o 3400 o flynyddoedd yn ein hanes *na* welwyd rhyfel o gwbl yn y byd - 8 allan o bob 100 mlynedd. Ac eto mae un seicolegydd yn America wedi dweud bod llai o groesdynnu / gelyniaeth yn y byd heddiw nag erioed o'r blaen. Dim ond mewn un maes y mae rhyfel ar gynnydd, meddai ef: rhwng y crefyddau!

Neges heriol yr Efengyl yw fod tangnefedd yn rhagori hyd yn oed ar heddwch. Mae'n deillio o gariad Duw ac nid ar weithredoedd cyd-ddyn, ond rhaid cofio y gallwn wrthwynebu a rhwystro cariad Duw i weithredu yn ein bywydau..

Gwelais gartŵn rhywbryd o ddyn yn eistedd o flaen gwraig-dweud-ffortiwn a edrychai i fewn i belen o wydr. 'Beth weli di?' gofynnodd y dyn. 'Y byd fel y bydd mewn dau can mlynedd', oedd ateb y wraig.' ' A shwd le yw e?' gofynnodd y dyn. 'Mae'n hollol wag' oedd yr ateb, 'does neb yn byw yno!' Ai rhyfel ynteu'r hinsawdd oedd yn gyfrifol fod y trigolion wedi diflannu? Pwy a ŵyr beth oedd ym meddwl y cartŵnydd. Un peth sy'n sicr mae'r cartŵn yn help inni ddeall pam fod tangnefedd yn rhagori ar heddwch: mae elfen o'r tragwyddol yn perthyn iddo.

Gweddi

Arglwydd, mae dy Dangnefedd di yn wahanol i'r heddwch a welwn weithiau yn ein byd. Mae dy Dangnefedd 'uwchlaw pob deall'. A thangnefedd Duw, yr hwn sydd uwchlaw pob deall, a geidw ein calonnau a'n meddyliau yng Nghrist Iesu'. Amen

4. Goddefgarwch
(Colosiaid 3:13-17)

Cyflwyniad

Mae pawb ohonom yn nabod rhywun sy'n fyr ei dymer, ond ystyr llythrennol *makrothumia* - 'goddefgarwch' yn y *Beibl Cymraeg Newydd* - yw bod 'yn hir ei dymer'. 'Hir-ymaros' geir ym Meibl 1620, 'hunan-lywodraethiad' yn *Testament Newydd Diwygiedig* John Ogwen Jones ac 'amynedd' yn *beibl.net*.

Nid yw'r rhan fwyaf o esbonwyr yn fodlon eu cyfyngu eu hunain i un gair wrth geisio cyfleu yr hyn yw ystyr y gair Groeg *makrothumia*. Dywed William Barclay mai *'the power to see things through'* yw'r cyfieithiad gorau. Yn ôl R.C.Trench, dyna ydyw: *'a long holding out of the mind before it gives room to action or to passion'*. Dywed T.K.Abbot ei fod yn cynrychioli *'the self-restraint that does not hastily retaliate a wrong'*, tra bod Plummer yn ei weld fel *'the forebearance which endures injuries and evil deeds without being provoked to anger or revenge'*. I Moffatt *'the tenacity with which faith holds out'* ydyw.

Myfyrdod

Ond sut bynnag y dehonglir y gair gan yr ysgolheigion, mae'n rhinwedd y mae'r Septwagint (y Cyfieithiad Groeg o'r Hen Destament) yn ei briodoli i Dduw. Efallai, felly, mai 'bod yn amyneddgar' yw'r cyfieithiad gorau.

Y mae hen draddodiad Hebreig sy'n adrodd am Abraham yn eistedd y tu allan i'w babell un noson pan welodd hen ŵr blinedig yn dod tuag ato. Rhuthrodd Abraham tuag ato, ei gyfarch a'i wahodd i fewn i'w babell. Yno golchodd ei draed a rhoi bwyd a diod o'i flaen. Ar unwaith dechreuodd yr hen ŵr fwyta heb ofyn bendith ar y bwyd. Synnwyd Abraham a gofynnodd, 'Onid wyt yn addoli Duw?'

Atebodd yr hen ŵr, 'Rwy'n addoli tân, ond dim un duw arall.'

Syfrdanwyd a chythruddwyd Abraham a chydiodd yn yr hen ŵr a'i daflu allan o'i babell i oerfel y nos.

Wedi i'r hen ŵr adael a mynd ar ei ffordd galwodd Duw ar Abraham a gofyn ble'r oedd y dieithryn? Atebodd Abraham, 'Fe'i teflais i ef allan am nad yw yn d'addoli Di.'

Atebodd Duw, 'Rwy'i wedi goddef ei amharch am bedwar ugain

mlynedd; oni allet ti ei oddef am un noson?'

Y mae'n hawdd goddef y pethau *nad* ŷnt yn bwysig i ni. Nid bod yn ddi-hid yw gwir oddefgarwch. Rhaid wrth gred ac argyhoeddiad cryf cyn y gellir honni bod rhywun yn ymddwyn yn oddefgar. Pan fydd gennym argyhoeddiadau cryf ni ddylem eu cuddio na'u mygu, ond cofiwn eiriau'r Iesu yr un pryd, 'Peidiwch bod yn feirniadol o bobl eraill, ac wedyn wnaiff Duw mo'ch barnu chi. Peidiwch eu condemnio nhw, a chewch chi mo'ch condemnio. Os gwnewch faddau i bobl eraill cewch chi faddeuant' (Luc 6:37 *beibl.net*). 'Pam wyt ti'n poeni am y sbecyn o flawd llif sydd yn llygad rhywun arall, pan mae trawst o bren yn sticio allan o dy lygad dy hun!?' (Mathew 7:3 *beibl.net*).

Nid dim ond y gallu i aros yw amynedd, mae hefyd yn ymwneud â beth a wnawn tra'n aros.

Gweddi
Arglwydd, fe'n gwahoddaist ac araf fuom i dderbyn; fe'n gelwaist, ac araf fuom i ildio; fe'n dysgaist, ac araf fuom i ddeall. Diolch am dy 'Ryfedd amynedd ... ddisgwyliodd wrthym cyd'. Amen

5. Cymwynasgarwch a Daioni
(Luc 10:25-37)

Cyflwyniad

Gellir trafod cymwynasgarwch (*chrēstotēs*) a daioni (*agathōsunē*) gyda'i gilydd oherwydd eu bod yn agos o ran ystyr i'w gilydd, ond yn sôn am agweddau gwahanol o garedigrwydd.

Yn y Septwagint priodolir **cymwynasgarwch** yn fwy aml na dim i Dduw ei hun. Gwelir y cymwynasgarwch hwn yn cael ei amlygu yn ei ymwneud â dynion: yn ei greadigaeth, mewn digwyddiadau, mewn cynhaeaf ac ati. Un nodwedd amlwg ohono yw ei fod o gymorth i eraill a byth yn achosi poen. Pan ildiwn ni ein hunain i Dduw cawn fod ei iau 'yn esmwyth' (*chrēstos*) - yn gyffyrddus arnom, ac oherwydd hynny mae'n beichiau ni 'yn ysgafn' a 'hawdd ei dwyn' (Mathew 11:30). Mae dyn yn dibynnu'n gyfangwbl ar haelioni a charedigrwydd Duw; ac mae'r haelioni a'r caredigrwydd hwn ar gael i bawb.

Mae cydnabod daioni Duw yn hybu ein **daioni** ni. Mae cymwynasgarwch Duw yn cael ei adlewyrchu yn ein daioni ni. Rhywbeth ddylai fod yn perthyn i bobl yw daioni am fod Duw ei hun yn dda. A chan mai cymwynasgarwch sy'n nodweddu daioni Duw, dylai cymwynasgarwch hefyd nodweddu daioni dyn.

Myfyrdod

Caredigrwydd, meddai Mark Twain, yw'r iaith y mae'r byddar yn clywed a'r dall yn gweld.

Yn y cyfnod cyn dyddiau'r e-bost pan oedd swyddfeydd post ar draws y wlad i gyd ymwelai un wraig weddw â'r swyddfa leol bob dydd am rywbeth neu'i gilydd. Ar drothwy'r Nadolig aeth yno i brynu stampiau ac roedd y lle yn llawn. Wrth siarad â rhywun yn y ciw dywedodd wrtho mai galw am stampiau a wnaeth. Tynnodd hwnnw sylw at y peiriant bach newydd gerllaw lle gallai hi gael y stampiau heb aros. 'O! rwy'n gwybod hynny,' meddai hi', 'ond dyw'r peiriant ddim yn gwybod am fy athritis, a mae pawb sydd yma yn garedig ac yn holi bob tro!'

Dywedodd Alexander Maclaren mai caredigrwydd sy'n gwneud person yn ddeniadol, ac y mae 'na gysylltiad rhwng dengarwch a daioni. Ffurfiwyd y gair *agathōsunē* o'r ansoddair *agathos*, 'da'. Roedd gan y

Groegiaid ansoddair arall am 'da' sef *kalos* a phan soniodd Iesu amdano'i hun fel 'bugail da', y gair *kalos* a ddefnyddiodd am 'da'. Ni chrëwyd enw (*noun*) allan o'r gair *kalos* fel y gwnaethpwyd gydag *agathos*. Beth, felly, yw'r gwahaniaeth rhwng *agathos* a *kalos*? Yr ateb yw fod elfen o brydferthwch a dengarwch yn perthyn i *kalos*. Y mae geiriadur Alexander Souter yn mynnu bod elfen debyg yn *agathōsunē*. Mae pwyslais y gair, meddai ef, ar '*the kindly (rather than the righteous) side of goodness*'.

Dywedodd rhywun fod pawb yn gwneud rhyw ddaioni - ond nid yn dda iawn! Gall pethau fod yn dda heb fod yn ddeniadol. Mewn pregeth ar ddameg y Mab Afradlon yn 1954 cyfyngodd Martin Luther King ei sylwadau i'r 'Boi a arhosodd Gartre', a dywedodd am y Mab Hynaf, '*He possessed a sort of unattractive goodness that was deeply repulsive*'. Fe arhosodd ef gyda'i dad; cyflawnodd ei ddyletswyddau; cadwodd y rheolau; ni wastraffodd arian na gwneud dim byd drwg. Ond oherwydd ei agwedd at ei frawd *ac at ei dad*, nid yw'n un o gymeriadau deniadol y Testament Newydd. Gwnaeth y pethau da mewn ffordd ddrwg am fod chwerwder yn ei ysbryd.

Gweddi
Arglwydd Iesu,
Dysg imi garu cyd-ddyn heb cadw dim yn ôl,
Heb ildio i amheuon nac unrhyw ysbryd ffôl;
Wrth imi gofio eraill rho im ewyllys dda
A chalon fydd yn eirias dros bopeth a'u llesâ.   Amen

6. Ffyddlondeb
(Marc 13:32-37)

Cyflwyniad

Er mai'r gair 'ffydd' a welir ym Meibl 1620, ni ddylid rhoi ystyr diwinyddol i'r gair Groeg *pistis* bob amser. Mae Paul yn aml yn ei ddefnyddio am 'ffyddlondeb', megis am ffyddlondeb Duw (1 Corinthiaid 1:9) a ffyddlondeb Crist (1 Thesaloniaid 5:24). Yn yr adnod hon mae'n digwydd mewn rhestr o bethau ymarferol y disgwylir i'r Cristion eu gwneud; hynny yw, rhywbeth y gellir ei orchymyn ydyw. Nid yw ffydd yn rhywbeth y gellir ei orchymyn, ond mae modd gorchymyn ffyddlondeb, pa un a yw person yn ufuddhau ai peidio.

Myfyrdod

Tra bod ffyddlondeb i'r Ffydd yn bwysig, y mae ffyddlondeb hefyd yn fynegiant o ffydd. Byddwn yn ffyddlon i rywbeth y mae gennym feddwl uchel ohono a disgwyliadau amdano; rhywbeth y mae gennym ffydd ynddo.

Mae'n ymddangos weithiau mai llwyddiant sy'n ysgogi ffyddlondeb. Pa sawl gwaith y mae pobl wedi cefnogi tîm rygbi, neu bêl-droed, tra'i fod yn llwyddo ond yn colli diddordeb pan nad yw mor llwyddiannus? Gwaeth, efallai, yw eu bod yn canfod rhywun y gallant ei feio am y methiant, a hwnnw yw'r rheolwr, y manijar, y buont unwaith yn ei hanner addoli oherwydd y llwyddiant a ddaeth i'r tîm. Maent yn dangos eu hanfodlonrwydd ag ef drwy udo am ei waed a galw am rywun arall i gymryd ei le.

Yn achos chwaraeon, canlyniad llwyddiant yw ffyddlondeb; ond os yw ffyddlondeb yn dibynnu ar lwyddiant, nid *ffyddlondeb* ydyw, mewn gwirionedd!

Ymwelodd Mark Hatfield, seneddwr o America, â'r Fam Teresa yn yr hyn a elwid '*The House of the Dying*' yn Calcutta un tro a gweld anferthedd y dasg yr oedd hi a'i chydweithwyr yn ceisio'i gyflawni. Gofynnodd iddi hi sut y gallai hi wynebu heb ddigalonni y fath broblemau nad oedd ateb iddynt? Ei hymateb syml hi oedd, 'Ni elwir arnom i fod yn llwyddiannus, fe'n gelwir i fod yn ffyddlon!' Llwyddiant oedd ffon fesur Hatfield; ffyddlondeb oedd ffon fesur y Fam Teresa.

Fel un a godwyd mewn oes arall (!) roedd ffyddlondeb *pawb* 'i'r cwrdd' yn bwysig pan oeddwn i'n grwt. Ac nid unwaith y Sul y disgwylid hynny chwaith, ond tair gwaith bob Sul. Heddiw, os yw'r gweinidog yn lwcus, *'once-ers'* - gair gweinidogion am y bobl sy'n dod i'r cwrdd unwaith - a welir yn bresennol ar y Sul. Bu adeg pan oedd colli tri chymun yn reswm i gredu fod person wedi colli diddordeb yn yr eglwys ac yn rheswm i 'dorri allan' y esgeuluswyr. Bellach cedwir enw'r aelod 'ar y llyfrau', er na ddaw yn agos i'r capel o gwbl am flwyddyn ar ôl blwyddyn. Pam, tybed? Ai oherwydd y credir y bydd yn newid ei ffordd neu ai oherwydd bod cadw rhifau'r aelodaeth yn uchel yn rhoi'r argraff ei bod hi'n eglwys dda?!

Onid yw bod yn ffyddlon i'r 'moddion' (gair y Methodistiaid ers talwm) yn dangos awydd i gadw'n iach yn ysbrydol? Beth bynnag yw'r rheswm am wneud hynny, mae absenoli'n hunain o oedfa yn awgrymu nad ystyriwn ffyddlondeb yn bwysig bellach.

Gweddi
Arglwydd Dduw, rwyt ti'n ffyddlon i ni bob amser, felly
... gwna ni'n ffyddlon drwy'n hoes i'th enw di
a doed dy holl orchmynion yn rheol aur i ni. Amen

7. Addfwynder
(Iago 3:13-18)

Cyflwyniad

'Addfwynder' yw'r gair a welir yn y cyfieithiadau Cymraeg i gyd o'r gair *prautes*, ac y mae diffiniadau a chyfystyron y gair Cymraeg yn cynnwys 'yr ansawdd neu'r cyflwr o fod yn addfwyn, mwynder, tynerwch, llarieidd-dra, gostyngeiddrwydd, caredigrwydd, boneddigeiddrwydd, urddas, cwrteisi, gonestrwydd a daioni'. Tebyg yw pwyslais y geiriau a ddefnyddir yn y cyfieithiadau Saesneg: *gentleness, mildness , teachable*. I mi, y mae'r geiriau hyn i gyd yn awgrymu ei fod yn rhaid inni dderbyn unrhyw beth a ddaw i'n rhan yn ddi-gŵyn, yn dawel a heb ffromi. Os yw hynny'n ddehongliad cywir o'r hyn a olyga'r gair Cymraeg i ni, yna mae pob un o'r cynigion hyn i gyfleu ystyr y gair yn rhy wan a llipa gan fod tipyn mwy o ruddin yn perthyn i'r gair Groeg nag a awgryma'r cyfieithiadau a welir ohono.

Ysgrifennodd Cristion ffraeth, cellweirus, bamffledyn o dan y teitl *Cower Power* lle dywed ei fod yn ystyried ffurfio cymdeithas ar gyfer Cristnogion a'i galw'n D.O.O.R.M.A.T.S sef *Dependent Organization Of Really Meek And Timid Souls*; ei harwyddair fyddai '*The meek shall inherit the earth - if that's okay with everybody*.' Symbol y gymdeithas fyddai'r golau melyn yng ngolau traffig. Cellwair yr ydoedd, wrth gwrs, ond mae'r hyn a ddywedodd yn crynhoi y farn gyffredin am addfwynder, sef ei fod yn cynrychioli rhyw wendid mewn agwedd person.

Ar y llaw arall dywedodd Aristotle fod y gair *prautes* yn cyfeirio at y pwynt canol rhwng dicter eithafol a pheidio â bod yn ddig o gwbl.

Myfyrdod

Y cyfieithiad mwyaf diddorol o'r gair yn Saesneg yw eiddo J.B.Phillips, '*adaptability*', hyblygrwydd, sy'n awgrymu parodrwydd i ystyried a newid y ffordd y bydd person yn ymateb i ddigwyddiad neu sefyllfa; newid yn ôl gofynion y sefyllfa ac nid ymateb yn yr un ffordd bob tro.

Yn nyddiau'r *aerosol* a'r raser drydan mae'n debyg na fydd y to ifanc yn cofio'r amser pan oedd shafio yn golygu prynu sebon spesial a brwsh a'u defnyddio er mwyn paratoi am y raser. 'Erasmic' oedd y sebon spesial a brynais i. Roedd hysbyseb gan y cwmni hwnnw yn darlunio tri chartŵn o ddyn yn shafio. Yn y cartŵn cyntaf roedd ganddo fawr o woblin (*lather*) ar ei wyneb. Yn yr ail roedd cymaint ganddo fel na ellid gweld ei wyneb. Yn y trydydd pan oedd defnyddio sebon Erasmic roedd ganddo'r trwch perffaith o woblin ar ei wyneb. Y geiriau o dan yr hysbyseb oedd: *Not too little; not too much, but just right!* Mae'n ddisgrifiad perffaith o addfwynder.

Nid yw bod yn addfwyn yn golygu ei fod yn rhaid inni dderbyn popeth a ddaw i'n rhan heb godi'n llais yn ei erbyn. Mae'n golygu gwybod pryd y dylem godi'n llais, i ba lefel ac am ba hyd o amser heb inni golli rheolaeth ar ein hunain. Nid rhy ychydig, na gormod ond y lefel iawn o ymateb i bethau.

Hoffaf ddisgrifiad rhywun ohono: 'Addfwynder yw bod yn ddigon cryf i fedru bod yn dyner hefyd.'

Gweddi
'Arglwydd Iesu, gwna ni yn addfwyn fel tydi.' Amen

8. Hunan-ddisgyblaeth
(Rhufeiniaid 7:14-25)

Cyflwyniad

'Dirwest' yw'r gair a welir yn yr hen gyfieithiad o'r Beibl ac y mae Geiriadur Prifysgol Cymru ar-lein yn dweud mai 'llwyrymwrthodiad â diodydd meddwol' yw'r 'ystyr cyfoes'. Awgryma hyn nad dyna oedd ystyr y gair pan oedd William Morgan wrthi'n cyfieithu. Nid dyna ystyr y gair Groeg chwaith. Ystyr y ferf a roes fod i'r gair Groeg yw 'gafael, cydio mewn rhywbeth' ac awgrymwyd mai cyfieithiad da o'r enw fyddai '*taking a grip on oneself*' - medru gwrthsefyll a rheoli'r hunan mewn sefyllfa pan fo amgylchiadau yn ein herbyn . Onid rhywun a gollodd reolaeth arno'i hunan yw '*addict*', un a ildiodd ac sy'n gaeth i rywbeth neu'i gilydd. Ond nid dim ond y sawl sy'n gaeth i'r ddiod a chyffuriau a gollodd reolaeth arno'i hunan bob tro chwaith, er mai dyna ddaw i'n meddwl gyntaf pan glywn ni'r gair *addict*. Mae **hunan-ddisgyblaeth** yn golygu bod yr holl nwydau dan reolaeth.

Myfyrdod

Dywed y seicolegydd Alan Lang fod naw peth yn nodweddu'r *addict*, ac yn eu plith mae cofleidio gwerthoedd na fyddant yn cydfynd â rhai'r gymdeithas. Er y gallwn gydymdeimlo â gweddill ei ddadansoddiad - megis ymddygiad gwyredig, cyffrogarwch, personoliaeth gwrthgymdeithasol, &c. - onid yw'n raid i'r Cristion fod yn un sy'n barod i herio gwerthoedd cymdeithas a'u herio pan fydd rhaid?

Os na fyddwn yn fodlon ymwrthod â safonau cymdeithas o'n cwmpas, yna fe ganiatawn i gymdeithas secwlar ysgrifennu agenda'r Eglwys. Y mae sefyll yn erbyn 'gwerthoedd y byd' yn galw am y cryfder a'r hunan-ddisgyblaeth y geilw Paul amdanynt. Hwnnw a'n galluoga i sefyll yn gadarn yn erbyn y mwyafrif sy'n derbyn safonau a gwerthoedd sy'n anghydnaws â dysgeidiaeth yr Iesu.

Mae un arbrawf syml y mae nifer o seicolegwyr wedi ei ddefnyddio dros y blynyddoedd. Maent wedi rhannu eu myfyrwyr yn grwpiau o ryw ddeg i ddwsin, a'r prawf a roddant iddynt yw penderfynu pa un o tua hanner dwsin o linellau a dynnir ar fwrdd du neu fwrdd gwyn yw'r hiraf. Mae'r llinellau i gyd yn lled agos i'w gilydd o ran hyd, ond bod yr hiraf yn amlwg a'r un nesaf ati heb fod llawer yn llai. Mae'r disgyblion i godi eu llaw pan fydd yr athro yn pwyntio at yr hiraf ond mae pawb ond un yn y grŵp wedi cael cyfarwyddyd i godi eu dwylo pan bwyntir at yr *ail* hiraf, a phwrpas yr arbrawf yw gweld beth wnaiff yr un na ŵyr am y trefniant. Y canlyniad a gafodd y seicolegwyr bob tro oedd bod rhwng 66% a 75% o'r rhai *na* chafodd y cyfarwyddyd wedi ildio a dilyn y mwyafrif!

Nid yw'n hawdd sefyll yn erbyn y llif, ond y mae meddu'r hunan-ddisgyblaeth i wneud hynny ymhlith ffrwyth yr ysbryd. Sefyll yn erbyn llif yr oes a gwrthdod ildio i'r sawl oedd yn y mwyafrif a wnaeth arloeswyr ein Ffydd: y Disgyblon, y Diwygwyr, yr Ymneilltuwyr a'r Anghydffurfwyr.

Pan alwai gweinidog ar ei gynulleidfa un tro i sefyll yn erbyn llif yr oes, atebodd un ei bod yn anodd gwneud hynny mewn oes mor fodern. Ymateb y gweinidog oedd bod pob un o'r arloeswyr wedi byw mewn oes oedd yn fodern yn eu dyddiau hwy! Rhaid i bawb dystio yn y cyfnod y cawn ein hun ynddo.

Gweddi

Arglwydd, mewn byd lle mai'r Temtiwr o hyd yn ceisio'n baglu, rho inni'r hunan-ddisgyblaeth fydd yn ein cadw ni'n ddiogel, ac os digwydd inni syrthio, diolchwn dy fod yn hirymarhous ac yn barod i faddau. Amen

13. Y Geiriau 'Coll'

1. Gair Cyffredin *nad* yw yn y Testament Newydd
(Ioan 14:1-14)

Cefndir

Ar ddiwedd ei oes hir, bu'r Prifathro J.Williams Hughes yn aelod yn Castle Street yn Llundain, ond flynyddoedd cyn hynny yn 1966, pan oeddwn yn weinidog yn Llambed, cefais y fraint o bregethu gydag ef mewn Cyrddau Pregethu yn Seion, Ponciau. Dyna'r dyddiau pan oedd dau bregethwr mewn Cyrddau Mawr, a'r cyrddau eu hunain o Nos Sadwrn tan Nos Lun. Yn ôl fy nyddiadur, fe bregethais i bedair gwaith - hen 'ddarbis', mae'n siwr! - a'r Prifathro deirgwaith. Fe gefais wneud 'shifft' prynhawn Sul fy hunan!

Yn nodweddiadol ohono ef, hoeliodd y Prifathro sylw'r gynulleidfa gyda'r frawddwg gyntaf un o'i bregethau. Cyhoeddodd fod ei destun yn dod o'r Beibl ond nad oedd yn y Beibl! Wedi 'poeni' ei gynulleidfa am funud neu ddwy, cyhoeddodd mai 'pont' oedd y gair yr oedd am ei drafod er na welir ef yn y Beibl Cymraeg na'r Saesneg. [Fe'i ceir ddwywaith yn *beibl.net* (Job 11:16 a Mathew 6:34) mewn ymadroddion sydd ar lafar, er nad yw'r gair yn yr Hebraeg na'r Groeg gwreiddiol.] Dadleuodd y Prifathro fod pont - un fawr neu un fach - yn sicr o fod yn rhywle ar bob ffordd, neu byddai bwlch yn yr hewl. Felly, pan ddywedodd Iesu mai ef oedd 'y Ffordd' (Ioan 14:6), roedd hefyd yn datgan mai ef oedd y bont ar y ffordd rhwng Duw a dyn a rhwng dynion â'i gilydd. Nid yw'r ffordd at Dduw yn hawdd bob tro, hyd yn oed wrth ddilyn Iesu, ond mae ei Ffordd ef yn gallu pontio'r bylchau i gyd mewn bywyd.

Myfyrdod

Mae'n siŵr fod stori Bendigeidfran yn y Mabinogi yn gyfarwydd i bob Cymro. Bendigeidfran oedd y cawr a ddefnyddiodd ei gorff yn bont i alluogi ei filwyr i groesi'r afon.

Mae pontydd yn amrywio llawer mewn nifer o ffyrdd: rhai yn hynafol, eraill yn fodern; rhai yn edrych yn gadarn, eraill yn edrych yn fregus iawn; rhai yn hir ac ysblennydd yn croesi ceunant, eraill yn fyr a syml yn croesi nant. Er bod pontydd ysblennydd i'w cael yng Nghymru sy'n haeddu sylw, y ddwy bont a ddaw i'm meddwl i nawr yw un yn Ne

Cymru a'r llall yng Nghanada bell. Yr un yn Ne Cymru yw'r un a alwem ni pan yn blant yn bont 'Rufeinig', ger Ystumllwynarth. Nid yw i'w gweld o'r hewl heddiw, ond fe'i gwelem yn croesi nant fach *Black-pill* wrth deithio ar Reilffordd y Mwmbwls ers talwm. Y llall a ddaw i'm meddwl yw Pont Capilano yng Ngogledd Vancouver.

Pont fach syml ychydig latheni o hyd yw pont Ystumllwynarth. Mae hi'n fwa gerrig ar draws y nant, yn gadarn ac yn ddigon diogel i'w chroesi heb fod angen barrau diogelwch ar eu hochrau. Doedd dim ots mai yn y 19eg ganrif y cafodd ei hadeiladu, roedd hi'n edrych yn hynafol, a'r traddodiad oedd ei bod yn dyddio nôl i gyfnod y Rhufeiniaid - ac felly pont Rufeinig oedd hi i ni'r plant, beth bynnag a ddywedai'r gwybodusion!

Pont grog gul ar gyfer cerddwyr yw Pont Capilano. Mae'n debyg ei bod ymhlith yr hiraf o'i math yn y byd: yn ymestyn 450 troedfedd (140 medr) ar draws y dibyn gyda'r afon yn llifo 230 o droedfeddi (70 medr) islaw. Mae'n gul, â phrin digon o le i ddau basio'i gilydd arni. Mae hefyd yn sigledig iawn ac wrth gerdded ar hyd-ddi mae fel cerdded ar fwrdd llong mewn storm! Mae'r teimlad yn waeth os oes rhywai eraill yn cerdded ar y bont yr un pryd. Ond mae'n gwbl ddiogel. Mae'n dyddio nôl i 1889. ac er mai ond rhaff o gywarch (*hemp*) oedd yn ei dal bryd hynny, cafodd ei chryfhau erbyn hyn gan weiren ddur.

Ni allaf feddwl am ddwy bont sy'n fwy gwahanol i'w gilydd na phont Ystumllwynarth a phont Capilano, ac y maent yn dwyn i gof y math o sefyllfaoedd gwahanol sy'n galw am bont. Mae'r Arglwydd Iesu yn fath o bont all gwrdd â phob gagendor sydd wedi datblygu rhwng dyn a Duw ac o fewn i'r Eglwys.

Araf fu'r Eglwys i ddysgu'r wers hon dros y canrifoedd. Dywedwyd fod yr Eglwys wedi bod yn fwy parod i adeiladu muriau i'w hamddifyn hi ei hun â'r hyn a ystyriai hi yn dda, gan anghofio fod yr Iesu'n Bont. Bu'r muriau hyn yn gyfrifol am gasineb, gelyniaeth a rhyfeloedd rhwng Eglwysi dros y canrifoedd - ac mae lle i ofni nad yw'r drwgdybiaeth wedi diflannu hyd heddiw.

Gweddi
'A fo ben, bid bont', meddai'r hen ddihareb Gymraeg, a diolchwn fod Arglwydd yr Eglwys yn bont rhyngom ni â'n Tad nefol ac yn gallu pontio unrhyw agendor all dyfu o fewn ac ymhlith yr eglwysi - ond i ni roi cyfle iddo. Amen

2. Y Cipiad
(1 Thesaloniaid 4:13-5:12)

Cefndir

Mae pregethwyr yn gallu rhoi pwyslais ar nifer o eiriau nad ydynt yn ymddangos yn y Beibl wrth iddynt drafod rhai pynciau; ond er bod y geiriau'n sawru o iaith y Beibl, y diwinyddion eu hunain sydd wedi eu bathu fel llaw-fer wrth grynhoi rhyw athrawiaeth neu gilydd y maent am ei thrafod. Mae rhai o'r athrawiaethau a'r geiriau hyn yn 'hynafol' tra bod eraill yn 'newydd' er yn honni awdurdod beiblaidd.

Un o'r geiriau 'newydd' a glywir y dyddiau hyn yn y cylchoedd eglwysig ffwndamentalaidd yw 'Cipiad' - 'the Rapture' yn Saesneg - gair nad oedd wedi ei fathu pan ysgrifennwyd *Geiriadur Ysgrythyrol* Thomas Charles. Nid yw chwaith wedi'i gynnwys yn *Geiriadur Beiblaidd - y d*dwy gyfrol safonol a cyhoeddwyd yn 1926. Ni welir y gair 'Rapture' yng ngeiriadur mawr cyhoeddiad y Mudiad Efengylaidd, *Dictionary of Paul and his Letters*. Bathwyd y gair Saesneg ar gyfer yr athrawiaeth hon tua 1830, ac ar ôl hynny y daeth i fewn i'r Gymraeg. Gwelir y ferf 'cipio' dros gant o weithiau yn y *Beibl Cymraeg Newydd* ond ar y gair yn 1 Thesaloniaid 4:17 y seilir yr enw a'r syniad am y 'Cipiad'. Yno mae Paul yn ysgrifennu am ddyfodiad yr Arglwydd ar ddiwedd amser:

... ac yna byddwn ni, y rhai byw a fydd wedi eu gadael, yn cael ein cipio i fyny gyda hwy [y meirw] yn y cymylau, i gyfarfod â'r Arglwydd yn yr awyr; ac felly byddwn gyda'r Arglwydd yn barhaus.

Mae'r athrawiaeth yn un gymhleth gyda gwahaniaethau mawr rhwng dehongliadau y sawl sy'n ei choleddu. Yn fras, cred yw'r Cipiad sy'n ymwneud â'r ailddyfodiad, a'r hyn a ddigwydd bryd hynny pan fydd y rhai a 'achubwyd' yn cael eu 'cipio i fyny' a chwrdd â'r Arglwydd yn y cymylau. Cofleidiwyd yr athrawiaeth gan lawer o Gristnogion America, a rhwng 1995 a 2007 esgorodd ar gyfres o 16 o nofelau a adwaenir fel '*The Left-behind Novels*' sydd wedi gwerthu dros 66 miliwn o gopïau. Mae'r ffordd y cyfeirir at y nofelau hyn yn awgrymu digon am eu cynnwys.

Yr hyn mae'n rhaid ei gofio am 1 Thesaloniaid yw i'r llythyr gael ei ysgrifennu i gywiro rhai o'r syniadau cyfeiliornus a gofleidiodd yr eglwys yn Thesalonica. Nid yw'n syndod fod hynny wedi digwydd oherwydd tri Saboth yn unig a dreuliodd Paul yn y ddinas yn cyflwyno'r

Efengyl cyn iddo orfod ffoi oddi yno oherwydd gwrthwynebiad y nifer fawr o Iddewon oedd yn y ddinas. Ond roedd yr amser a dreulodd yn Thesalonica yn ddigon hir iddo blannu eglwys yno. Rhywfodd fe glywodd am y trafferthion a gawsai'r eglwys yn Thesalonica i ddeall rhai o'r pethau a ddysgodd iddynt yn ystod ei arhosiad byr yn eu plith. Mae'n amlwg iddo sôn am yr ailddyfodiad y credai ef oedd i ddigwydd ar fyrder - yn ystod ei fywyd ei hun (1 Thes. 4:15) - ac i Gristnogion Thesalonica ddechrau pryderu am yr hyn a ddigwyddai i'r rhai a allai farw *cyn* i hynny ddigwydd. Mae Paul yn ateb eu gofid â'r ddelwedd o Grist yn disgyn o'r nefoedd a'r rhai cyfiawn - y meirw yn ogystal a'r byw - yn cael eu cymryd i fyny i gyfarfod â'r Arglwydd yn yr awyr. Dywed hefyd y byddai arwyddion pendant cyn i hyn ddigwydd (2 Thes. 2:1-12).

Myfyrdod

Dros y blynyddoedd ers tua 1830 cysylltwyd yr hyn ddywedodd Paul wrth y Thesaloniaid ag adnodau hwnt ac yma ar hyd y Beibl i gyfiawnhau dehongliad llythrennol o'r Cipiad. Yn y blynyddoedd diwethaf cynyddodd y diddordeb. Erbyn hyn ceir rhai yn perthyn i bob enwad sy'n coleddu'r syniad, a bu llawer yn proffwydo pa bryd yn union y byddai'r Cipiad yn digwydd - pob un wedi bod yn anghywir hyd yn hyn!

Datblygodd Athrawiaeth y Cipiad am fod Paul wedi darlunio ailddyfodiad yr Arglwydd mewn iaith liwgar a berthynai i'r gred apocalyptaidd Iddewig am 'Ddydd Duw'. Y mae Athrawiaeth y Cipiad wedi deall hyn yn llythrennol.

Do, fe ddywedodd Paul 'Os ar gyfer y bywyd hwn yn unig yr ydym wedi gobeithio yng Nghrist, nyni yw'r mwyaf truenus ymhlith dynion' (1 Corinthiaid 15:19), ac yn adnodau 51-52 mae'n dweud rhywbeth tebyg i'r hyn geir yn 1 Thesaloniaid 4:13-18. Ond sylwer iddo ddweud mai 'dirgelwch' ydyw ac felly ymhlith y 'Pethau na welodd llygad ac na chlywodd clust, ac *na ddaeth i feddwl neb* [hyd yn oed meddwl Paul], y cwbl a ddarparodd Duw ar gyfer y rhai sy'n ei garu' (1 Corinthiaid 2:9). Mae'r sawl sydd yn coleddu athrawiaeth y Cipiad felly yn gwybod yn well na Phaul!

Gweddi

Arglwydd Dduw, cynorthwya ni i gofio a derbyn fod dirgelion sydd y tu hwnt i ddeall dyn yn perthyn i'r Ffydd. Dewisaist gadw rhai pethau yn ddirgel ac sydd y tu hwnt i'n deall - a chynorthwya ni gofio nad ffydd sydd gennym os gwyddom yr atebion i gyd. Amen

3. Ordinhad ynteu Sagrafen?

Cyflwyniad

Clywais ambell gyhoeddwr mewn capeli ar y Sul yn dweud rhywbeth tebyg i'r geiriau y bydd 'y Sacrament o Swper yr Arglwydd' yn cael ei gynnal ar y Sul canlynol.

Ni welir y gair 'sacrament' yn y Beibl, ond bellach mae'n air 'eglwysig' a roddir ar nifer o ddefodau eglwysig, gydag eglwysi yn cyfrif nifer o ddefodau gwahanol yn sacramentau. Mae'r Eglwys Babyddol yn cyfrif saith: Bedydd, Conffirmasiwn, yr Ewcharist (Cymun), Cyffes a Phenyd, Eneinio'r Claf, Ordeinio Offeiriad, a Phriodi. Dyna ydynt, medd Awstin Sant, 'Arwydd allanol gweladwy o ras mewol anweladwy'.

Gair Lladin yw *sacramentum*, ac er bod gan wreiddyn y gair gysylltiadau crefyddol, y mae iddo lawer o ystyron secwlar. Mae'n air cyfreithiol am yr ernes a ddisgwylid gan y sawl a âi i'r llys i setlo anghytundebau. Y mae hefyd yn air milwriol am y llw o ffyddlondeb a ddisgwylid gan y milwr Rhufeinig. Hawdd gweld sut y daeth yn air a apeliai at yr Eglwys pan fabwysiadwyd y Lladin yn brif iaith yr Eglwys.

Roedd y Prifathro Tom Ellis Jones yn pwysleisio ar ei fyfyrwyr na ddylai Ymneilltuwyr sôn am Sagrafennau, neu Sacramentau, pan yn sôn am y Cymundeb neu Fedydd. '*Ordinhadau* sydd gennym ni', meddai, 'yr Ordinhad o Swper yr Arglwydd a'r Ordinhad o Fedydd.' Y traddodiad eglwysig sy'n sôn am 'Sagrafen / Sacrament'; a pherthyn i'r traddodiad eglwysig hwnnw y mae'r Weslëaid a'r Presbyteriaid a'r Eglwys yng Nghymru. Dadl Tom Ellis Jones oedd bod 'ordeinio' ac 'ordinhad' yn eiriau mwy ysgrythurol ond na welir dim tebyg i'r ddau air arall yn y Beibl. Er nad yw 'ordeino' nac 'ordinhad' yn eiriau a gaiff eu harfer am y swper a bedydd yn y Testament Newydd, dadleuai ef eu bod hwy yn gweddu'n well na geiriau fenthycwyd o'r byd secwlar, paganaidd, fel delwedd o gred ddiwinyddol. 'Gorchymyn' yw ystyr 'ordinhad', a rhywbeth sy'n cael ei orchymyn yw'r ordinhad o'r Swper a'r Bedydd. Y mae'r Cymun yn orchymyn nad yw Byddin yr Iachawdwriaeth yn ufuddhau iddo.

Ond prin fod eisiau dadlau am 'sacrament' neu 'ordinhad' am yr enw ar y Cymun; enw Paul arno yw 'Swper yr Arglwydd' (1 Corinthiaid 11:20) ac ni ellir rhagori ar yr enw hwnnw.

Peth arall a bwysleisiai Tom Ellis Jones yw mai rhywbeth i'r eglwys wedi ymgynull ynghyd yw'r ordinhadau. Ni ddylai gweinidog fynd wrtho'i hunan i roi cymundeb i'r claf heb fynd â rhan o'r eglwys gydag ef - diacon neu ddau, neu aelod neu ddau - oherwydd 'Ble bynnag y mae *dau neu dri* wedi ymgynnull yn fy enw i ...', yno mae'r Eglwys. Mae Duw yn agos at yr unigolyn bob amser, ond trwy bresenoldeb yr aelodau y bydd yr Eglwys yn bresennol.

Myfyrdod

Yn y pendraw, nid yr enw a ddefnyddiwn am y defodau hyn, na'r defodau eu hunain, sy'n bwysig, o ble bynnag y daethant, ond y ffaith eu bod yn ein hatgoffa bod defod, *ar adegau*, ymhlith yr amrywiol bethau all gryfhau ein ffydd a'n deall o'r Ffydd.

Gweddi

Diolch, Arglwydd, am y pethau sy'n cryfhau ein ffydd ni, dy blant. Gall rhain amrywio o berson i berson. Nid y gwahaniaeth rhyngddynt sy'n bwysig, ond yr effaith a gânt ar ein bywyd. Gofynnwn iti fenditho a defnyddio pa beth bynnag fydd yn help i gryfhau ein ffydd bersonol ni. Amen

4. Trindod

Cyflwyniad

Mormoniaid sy'n byw y drws nesaf i'n tŷ ni. Meddyg yw'r gŵr wrth ei alwedigaeth ac mae ganddo swydd bwysig gyda Chymdeithas Meddygol Prydain (y BMA) sy'n ei gymryd i gyfarfodydd ar draws y byd. Ychydig yn ôl bu'n gwasanaethu'r Mormoniaid fel Llywydd eu heglwysi yn Ne Cymru (er nad 'Llywydd' yw enw ei eglwys ar y swydd). Nid yw'n gwthio ei ffydd ar neb, ond mae'n barod iawn i sôn amdano os gofynnir cwestiwn iddo. Fe gaf sgyrsiau diddorol gydag ef.

Er y gagendor sydd rhyngom fel crefyddwyr, rwyf wedi synnu at yr amlygrwydd sydd i Iesu Grist yn ei siarad, a'i gyffes barod o'r Arglwydd Iesu fel ei Waredwr. Ac eto mae ei syniadau am y Duwdod yn hollol wahanol i'r eiddom ni. Lle byddwn ni'n astudio'r Ysgrythur ac yn gweld y Drindod - 'y Tri yn Un a'r Un yn Dri' - mae'r Mormoniaid yn gweld tri Duw, a phob un ohonynt yn bodoli fel Person ar wahân. Duw'r Tad a ddaw yn gyntaf, gyda'r Mab radd yn is nag ef ac yn atebol iddo. 'Oni ddylai hynny fod yn wir am bob mab?' yw ei ffordd o ymresymu. Y mae'r Ysbryd Glân hefyd yn Berson, er nad oes ganddo gorff. Y ffaith ei fod yn Ysbryd sy'n ei gwneud hi'n bosibl iddo drigo yng nghalon y credadyn. Credu bod y Testament Newydd yn sôn am dri Duw a wna'r Mormoniaid, felly, ac nid credu mewn Trindod. Y mae ei ysgrythurau 'ychwanegol' - *Llyfr y Mormon*, a gyfieithiwyd i'r Gymraeg yn fuan ar ôl i'r Saesneg ymddangos, a *Doctrine and Covenants*.

Roedd athrawiaeth debyg wedi blino'r Eglwys yn gynnar iawn yn ei hanes: beth oedd natur perthynas Duw'r Tad â'r Iesu? A fodolai'r Crist o'r dechrau gyda Duw? Roedd y sawl a atebai'r cwestiwn yn negyddol yn dweud mai creadigaeth Duw oedd Iesu, ac nid Bod Tragwyddol. Fersiwn arall o'r ddadl fod yr Iesu'n israddol oedd dweud fod Duw wedi ei fabwysiadu'n Fab ar adeg ei fedydd : 'Hwn yw fy Mab, yr Anwylyd; ynddo ef yr wyf yn ymhyfrydu' (Mathew 3:17; *cf.* Marc 1:9-11; Luc 3:21-22). Ac os oedd Duw wedi mabwysiadu Iesu adeg ei fedydd, fe gefnodd arno adeg ei groeshoeliad : 'Fy Nuw, fy Nuw, pam yr wyt wedi fy ngadael?' (Mathew 27:46; *cf.* Marc 15:34).

Dechreuodd dadleuon am berthynas y Mab â'r Tad boeni'r Eglwys a gwelwyd gwahaniaethau yn gynnar iawn yn ei hanes. Yn 325 O.C. gwahoddodd yr Ymherodr Cystennin arweinwyr yr Eglwys ymhob rhan o'r Ymerodraeth i ddod ynghyd i Gyngor yn Nicea. Yr oedd yr Eglwys a oedd wedi lledaenu 'ar draws y byd' wedi bod yn rym i uno'r Ymerodraeth, ond ofnai'r Ymherodr y gallai'r gwahaniaethau beryglu dyfodol a diogelwch yr Ymerodraeth ac anogodd adfer undod ymhlith yr eglwysi. Dywedir bod cymaint â 318 wedi dod ynghyd, yn cynnwys dau gant o esgobion o Ewrop, Asia ac Affrica (sef Libya). Ar ôl deufis crëodd Cyngor Nicea gredo Drindodaidd yr oedd disgwyl i bob eglwys lynu wrthi ac yr oedd cymalau allweddol y gredo yn gwadu safbwynt yr Ariaid, dilynwyr Arius, gan ddweud fod Iesu o'r un hanfod â'r Tad ac yn anathamateiddio'r sawl a gredai'n wahanol. 'Credwn' ac nid 'Credaf' yw gair cyntaf y gredo - hynny yw, mynegiant o gredo'r eglwysi uniongred i gyd ydyw, ac nid o angenrheidrwydd beth a gredai unigolyn.

Myfyrdod

Ni welir y gair 'Trindod' yn y Testament Newydd ac mae'r hyn a ddywed yr ysgrythur am Y Tad, a'r Mab a'r Ysbryd Glân' yn agored i gamddealltwriaeth a chamddehongli. Y mae'r Beibl drwyddo yn pwysleisio mai un Duw yn unig sydd, tra bod y Testament Newydd yn dweud bod yr Iesu'n Dduw a'r Ysbryd Glân yn Dduw hefyd. Deall y cysylltiad rhyngddynt sy'n ein blino ni. Mae'r ffaith fod Paul, yr Iddew uniongred, yn barod i ydnabod fod Iesu yn Dduw - a'r Ysbryd Glân hefyd - yn rhyfeddod na ellir ei anwybyddu.

Roedd credoau lleol ar gael ymhlith yr eglwysi a'u dealltwriaeth o'r Ffydd yn gwahaniaethu. Ceisio cysoni rhain oedd pwrpas Cyngor Nicea. Nid oedd problem gyda'r rhan fwyaf o'r cymalau, ond sut oedd mynegi'r athrawiaeth am Dduw? Athrawiaeth y Drindod oedd yr ateb y cytunwyd arno gan y mwyarif wedi'r ddeufis o drafod. Hon yw'r unig athrawiaeth sy'n derbyn fod 'y Tri yn Un a'r Un yn Dri'.

Mae'r fformiwla'n un sy'n ddigon syml i'w hysgrifennu, ond yn anodd ei deall a'i hesbonio. Mae'n siŵr fod y sawl a'i lluniodd a rhai o ddiwinyddion mawr cyfoes yn ei deall, ond y mae tu hwnt i'r mwyafrif ohonom. Wrth geisio'i hesbonio, cynnig cymariaethau syml a wneir, megis dŵr a all ymddangos fel hylif, ia, neu ager (tarth). Yr hyn ddylem ei gofio, efallai, yw ein bod yn barod i dderbyn rhai pethau heb ein bod ni yn eu deall, na meddwl mwy amdanynt. Er enghraifft cyhoeddodd Einstein y fformiwla $E=MC^2$ sy'n egluro sut y mae'r bydysawd yn gweithio, medden nhw. Rŷm ni'n fodlon derbyn hyn er na ddeallwn y fformiwla. Oni alllwn dderbyn mewn ffydd rai o'r pethau na ddeallwn yn y Beibl?

'Heb unrhyw amheuaeth, mae beth sydd wedi'i ddangos i fod yn wir am ein ffydd ni yn rhyfeddol' (1 Tim. 3:16 *beibl.net*).

Gweddi
Cynorthwya ni i dderbyn mewn ffydd y llu o bethau yn y Testament Newydd na ddeallwn, ac i ystyried yn fwy dwys gredoau y cyfnod yr ysgrifennwyd y Testament Newydd ynddo. Amen

5. Ymgnawdoliad

Cefndir

Ni welir y gair 'ymgnawdoliad' yn y Beibl Cymraeg, *beibl.net* na *Geiriadur Ysgrythurol* Thomas Charles, ond cynhwysir saith tudalen o ymdriniaeth o'r gair yn *Geiriadur Beiblaidd* 1926. Gair ydyw a luniwyd gan y diwinyddion i ddisgrifio dyfodiad Mab Duw yn berson i'n byd, neu yn ôl diffiniad *Geiriadur y Brifysgol ar-lein*: y 'ffurf gnawdol neu ddynol a gymerir gan ysbryd'.

Nid oes amheuaeth wrth ddarllen yr Efengylau fod yr Iesu'n ddyn i'r sawl oedd wedi ysgrifennu'r Testament Newydd. Roedd yn bwyta ac yfed a chysgu; bu'n chwysu a gwaedu; gallai deimlo'n llawen, teimlo'n ddig (Marc 3:5) ac wylo. Ond daeth y Disgyblon yn ymwybodol o'r ffaith ei fod yn fwy na hynny. Nid *dim ond dyn* ydoedd. Roedd ganddo alluoedd na welid mewn pobl arall, ac felly roedd hefyd yn Grist a Meseia, ac yn Fab Duw. Ceir cyfeiriadau ato fel Duw - dyna alwodd Thomas ef (Ioan 20:28); addolwyd ef (Mathew 14:33); galwyd arno mewn gweddi (Actau 7:59). Mae Colosiaid 2:9 yn cyhoeddi 'ynddo ef y mae holl gyflawnder y Duwdod yn preswylio'n gorfforol.'

Roedd hyn yn gwbl dderbyniol i'w ddilynwyr yng nghyfnod y Testament Newydd, heb iddynt ymholi ymhellach. Er nad oes unrhyw awgrym fod y broblem yn poeni Eglwys y Testament Newydd, fe ddaeth Natur yr Iesu yn broblem yn yr Eglwys Fore pan ddechreuodd yr Eglwys geisio rhoi trefn ar ei chred. Ai Duw, ynteu dyn oedd y Crist? Yn yr ail ganrif y cododd amheuaeth ym meddwl rhai, ac esgorodd hyn ar nifer o heresïau, megis y Gnosticiaid a gredai mai lledrith / drychiolaeth oedd corff yr Iesu, yn ogystal â'i farwolaeth. Enw cyffredinol yn cofleidio nifer o safbwyntiau gwahanol yw 'Gnosticiaid'. Yr hyn oedd yn gyffredin rhyngddynt oedd eu bod yn gwrthod credu yn nyndod yr Iesu. Cynhyrchodd y Gnosticiaid eu hysgrythurau eu hunain. Roedd 'Testament Newydd' Marcion yn cynnwys 11 o lyfrau, ac fe'i rhannwyd yn ddwy: 'Efengyl' oedd y rhan gyntaf, sef Efengyl Luc gyda'r pethau na chytunai Marcion â hwy (genedigaeth a marwolaeth Iesu) wedi eu gadael allan. Cynhwysodd ddeg o lythyrau Paul, wedi iddo eu golygu a dileu popeth oedd yn groes i'w syniadau ef!

Athrawiaeth arall a gofleidiwyd oedd Athrawiaeth Mabwysiad a ddadleuai mai mabwysiadu y dyn Iesu a wnaeth y Tad ar adeg ei fedydd. Dyna paham na wyddom ddim am fywyd Iesu cyn ei fedydd. Nid 'gwir

Dduw' ydoedd, felly.

Safbwynt ychydig yn wahanol oedd eiddo'r Ariaid a ddwedai mai un wedi ei greu oedd yr Iesu ac mai teitl anrhydeddus (*courtesy title*) a gafodd Iesu pan alwyd ef yn 'Dduw'. Dim ond Duw Dad ei hun oedd y gwir Dduw. Yng Nghyngor Nicea 325 condemniwyd Arius a'i gyhoeddi'n heretic, ond ni roes hynny ddiwedd ar y gred a barhaodd mewn ffurfiau gwahanol ar hyd y blynyddoedd. Mae Tystion Jehofa yn cofleidio beth mae llawer yn ei ystyried yn fersiwn o Ariaeth.

Myfyrdod

Mae'n hawdd rhoi mynegiant i ateb yr Eglwys i'r broblem a gyfyd pan geisiodd rai gyhoeddi'r Iesu yn Ddyn tra bod eraill yn ei gyhoeddi'n Dduw. Yn un o'i hemynau mawr, crynhôdd Ann Griffiths yr ateb a roddwyd i'r honiadau hyn gan Gyngor o'r eglwysi yn y bedwaredd ganrif (O.C.):

... dwy natur mewn un Person
yn anwahanol mwy,
mewn purdeb heb gymysgu,
yn eu perffeithrwydd hwy.

Haws canu'r geiriau hyn na'u hegluro! Mater o ffydd yw derbyn rhyfeddod yr Ymgnawdoliad.

Gweddi

O! am gael ffydd i edrych
gyda'r angylion fry
i drefn yr iachawdwriaeth,
dirgelwch ynddi sy'. Amen

14. Rhai o Eglwysi'r Testament Newydd

"Dim ond Duw sydd yr un ddoe, heddiw, ac yn dragwydd; bu'r Eglwys yn newid erioed."

1. Jerwsalem - Mam-Eglwys Cristnogaeth

Cefndir

Cynnyrch y Pentecost oedd yr Eglwys pryd y syrthiodd yr Ysbryd Glân ar y Disgyblion yn yr Oruwch Ystafell, ac nid yw'n syndod i'r eglwys gyntaf gael ei phlannu yn Jerwsalem. Hi oedd 'mam-eglwys' y Ffydd Gristnogol. Pan ddechreuodd y Disgyblion ymadael â Jerwsalem, syrthiodd arweinyddiaeth yr eglwys ar ysgwyddau Iago, brawd yr Arglwydd, a oedd yn Iddew defosiynol, uniongred. Wrth i'r eglwysi dyfu a datblygu, edrychwyd i Jerwsalem am arweiniad ar rai pynciau, a barn Iago am y pwnc oedd yn bwysig. Yn y pendraw nid oedd trefniadaeth yr Eglwys yn Jerwsalem yn annhebyg i drefn esgobyddol, gyda'r Apostolion yn 'esgobion', a Iago, brawd yr Arglwydd Iesu, yn gweithredu fel rhyw fath o 'Archesgob' (Actau 15:13-21; 21:17, 23-26). Pan mae Paul yn ysgrifennu am 'golofnau' yr eglwys yn Jerwsalem, enw Iago a ddaw gyntaf (Galatiaid 2:9).

Gyda chymaint wedi cofleidio'r Efengyl ar ddydd y Pentecost - 3000 yn ôl Actau 2:41 - nid oedd unrhyw le yn Jerwsalem lle gallent i gyd ymgynnull a gweithredai tai y credinwyr fel 'synagogau Cristnogol', gyda'r pencadlys yn yr Oruwch Ystafell yng nghartre Ioan Marc (Actau 12:12). [*Synagog* yw'r gair a ddefnyddir am 'cwrdd' yn y Groeg (Iago 2:2).]

Nodweddion eglwys Jerwsalem oedd ei bod yn 'dyfalbarhau yn nysgeidiaeth yr apostolion ac yn y gymdeithas, yn y torri bara ac yn y gweddïau' (Actau 2:42; *cymharer* Mathew 28:20). Yr oedd y cyfoethog hefyd yn rhannu â'r tlawd. Byddai'r credinwyr yn parhau i fynychu'r deml (Actau 2:46). Oherwydd i broblem godi ynghylch rhannu cynhaliaeth ymhlith y tlodion, gyda chyhuddiad bod un rhan o'r eglwys yn cael ei ffafrio, etholwyd y Saith i gynorthwyo yn y gwaith o rannu (Actau 6:1-7). Nid oedd rhaid i neb gyfrannu, ond disgwylid bod yr aelodau yn gwbl onest â'i gilydd - rhywbeth na wnaeth Ananias a Saffeira wrth gymryd arnynt eu bod yn fwy hael nag oeddent, mewn gwirionedd (Actau 5:1-

11). Gweithredai'r Saith hefyd fel cenhadon o fewn i Balestina'r cyfnod, a phan ddechreuodd yr Eglwys ledaenu y tu allan i ffiniau Palestina, roedd yr eglwysi newydd yn cadw mewn cysylltiad â'r Fam yn Jerwsalem.

Pan erlidiwyd yr eglwys yn Jerwsalem yn dilyn llofruddiaeth Steffan, ffôdd llawer o'r Cenedl-ddynion, ond arhosodd Iago yn Jerwsalem a pharhau i addoli yn ddyddiol yn y deml, tan iddo yntau hefyd gael ei labyddio yn 62 O.C. mewn cyfnod byr pan oedd Jerwsalem heb lywodraethwr Rhufeinig yn dilyn marwolaeth sydyn Ffestus.

Peidiodd eglwys Jerwsalem â bod pan ddinistriwyd y ddinas yn 70 O.C.

Myfyrdod

Ni allwn wybod beth fyddai wedi digwydd i'r eglwys yn Jerwsalem pe bai'r ddinas heb ei dymchwel yn 70 O.C., ond mae cymaint ag a wyddom amdani yn dilyn tywalltiad o'r Ysbryd Glân ar ddydd y Pentecost yn ein herio i feddwl y byddai wedi parhau i dyfu. Perthynai iddi nodweddion eglwys fyw:- consýrn am yr aelodau; gwrando ar yr hyn oedd gan yr Apostolion i'w ddweud am am fywyd a dysgeidiaeth yr Arglwydd (nid oedd Testament Newydd ar gael tan y drydedd ganrif); gweddïo, addoli a thorri bara, tra mynnai'r arweinwyr hefyd genhadu a rhannu'r Efengyl ag eraill (Actau 5:42).

Gweddi

Diolch Arglwydd am yr Ysbryd Glân sy'n gallu creu eglwys a bywhâu'r aelodaeth; gwna ni'n agored i ddylanwad yr Ysbryd a chynorthwya ni i gofio bob amser rybudd Steffan, bod modd i bobl fod yn wargaled a gwrthwynebu'r Ysbryd Glân (Actau 7:51). Cynorthwya ni i gofio, yng ngeiriau T.H.Parry-Williams am y 'danchwa sy'n dod i'r byd pan fo'r Awel yn chwythu dynion a Duw ynghyd'. Amen

2. Antiochia, Syria - 'Crud Cristnogaeth'

Cefndir

Yn hanes cynnar Cristnogaeth y mae gan Antiochia yn Syria le o anrhydedd. Mae'r Testament Newydd hefyd yn sôn am Antiochia arall yn Pisidia, ond dinas Antiochia yn Syria oedd y lle a ddaeth yn ganolfan gyntaf i Gristnogaeth y tu allan i Balestina. Parhaodd Cristnogaeth yn rhan o'i diwylliant crefyddol am ddwy fil o flynyddoedd, hyd yn oed wedi i grefydd Islam feddiannu'r wlad. Os oedd patrwm yr eglwys yn Jerwsalem yn debyg i drefn eglwysig o dan oruchwyliaeth esgobol, i bob pwrpas, cynulleidfaol oedd y patrwm yn Antiochia.

Roedd y ddinas ei hun yn ganolfan filwrol, masnachol a diwylliannol, ond os mai Jerwsalem oedd 'mam-eglwys' y mudiad Cristnogol, Antioch oedd 'crud Cristnogaeth y Cenhedloedd'. Ceir traddodiad sy'n dweud i'r eglwys yno gael ei sefydlu gan Pedr. Ni welir dim i gefnogi'r traddodiad hwn, ac y mae Llyfr yr Actau yn agosach at y gwir. Dywedir yno fod poblogaeth y ddinas yn gannoedd o filoedd yn nyddiau'r Iesu a bod cyfartaledd uchel ohonynt yn Iddewon. Byddai llawer o rhain, fel Iddewon eraill o gwmpas yr Hen Fyd, yn mynd i Jerwsalem ar gyfer y gwyliau Iddewig. Roedd yr ŵyl Iddewig, *Shavuot*, a ddathlai cyflwyno'r Gyfraith i Moses ar Sinai, yn cael ei dathlu 50 diwrnod ar ôl Pasg yr Iddewon, a byddai wedi denu Iddewon o bob rhan o'r byd.

Ar ddiwrnod dathlu *Shavuot* y syrthiodd yr Ysbryd Glân ar y disgyblion yn yr Oruwch Ystafell, ac y mae'n siwr y byddai Iddewon o Antiochia ymhlith y rhai a brofodd ei rym ym mhregethu'r Apostolion. Mae'n amlwg fod rhai ohonynt wedi cofleidio'r Efengyl, oherwydd pan etholwyd y Saith i gynorthwyo'r Disgyblion drwy wasanaethu wrth fyrddau, roedd 'Nicolaus, proselyt o Antiochia', yn eu plith (Actau 6:6). Wedi i Steffan - un o'r Saith - gael ei labyddio, dechreuwyd erlid yr Eglwys ynghyd â chredinwyr a ddaeth o rannau eraill o'r byd oedd wedi aros yn Jerwsalem. Ffoi o'r erlid a wnaeth yr ymwelwyr, gan gymryd y Newyddion Da gyda hwy, ac roedd Antiochia i'w weld yn gyrchfan diogel. Y ffoaduriaid a wasgarwyd oherwydd yr erlid ar ôl llabyddio Steffan a sefydlodd yr Eglwys yno (Actau 11.19-21).

Cymerodd Paul ran flaenllaw yn yr erlid, ac roedd Damascus, lle cafodd ef dröedigaeth, yn gorwedd ar y ffordd i Antiochia. Nid yw'n hawdd gwybod beth yn union a ddigwyddodd i Paul yn ystod y blynyddoedd yn dilyn ei dröedigaeth yntau, er bod awgrymiadau o'i hanes i'w gweld hwnt ac yma yn Actau'r Apostolion; ond gwyddys ei fod, maes o law, wedi dychwelyd i Darsus, i bob pwrpas wedi ei wrthod gan yr Eglwys. Barnabas, a ddanfonwyd gan yr eglwys yn Jerwsalem i ymweld ag Antiochia. Tra yno aeth yntau i chwilio am Paul yn Tarsus a dod ag ef yn ôl i Antiochia lle daeth yn un o arweinyddion yr eglwys yno, cyn i iddo ef a Barnabas gael eu neilltuo i fynd allan fel cenhadon (Actau 11:22-25; Actau 13:1-3)

Myfyrdod

Yn Antiochia y cafodd dilynwyr yr Iesu yr enw 'Cristionogion' gyntaf (Actau 11:26).

Roedd arweinyddiaeth yr eglwys yn Antiochia yn fentrus - yn rhoi cyfle i Paul, ar ôl i eraill yn y byd Cristnogol ei wrthod. Tybed faint o fenter sy'n perthyn i eglwysi sy'n crebachu heddiw? Onid oes perygl fod cyfleoedd yn cael eu colli am fod cyfrifoldeb yn cael ei gadw yn yr un dwylo? 'Fel yr oedd yn y dechrau, y mae yr awr hon ac y bydd yn wastadol' yw arwyddair rhai eglwysi!

Y peth arall i'w gofio am yr eglwys yn Antiochia yw ei bod yn eglwys genhadol. Ffoaduriaid a sefydlodd yr eglwys yno, ond roedd Antioch am weld eglwysi newydd yn cael eu sefydlu ar draws y byd Rhufeinig a danfonodd genhadon allan yn ei henw, gan gynnig yr Efengyl i Genedl-ddynion yn ogystal ag Iddewon. O Antiochia y cychwynodd Paul ar ei dair taith genhadol dramor (Actau 13:1; 15:36; 18:23), gan ddychwelyd yno o'r ddwy daith gyntaf (14:26; 18:22) er mwyn rhoi adroddiad i'r eglwys.

Yr oedd gan yr eglwys hefyd gydwybod cymdeithasol sy'n amlwg yn y ffordd yr ymatebodd yr aelodau i'r newyn yn Judea a Jerwsalem (Actau 11:27-30).

Gweddi

Diolch, Arglwydd, am eglwysi sy'n genhadol ac yn fentrus, fel yr eglwys yn Antiochia. Mewn cyfnod pan yw eglwysi yn crebachu, ac yn cael eu hanwybyddu, cynorthwya ni i fod yn fentrus ac yn genhadol ein hysbryd gan 'fwrw ein bara ar wyneb y dyfroedd' a disgwyl am y canlyniadau. Amen

3. Philipi - Y Ddinas 'Rufeinig'
(Philipiaid 2:1-11)

Cefndir

Roedd yr eglwys yn Antiochia wedi danfon Paul, Barnabas a Ioan Marc fel cenhadon i Gyprus ac Asia Leiaf, ond 'Ysbryd Crist' a ddanfonodd Paul a'i gymdeithion i Ewrop. Digwyddodd hynny yn ystod ei ail daith genhadol. Bwriad Paul oedd mynd i dalaith Rufeinig Asia ac yna i'r gogledd i Bithynia. Ar y ffordd ymwelodd eilwaith â'r mannau lle bu'n cenhadu yn ystod ei daith genhadol gyntaf wrth deithio i Troas. Fodd bynnag, cafodd ei rwystro gan yr Ysbryd Glân rhag llefaru gair yn Asia, ac mewn breuddwyd gwelodd ŵr o Facedonia yn sefyll ac yn ymbil arno, 'Tyrd drosodd i Facedonia, a chymorth ni' (Actau 16:6-10).

Dyma pryd mae Luc ei hun yn ymuno â Paul a'i gymdeithion yn stori'r Actau ac yn llygad-dyst i lawer o'r hyn a gofnoda yng ngweddill y llyfr. Y mae hyn wedi arwain rhai i gredu mai Luc ei hun oedd y gŵr ym mreuddwyd Paul.

Gadawodd y parti Troas a chroesi Môr Aegea i Facedonia a theithio drwy Samothrace a Neapoli, nes cyrraedd Philipi, trefedigaeth Rufeinig, lle treuliwyd 'rhai dyddiau'. Ar y Saboth aethant allan o'r ddinas i lan yr afon gerllaw er mwyn gweddïo. Yno roedd nifer o wragedd wedi dod ynghyd a gwelodd Paul gyfle i rannu'r Efengyl â hwy. Credodd Lydia - Iddewes a gwraig fusnes - a chafodd hi â'i theulu eu bedyddio (Actau 16:14). Hwy oedd aelodau cyntaf yr eglwys yn Philipi. Mae'n debyg mai merch a iachawyd o ysbryd dewiniaeth oedd y nesaf, yn cael ei dilyn gan geidwad y carchar a'i deulu. Nid oes modd gwybod faint rhagor o bobl a ymunodd â'r eglwys yn Philipi ar ôl i Paul symud ymlaen i Thesalonica, ond fe ffynnodd.

Ni anghofiodd yr eglwys Paul, a rhywfodd llwyddodd hithau i gadw mewn cysylltiad ag ef a dilyn ei hanes. Mae'r llythyr a ddanfonodd ef at Philipi yn dangos hyn. Pan oedd Paul wedi ei garcharu - ni wyddom ble - clywodd yr eglwys a danfonodd rodd iddo drwy law Epaffroditus, un o aelodau'r eglwys (Phil. 4:18). Nid hwn oedd y tro cyntaf i Paul dderbyn rhodd ganddynt (Phil. 4:16). Arhosodd Epaffroditus gydag ef i ofalu amdano, fel rhyw was personol (Phil. 2:25) tan iddo yntau gael ei daro'n wael. Gwyddai'r eglwys am hyn hefyd, a phan oedd yn well dychwelodd i

Philipi gyda llythyr o ddiolch oddi wrth Paul.

Fel y gellid disgwyl, nid diolch na rhoi gwybodaeth am salwch Epaffroditus yn unig wnaeth Paul yn y llythyr, ond cynnwys rhywfaint o ddiwinyddiaeth, gan rybuddio am yr Iddeweiddwyr a âi o gwmpas yr eglwysi yn ceisio tanseilio'r rhyddid a berthynai i'r Ffydd Gristnogol. Yn Philipiaid 2:4-10 gwelir un o ddarnau mawr yr ysgrythur am yr Arglwydd Iesu.

Mae Paul hefyd yn delio ag anghydfod a gododd yn yr eglwys rhwng dwy wraig, Euodia a Syntyche, 'a gyd-ymdrechodd â mi o blaid yr Efengyl' (4:3). Nid yw'n dweud y drefn wrthynt, na'u condemnio, ac nid yw'n sôn am eu disgyblu, ond y mae yn eu hannog i gymodi â'i gilydd, gan ofyn i ddau arall ymhlith yr aelodaeth - ac yn wir, yr eglwys i gyd - i'w helpu i adfer y berthynas a fu rhyngddynt. Y mae'n batrwm i'w ddilyn pan fo gwahaniaethau yn codi o fewn i unrhyw eglwys.

Myfyrdod

Mae ysgolheigion yn gytûn mai eglwys Philipi oedd ffefryn Paul o holl eglwysi'r Testament Newydd. Nid oedd rhaid iddo ofidio amdani. Roedd trigolion dinas Philipi yn falch ei bod hi'n drefedigaeth Rufeinig - 'ni sy'n Rhufeinwyr' yw'r ffordd y cyfeiriant atyn nhw eu hunain (Actau 16:20-21). Mae Paul yn cofio hyn pan yn ysgrifennu'r llythyr ac yn cyfeirio at yr eglwys fel trefedigaeth nefol a'r aelodau fel dinasyddion y nefoedd. Rhywbeth y dylid bod yn falch ohono yw aelodaeth eglwysig!

Y mae'n amlwg fod aelodaeth yr eglwys yn Philipi yn drawsdoriad o gymdeithas: gwraig yn rhedeg busnes, merch a iachawyd o afiechyd meddwl, ceidwad carchar, ac eraill fel Epaffroditus, Clement, Euodia a Syntyche, 'ynghyd â'r holl saint sydd yn Philipi.' Oni ddylai pob eglwys fod yn drawsdoriad o'r gymdeithas o'i chwmpas?

Nid oedd Philipi yn ynysu ei hunan oddi wrth eglwysi eraill. Roedd yn ymwybodol o'r hyn a ddigwyddai ynddynt - fel anghenion Paul yn Thesalonica (Philipiaid 4:16). Roedd hithau hefyd wedi ymdiddori yn Paul wedi iddo adael yr ardal, ac yn dilyn ei hanes, gan ymateb i'w anghenion.

Gweddi

Arglwydd, cynorthwya ni i gofio bod yr Efengyl ar gyfer pawb. Danfon dy Ysbryd arnom i'n gwneud ni'n frwd i ddod ag eraill atat ti. Amen

4. Thesalonica
(1 Thesaloniaid 5:12-28)

Cefndir

O Philipi aeth Paul a Silas ymlaen i Thesalonica. Tri Saboth - prin dair wythnos - a gafodd yno i blannu eglwys. Fel yr arferai wneud, i'r synagog yr aeth i ddechrau'r gwaith o genhadu. Esbonio'r ysgrythurau Iddewig a wnâi a dangos eu bod yn dweud bod 'yn rhaid i'r Meseia ddioddef a chyfodi oddi wrth y meirw', gan ychwanegu mai'r Iesu oedd y Meseia. 'Credodd rhai ohonynt, ac ymuno â Paul a Silas; ac felly hefyd y gwnaeth lliaws mawr o'r Groegiaid oedd yn addoli Duw, ac nid ychydig o'r gwragedd blaenaf' (Actau 17:3-4).

Anfodlonrwydd yr Iddewon am lwyddiant cenhadaeth yr Apostol oedd yn gyfrifol iddo ymadael â Thesalonica ar ôl tair wythnos. Cawsant hwy afael ar 'rai dihirod o blith segurwyr y sgwâr' i godi terfysg yn y ddinas. Dal Paul a Silas oedd y bwriad a'u cyhuddo o fod yn aflonyddwyr yr Ymerodraeth; ond dihangodd y ddau a mynd i Berea lle roedd y trigolion 'yn fwy eangfrydig na'r rhai yn Thesalonica' - 'boneddigeiddiach' yw'r hen gyfieithiad (Actau 17:11).

Mae'n amlwg fod Paul yn fodlon ar yr ymateb a gafodd yn Thesalonica gan ei fod yn cyfeirio yn ei lythyr cyntaf at adroddiad am yr eglwys a gafodd gan Timotheus ac yn cyffesu: '...cawsom ni, frodyr, yn ein holl angen a'n gorthrymder ein calonogi ynglŷn â chwi ar gyfer eich ffydd, oherwydd os ydych chwi yn awr yn sefyll yn gadarn yn yr Arglwydd, y mae hynny'n rhoi bywyd i ni' (1 Thes. 3:7-8). Cyfeiria hefyd at 'weithgarwch eich ffydd, a llafur eich cariad a'r dyfalbarhad sy'n tarddu o'ch gobaith yn ein Harglwydd Iesu' (1 Thes 1:3).

Ac eto roedd yn ymwybodol ei fod heb egluro yn llawn rai pethau yn yr Efengyl oherwydd y terfysg a'i gorfododd i ffoi o Thesalonica. Roedd wedi sôn wrthynt am yr Ailddyfodiad, a'i fod yn ymyl. Yr argraff a gafodd aelodau'r eglwys yn Thesalonica oedd mai dim ond y sawl oedd ar dir y byw a brofai'r Ailddyfodiad, a bu'n rhaid i'r Apostol gywiro'r camddealltwriaeth. Fe'u sicrhaodd y byddai'r meirw yn cael eu hatgyfodi ac y byddent hwy fel y sawl oedd yn fyw yn dystion i'r Ailddyfodiad (1 Thes. 4:16-18).

Canlyniad y llythyr cyntaf oedd i'r Thesaloniaid gredu bod

yr Ailddyfodiad ar fin digwydd. Manteisiodd Paul ar y cyfle a roddai'r ail lythyr iddo i egluro bod yn rhaid i ryw bethau ddigwydd cyn yr Ailddyfodiad (2 Thes. 2:1-11) ac nad oedd unrhyw reswm am segura tra'n disgwyl amdanynt. Rhoddwyd cyfarwyddiadau ymarferol am y ffordd y dylai'r eglwys drefnu ei bywyd, cyn annog bod y llythyr yn cael ei ddarllen yn gyhoeddus.

Myfyrdod

Cwestiwn diddorol yw gofyn sut y bydd Cristnogion yn dehongli a deall yr Ailddyfodiad heddiw? Mae'n bwnc a bwysleisir gan rai Cristnogion, tra bod eraill yn rhoi fawr o sylw iddo. Beth bynnag arall a ddywed Athrawiaeth yr Ailddyfodiad, mae'n dweud mai gan Dduw y mae'r gair olaf ar bopeth!

Gweddi

Arglwydd Dduw, cynorthwya ni i gofio bod rhai pethau yn yr Efengyl sydd y tu hwnt i'n deall. Cynorthwya ni hefyd i gofio bod 'Ffydd yn gallu nofio pan fo Gwybodaeth yn suddo'. Amen

5. Corinth
(Corinthiaid 18:1-11)

Cefndir

Wedi treulio rhywfaint o amser yn Athen ymwelodd Paul â Chorinth am y tro cyntaf. Roedd gan Corinth yr enw o fod yn un o ddinasoedd mwyaf anfoesol yr Hen Fyd. Porthladd cosmopolitan prysur ydoedd. Nid oes eisiau ond darllen 1 Corinthiaid 6:9-11 am ddarlun Paul o'r ddinas:

> Ydych chi ddim yn sylweddoli bod pobl ddrwg ddim yn cael perthyn i deyrnasiad Duw? Peidiwch twyllo'ch hunain: Fydd dim lle yn ei deyrnas i bobl sy'n anfoesol yn rhywiol, yn addoli eilun-dduwiau, neu'n godinebu, i buteinwyr gwrywgydiol, gwrywgydwyr gweithredol, lladron, pobl hunanol, meddwon, nag i neb sy'n enllibio pobl eraill ac yn eu twyllo nhw. A dyna sut bobl oedd rhai ohonoch chi ar un adeg, ond dych chi wedi cael eich glanhau a'ch gwneud yn bur (*beibl.net*).

Roedd y sefyllfa'n her i Paul ac arhosodd yno gyda Priscila ac Acwila, gwneuthurwyr pebyll - y grefft a ddysgodd ef ei hun - gan fynd i'r synagog bob Saboth i geisio argyhoeddi'r gynulleidfa am wirionedd yr Efengyl. Ni chafodd fawr o lwyddiant yno, ac felly symudodd i dŷ oedd y drws nesaf i'r synagog a chynnal cyfarfodydd yno, gan gael cryn lwyddiant.

Treuliodd rhyw ddeunaw mis yno ac wedi i Paul symud ymlaen o Gorinth i Effesus, ffynnodd yr eglwys, ond nid oedd heb broblemau mawr. Ymddengys bod Apolos wedi dilyn Paul fel gweinidog yng Nghorinth am gyfnod, ond bod rhywbeth wedi digwydd a fu'n achos iddo symud oddi yno gan fod yn gyndyn i ddychwelyd (1 Cor. 5:9-13). Trafododd Paul rai o'r problemau ynghyd â chwestiynau a dderbyniodd am y Ffydd mewn ateb i lythyr gan 'rai o dŷ Chlöe' (1 Cor. 1:11). Cynnwys y llythyr hwn yw sylwedd *Epistol Cyntaf Paul at y Corinthiaid*, ond mae cyfeiriad ynddo at lythyr cynharach yn 1 Corinthiaid 5:9-13 a chred rhai ysgolheigion mai darn o'r llythyr hwnnw a welir wedi ei gynnwys yn yr adnodau rhwng 2 Corinthiaid 6:13 a 7:2. Ymddengys bod y sefyllfa wedi gwaethygu ac i Paul dalu ymweliad brys â Chorinth, oherwydd yn 2 Corinthiaid 13:1-2 y cyfeiria at ei barodrwydd i ymweld â'r eglwys y drydedd waith wedi i'r ymweliad fod yn un 'poenus' (2 Corinthiaid 2:1-4). Credir i'r trydydd llythyr hwn fod yn lythyr llym a bod darn ohono i'w weld yn 2 Corinthiaid

10-13. Canlyniad y llythyr poenus yn ôl 2 Corinthiaid 1-9 oedd bod yr eglwys yng Nghorinth a Paul wedi cymodi â'i gilydd a'i fod yn hyderus y gallai ymweld â'r eglwys yno eto.

Myfyrdod

Ni lwyddodd Paul i blannu eglwys yn Athen ddiwylliedig, ond fe wnaeth yn Corinth anfoesol. Roedd llawer o broblemau'r eglwys yng Nghorinth yn codi oherwydd lleoliad yr eglwys. Ni allai'r eglwys osgoi ymwneud â'r byd oddi allan, oherwydd dyna lle y dylai'r eglwys fod yn tystiolaethu a gweithio. Y broblem i'r eglwys oedd bod y byd yn llithro i fewn i'r eglwys ac yn fygythiad i'w safonau a'i chymdeithas.

Dywedir i'r Athro Kirsopp Lake ddweud wrth ei fyfyrwyr yn Harvard, 'Mae'n siwr ei fod yn gysur i weinidogion heddiw i sylweddoli, pa mor wael bynnag yw eu heglwysi hwy, roedd yr eglwys a gafodd Paul yng Nghorinth yn dipyn gwaeth!' Mae'r hanes sy'n ymwneud â Paul a Chorinth yn dangos nad yw bod yn weinidog yn hawdd i neb, ond mae hanes yr eglwysi hefyd yn ein hatgoffa y gall ambell gylch fod yn faes mwy anodd na'i gilydd heddiw. Ceir rhesymau gwahanol am hyn ymhlith eglwysi ein dyddiau ni, ond lle mae pobl yn agored i ddylanwad yr Ysbryd mae pob peth yn bosibl.

Gweddi

Arglwydd Dduw, cynorthwya ni i gofio y gellir plannu dy Eglwys di yn y mannau mwyaf anaddawol. Na ad inni ddigalonni wrth ystyried y dasg sydd o'n blaen heddiw. Amen

6. Effesus
(Actau 19)

Cefndir

Nid oes tystiolaeth fod Paul wedi ymweld ag Effesus tan ddiwedd ei Ail Daith Genhadol a hwnnw'n ymweliad brysiog ar ei ffordd i Jerwsalem, pryd y talodd ymweliad byr â'r synagog yno ac addo dychwelyd 'os Duw a'i myn' (Actau 18:18-21).

Canolfan fasnachol oedd Effesus a safle un o ryfeddodau yr hen fyd: teml y fam dduwies 'Artemis yr Effesiaid'. Dywed nodyn gwaelod y ddalen yn y *Beibl Cymraeg Newydd* fod 'Diana' hefyd yn ffordd y cyfeiriwyd ati hi - ond nid yr un oedd hi â Diana, y dduwies Rufeinig, gefaill Apolo.

Duwies aml-fronog oedd Artemis, ac roedd y defodau a oedd yn gysylliedig â'i haddoli o natur rhywiol. Roedd yr Effesiaid yn falch mai hwy oedd 'ceidwad teml Artemis fawr, a'r maen a syrthiodd o'r nef' - meteorit, mae'n debyg (Actau 19:35). Roedd crefftwyr y ddinas yn dibynnu am eu bywoliaeth ar wneud delwau pren ac arian o Artemis, a'u gwerthu i'r bobl a ddeuai o bell i'w haddoli yn Effesus. Fe beryglodd llwyddiant yr eglwys a blannodd Paul eu masnach, a dyna yn y pendraw fu achos y cynnwrf a gododd yn y ddinas. Dymuniad Paul oedd annerch y dyrfa ond mynnodd yr Asiarchiaid (swyddogion a etholwyd yn flynyddol mewn dinasoedd yn Asia) fod yr Apostol yn cadw draw o'r theatr. Clerc y ddinas a ymresymodd â'r dyrfa a thawelu'r cynnwrf.

Symudodd Paul ymlaen o Effesus wedi i'r cynnwrf beidio. Roedd wedi bod yn y ddinas am ddwy neu dair blynedd (Actau 19:8,10) gan wneud y ddinas yn ganolfan i'w genhadaeth yn Asia. Yn ystod y cyfnod hwnnw, bu'n ei gynnal ei hunan fel gwneuthurwr pebyll. Treuliodd dri mis yn cenhadu yn y synagog yn Effesus tan iddo gael ei wrthod a'i wahardd gan yr Iddewon Uniongred. Llogodd neuadd Tyranus a pharhau i genhadu yno, gan gael cryn lwyddiant. Dywedir bod Paul wedi cyflawni gwyrthiau yn y ddinas a'r ardaloedd o gwmpas a bod pobl 'yn dod â chadachau a llieiniau oedd wedi cyffwrdd â'i groen ef, ac yn eu gosod ar y cleifion, a byddai eu clefydau hwy yn eu gadael, a'r ysbrydion drwg yn mynd allan ohonynt' (Actau 19:12). Dywedir bod hyn wedi arwain yn anuniongyrchol at swynwyr yn casglu eu llyfrau gwerthfawr ar ddewiniaeth a'u llosgi.

Mae'n amlwg i lawer o bethau na chofnodir yn Actau ddigwydd i'r

Apostol tra roedd yn gweinidogaethu yn Asia. Dysgwn hyn o gyfeiriadau a welir yn rhai o'i lythyrau, er na ellir bod yn sicr sut mae eu dehongli: bu'n ymladd â bwystfilod yn Effesus (1 Corinthiaid 15:32), a chael ei ddedfrydu i farwolaeth yno (1 Cor.. 4:9). Yn 2 Cor.11:21-28, mewn llythyr y tybir iddo ei ysgrifennu yn Effesus, ceir cyfeiriau arall o'r driniaeth a gafodd.

Yn ddiweddarach, cafodd enw Ioan, awdur y Llyfr Datguddiad, ei gysylltu ag Effesus, ac awgrym F.W.Farrar yw mai rhestr o'r pethau a welodd yr Apostol ar werth ym marchnadoedd y ddinas a geir yn Datguddiad 18:12-13: cargo o aur, arian, gemau gwerthfawr a pherlau, lliain main, defnydd porffor, sidan ac ysgarlad; nwyddau o goed Sitron, pethau wedi'u gwneud o ifori, a phob math o bethau eraill wedi'u gwneud o goed gwerthfawr, o efydd, haearn ac o farmor; sinamon a pherlysiau, arogldarth fel myrr a thus, hefyd gwin ac olew olewydd, blawd mân a gwenith; gwartheg, defaid, ceffylau a cherbydau; a chaethweision hefyd – ie, pobl yn cael eu gwerthu fel anifeiliaid (*beibl.net*).

Myfyrdod

Llwyddiant Paul yn Effesus oedd y rheswm am y cynnwrf a fu yno, ac mae'n amlwg i'r llwyddiant gyffwrdd â phob haen o'r gymdeithas yn y ddinas, gan gynnwys Iddewon a Groegiaid, rhai o'r Asiarchiaid ac, o bosib, clerc y dre. Roedd yr eglwys a blannwyd yn fywiog, brwdfrydig a mentrus, ac yn ganolfan i efengylu yn yr ardaloedd o gwmpas. Roedd hefyd yn eglwys drefnus o dan arweiniad henuriaid pan ymadawodd Paul. Mae araith Paul i henuriaid eglwys Effesus yn Actau 20:17-38 yn awgrymu ei bod yn eglwys â pherthynas gynnes rhwng pobl â'i gilydd. Yn wir, mae Ioan yn y Datguddiad yn awgrymu hyn wrth sôn am 'gariad cyntaf' yr eglwys. (Gwyddom, oll, am arbenigrwydd cariad cyntaf! Ond 'cariad *cyntaf*' ydyw sy'n awgrymu nad yw *o angenrheidrwydd* yn parhau.)

Gyda'r math hyn o nodweddion, pa eglwys na lwyddai?.

Gweddi

Diolchwn, Arglwydd, am eglwysi, beth bynnag eu maint, sy'n arddangos yr un nodweddion ag Effesus yn ei dyddiau cynnar. Cynorthwya ni i gyfrannu beth allwn ni at lwyddiant yr eglwys lle rŷm ni'n aelodau. Amen

7. Rhufain
(Rhufeiniaid 15:22-33)

Cefndir

Nawddseintiau Rhufain yw Pedr a Phaul, a cheir delwau enfawr ohonynt ger y steiriau i'r Basilica yn y Fatican. Ond nid Pedr na Phaul a blannodd yr Eglwys yn y ddinas, er mai dyna a honna traddodiad. Mae'n rhaid bod eglwys yn bodoli yn Rhufain, neu ni fyddai Paul wedi gallu ysgrifennu ati hi cyn iddo gael cyfle i fynd yno.

Roedd yr Efengyl wedi cyrraedd prifddinas yr ymerodraeth cyn i Pedr na Phaul fynd yno. Mae'n ymddangos fod cymdeithasau bychain o Gristnogion - efallai mai 'celloedd o Gristnogion' fyddai'r ymadrodd gorau amdanynt - o gwmpas y ddinas. Ac eto mae'n rhaid bod rhyw gysylltiad rhyngddynt gan i Paul gyfeirio llythyr i gyfarch 'pawb yn Rhufain sydd yn annwyl gan Dduw, a thrwy ei alwad ef yn saint.'

Pwy felly aeth â'r Efengyl a phlannu'r Eglwys yn Rhufain?

Dywed Actau 2:10 wrthym fod 'ymwelwyr o Rufain' yn Jerwsalem adeg y Pentecost ac mae'n debyg mai hwy a aeth â'r Efengyl yn ôl i brifddinas yr Ymerodraeth. Mae'n bosibl fod Hebreaid 13:24 (y tybir gan y mwyafrif o ysgolheigion iddo gael ei ysgrifennu yn Rhufain) yn cyfeirio at rhai o'r bobl hyn oedd yn dal ar dir y byw pan luniwyd y cyfarchiad ar ddiwedd y llythyr: 'Y mae'r cyfeillion o'r Eidal yn eich cyfarch.' Dichon mai cyfraniad Pedr a Phaul oedd creu rhyw fath o gyfundrefn a unai'r grwpiau yn Rhufain a allai fod wedi tyfu o gwmpas yr 'ymwelwyr' a brofodd y Pentecost yn Jerwsalem; ond nid yr Apostolion a blannodd y Ffydd yn Rhufain.

Llythyr i'w gyflwyno ef ei hun i Gristnogion Rhufain yw Epistol Paul at y Rhufeiniaid. Bwriadai fynd drwy Rufain ar ei ffordd i genhadu yn Sbaen (Rhuf. 15:23-24). Dywed nad ymwelodd â hwy yn gynt oherwydd ei nod oedd i bregethu'r Efengyl yn y mannau hynny yn unig oedd heb glywed sôn am enw Crist (Rhuf. 15:20). Ond y mae'n gwneud mwy na chyflwyno'i hunan yn y llythyr, y mae'n crynhoi sylwedd yr Efengyl a bregethai. Sylw T.W.Manson oedd: *'Romans ceases to be just a letter of self-introduction from Paul to the Roman Church, and becomes a manifesto calling for the widest publicity, which the Apostle did his best - not without success - to give it.'*

Fe aeth Paul i Rufain - ond mewn cadwynau. O leiaf dyna ddigwyddodd y tro cyntaf gan fod traddodiad yn dweud iddo ddychwelyd yno wedi i'w apêl at Gesar lwyddo ac yntau'n cael ei ryddhau. Aeth i genhadu yn Sbaen (Rhufeiniaid 15:24) cyn dychwelyd eilwaith i Rufain.

Er nad oes dim tystiolaeth yn y Testament Newydd fod Pedr erioed wedi bod yn Rhufain, dywedir iddo ef a Phaul gwrdd yno yn ystod erledigaeth Nero. Ni wyddys pryd y cyrhaeddodd Pedr Rufain, ond *mae traddodiad yn dweud* bod Ioan Marc gydag ef ac mai yn Rhufain yr ysgrifennodd Marc ei Efengyl, sy'n gasgliad o atgofion Pedr. Dywed traddodiad hefyd i Paul a Phedr gael eu dienyddio yn y ddinas yn ystod erledigaeth Nero o'r Cristnogion, Yn ôl traddodiad eto fe'u dienyddiwyd ar yr un diwrnod: Pedr drwy ei groeshoelio gyda'i ben i lawr, ond Paul â chleddyf am ei fod yn ddinesydd Rufeinig.

Erbyn diwedd y ganrif gyntaf o Oed Crist, yr oedd yn cylchynnu'r Eglwys Fore waith ysgrifenedig dideitl, ond a gafodd yr enw 'at yr Hebreaid' – sef cymal allan o danysgrifen a welir mewn rhai (ond nid y cyfan) o'r hen lawysgrifau. Mae rhai yn dadlau mai yn Rhufain y lluniwyd y llythyr hwn, tra bod y mwyafrif yn credu mai at yr Iddewon yn Rhufain y cyfeiriwyd y 'llythyr'. Cytunir bod gan y ddogfen ryw gysylltiad â Rhufain.

Myfyrdod

Mae hanes yr eglwys yn Rhufain yn dangos beth all pobl gyffredin ei wneud o blaid yr Efengyl.

Llwyddodd achos Crist yn Rhufain heb fod neb enwog yn ei hybu. Yn ôl pob tebyg, credinwyr a brofodd rym yr Ysbryd Glân yn Jerwsalem ar ddydd y Pentecost oedd ei sylfaenwyr a chelloedd bach o gredinwyr heb fod ganddynt ond cysylltiad llac â'i gilydd. Hwy oedd yr 'eglwys' yn Rhufain - ond roedd digon o gysylltiad rhyngddynt i Paul fedru gohebu â hwy.

Mae hanes yn dangos fod yr achos wedi ffynnu ar ôl dyddiau Paul (a Phedr?), er na wyddom enwau y rhai a ddaeth yn syth ar ei ôl. Cofiwn y celloedd bach a dyfodd yn eglwys bwerus. Dylai hyn ein calonogi ni mewn dyddiau pan yw'r Eglwys yn crebachu a'n cynulleidfaoedd yn fach. 'Heb Dduw, ni allwn wneud dim; gyda Duw nid oes dim na allwn wneud. Mae Duw ac un bob amser yn fwyafrif.'

Gweddi

Arglwydd, na ad inni ddiystyrru pwysigrwydd y cynulleidfaoedd bychain a welwn heddiw. Rho ffydd inni gredu, fel Waldo, y 'daw eto ddydd y bydd mawr y rhai bychain' . Gâd i hyn ein hysgogi i weithio'n galetach yn dy Eglwys. Amen

8. Saith Eglwys Llyfr Datguddiad Ioan
(Datguddiad 2 a 3)

Cefndir

Nid dim ond saith eglwys oedd yn nhalaith Asia pan ysgrifennai Ioan o Batmos. Yr oedd o leiaf dair eglwys arall yno: Colosae (Colosiaid 1-4), Hierapolis (Colosiaid 4:13), a Throas (2 Corinthiaid 2:12).

O gofio'r pwysigrwydd a roddwyd ar rifau yn y Beibl, dichon fod arwyddocâd i'r ffaith mai saith o eglwysi a enwir yn y Llyfr Datguddiad. Roedd pob un ohonynt yn wahanol, a chyda'i gilydd maent yn darlunio'r gwahanol nodweddion y gall eglwysi eu hamlygu.

Mae'r Crist yn dweud wrth 'angel' pob un o'r saith eglwys, 'Gwn am dy weithredoedd...' ac yn cynnig neges wahanol ar gyfer pob un. Canmolir Smyrna a Philadelffia ac y mae rhyw rinwedd yn perthyn i bedair arall, tra bod Laodicea yn cael ei chollfarni'n llwyr. Llunir neges ar gyfer pob un sy'n adlewyrchu daearyddiaeth, lleoliad a hanes yr ardal lle plannwyd yr eglwys.

Effesus, oedd yr enwocaf a'r fwyaf o'r saith. Roedd wedi chwarae rhan bwysig yn natblygiad Cristnogaeth yn Asia, a bu'n ganolfan i lawer o waith Paul. Bu Apolos, Priscila ac Acwila yn gweinidogaethu yno a bu'r eglwys yn llwyddiannus iawn. Roedd hyn i gyd yn ganmoladwy, ac roedd y gwaith yn parhau, ond roedd yr eglwys wedi colli ei chariad cyntaf. Roedd y wefr a berthyn i Gristnogaeth - a'i brwdfrydedd dros waith y Deyrnas a'r Eglwys - wedi mynd i golli. Nid enwogrwydd, ond ffyddlondeb a brwdfrydedd yw cryfder eglwys.

Roedd eglwys **Smyrna** wedi ei phlannu yn un o drefi mwyaf cyfoethog y dalaith. Deuai ei chyfoeth am ei bod yn borthladd ac yn ganolfan masnachol. Roedd ei strydoedd yn llydan a'i themlau i'r prif dduwiau - Sêws, Affrodeite, Apolo, Cybele, Asclepios - yn ysblennydd. Roedd ganddi stadiwm, llyfrgell, a'r theatr fwyaf yn Asia. Roedd yr eglwys eisoes wedi dioddef erlid ac roedd mwy i ddod. I'w chymharu â'r dref, roedd yr eglwys yn dlawd, ond eto roedd ganddi'r cyfoeth ysbrydol i wynebu'r cyfan.

Er nad oedd dinas **Pergamos** mor wych â Smyrna, hi oedd prifddinas talaith Asia, ac ymffrostiai mewn llyfrgell oedd yn ail yn unig i'r un yn Alecsandria. Roedd hefyd yn ddinas lle roedd paganiaeth yn gryf, gyda themlau i Sêws, Athene (duwies doethineb), Dionysiws (duw'r gwin) ac Asclepios (duw iacháu). Roedd Cesar hefyd yn cael ei addoli fel 'duw' yno. Ni chafodd yr eglwys amser hawdd ym Mhergamos, ond fe wrthsafodd yr erlid. Merthyrwyd o leiaf un aelod: Antipas. Canmolwyd ffyddlondeb yr eglwys, ac ni welwyd unrhyw fygythiad iddi hi gan y gelynion a'i hamgylchynai. Ond yr oedd gelyn mewnol, sef syniadau cyfeiliornus am y Ffydd, yn berygl mawr iddi hi. Roedd rhai wedi dod i fewn i'r eglwys oedd yn ceisio gwthio eu syniadau cyfeiliornus hwy eu hunain a thanseilio'r Ffydd - fel y gwnaeth Balaam yn gynnar yn hanes Israel (Numeri 25:1-5; 31:16).

Pan feddyliwn am yr Eglwys yn yr Almaen yn ystod yr Ail Ryfel Byd, enwau Martin Niemoller a Dietrich Bonhoeffer a'r Eglwys Gyffesol (*The Confessing Church*) a ddaw i'r cof. 'Eglwys Gudd' (*Underground Church*) a ffurfiwyd pan ymyrrodd y Natsïaid yng nghyfunrefn a gweinidogaeth yr Eglwys Lwtheraidd oedd yr Eglwys Gyffesol. Roedd llawer yn yr eglwysi wedi cydymffurfio â chynlluniau'r Natsïaid a'u hagwedd at Iddewon, gydag un o'r ysgolheigion Beiblaidd mwyaf disglair yn cynnig sail ddiwinyddol, 'feiblaidd', i'r agwedd at Iddewon. Gerhard Kittel oedd golygydd *Geiriadur Diwinyddol y Testament Newydd* - yr enw *Cymraeg* ar ddeg cyfrol sy'n dal i gael eu defnyddio gan ysgolheigion heddiw. Yn 1935, ac yntau'n Athro 'Diwinyddiaeth Efengylaidd a'r Testament Newydd' ym Mhrifysgol Tübingen, cyhoeddwyd darlith o'i eiddo a roddodd yn 1933 ar bwnc 'Y Cwestiwn / Broblem Iddewig'. Ei ateb i'r 'broblem' a welai oedd diddymu dinasyddiaeth yr Iddewon, gwahardd iddynt weithredu fel meddygon, cyfreithwyr, athrawon, a newyddiadurwyr, a gwahardd priodas a chyfathrach rhywiol rhwng Cenedlddyn ac Iddew. Ymunodd Kittel â phlaid y Natsïaid. Rhoddodd hyn gyfiawnhad beiblaidd i'r hyn wnaed i'r Iddewon yn yr Almaen. Nid yw'n syndod i Kittel gael ei garcharu am gyfnod ar ôl y Rhyfel. Ef a'i debyg oedd y gelyn mewnol yn yr Eglwys Lwtheraidd.

Mae Ioan yn cyfeirio'r hiraf o'r llythyrau at yr eglwys yn **Thyatira**, y dref leiaf pwysig o'r saith a gyferchir. O Thyatira yr hanai Lydia a werthai borffor yn Philipi (Actau 16:14). Mae Ioan yn cydnabod yr holl bethau da y bu eglwys Thyatira'n gyfrifol amdanynt, ond condemnia ei diffyg disgyblaeth a pharodrwydd rhai i gyfaddawdu â'r byd. Nid yw eglwys byth yn rhydd o'r perygl o gyfaddawdu mewn amserau ac amgylchiadau anodd. Mae pwysau ar eglwysi heddiw i gyfaddawdu â safonau'r byd. Tybed a ydym yn rhy barod i ildio gan gyfaddawdu wrth ymateb i agenda'r byd?

Eglwys farw oedd **Sardis** er ei bod yn cael yr enw o fod yn fywiog. Roedd yn rhanedig ac yn crebachu - ac roedd yn cysgu. Roedd arni eisiau 'yr Ysbryd sy'n bywhau'. Ac eto roedd ynddi rai pobl oedd wedi aros yn ffyddlon ac heb 'halogi eu dillad'. Hwy oedd gobaith yr eglwys. Tybed a yw'r eglwysi mwyaf a'r mwyaf enwog sy'n aros yng Nghymru heddiw yn byw ar yr enw da a'r bri a enillwyd ganddynt mewn dyddiau a fu?

Y gwanaf o'r saith eglwys oedd **Philadelffia**, ond bu'n ffyddlon i Grist mewn amgylchiadau anodd. Safai'r ddinas ar y ffin rhwng dwy dalaith, ac felly o flaen yr eglwys roedd 'drws agored' a roddai iddi hi gyfle i efengylu. Addawyd y deuai llwyddiant i'w hymdrechion. Nid maint a chyfoeth eglwys sy'n bwysig, ond cryfder ei hysbryd cenhadol.

Laodicea oedd y mwyaf cyfoethog o'r saith eglwys mewn dinas oedd yn enwog am ei brethyn a'i eli llygaid. Gwrthododd gymorth ariannol pan ddinistriwyd llawer o'r ddinas gan folcano ychydig flynyddoedd yn gynharach - ond claear oedd ffydd yr eglwys. Ni sylweddolai hi ei bod yn dlawd, yn noeth ac yn ddall yn ysbrydol. Teimlai'r Crist iddo gael ei gloi allan ohoni, a safai wrth y drws caëedig yn curo am fynediad yn ôl i mewn iddi hi. Ni all eglwys lwyddo onibai fod y Crist yn cael y lle canol yn ei bywyd. Nid yw cyfoeth yn y banc a phrysurdeb yn yr adeilad yn brawf bod eglwys yn fyw.

Myfyrdod

'Yr hwn sydd ganddo glust, gwrandawed beth y mae'r Ysbryd yn ei ddweud wrth yr eglwysi.' Beth, tybed, mae'r Ysbryd yn dweud wrthym ni heddiw?

Gweddi

Arglwydd, gad ni i ystyried yn weddïgar beth a ddywed yr Ysbryd wrth eglwysi Asia. Heria ni i ofyn, 'I ba un o'r saith eglwys y tebyga'n heglwys ni?' - a chynorthwya ni i'w ateb yn onest a chywiro yr hyn sydd o le. Amen

Pasg Pedr yn ei eiriau ei hun

Y diwrnod cyntaf

Mae heddiw wedi bod yn ddiwrnod rhyfedd! Â ni'n aros gyda ffrindiau Iesu ym Methania, danfonodd yr Arglwydd Ioan a fi i gyrchu asyn. Roedd wedi trefnu bod un wedi ei adael iddo y tu allan i gartref rhywun a adnabu. Nid oedd angen inni guro'r drws ond dod â'r anifail yn ôl i Fethania. Pe bai rhywun yn digwydd gofyn beth wnawn, roeddem i ddweud 'Y mae ar y Meistr ei angen'.

Wedi inni ddod nôl â'r asyn, taflwyd mentyll dros yr anifail a rhoi Iesu ar ei gefn a dechrau ar ein ffordd i fewn i Jerwsalem. Arhosodd ar ben y bryn pan welai'r ddinas o'i flaen a dechrau wylo. Wylo a wnai dros gyflwr pechadurus y ddinas sanctaidd gan ragweld ei dinistr,

Wrth inni barhau ar ein taith, gwelodd rhai o Galilea a ddaeth lawr i'r ddinas ar gyfer Gŵyl y Bara Croyw yr Arglwydd yn dod, a dechreuasant hwy daflu eu mentyl yn y ffordd a thynnu canghennau a'u taenu o'i flaen. Daeth eraill i weld beth oedd yn digwydd a chyn hir roedd miloedd wedi ymuno yn y dyrfa yn moliannu Duw gan weiddi 'Hosanna i Fab Dafydd!' Roedd yr Arglwydd yn edrych mor dangnefeddus ar gefn yr asyn; mor wahanol oedd hynny i'r canwriaid Rhufeinig trahaus ar gefn eu ceffylau!

Ond newidiodd yr Arglwydd yn llwyr pan aeth i mewn i'r Deml. Gwelodd y marchnatwyr a werthai'r pethau oedd yn angenrheidiol i aberthau'r Deml yn cymryd mantais o'r monopoli oedd ganddynt. Roedd yn rhaid talu crocbris am bopeth yno. Cynddeiriogodd Iesu ac yn gwbl annodweddiadol ohono aeth o gwmpas yn taflu i lawr fyrddau'r gwerthwyr a chyhoeddi mai ogof lladron oedd y Deml bellach, ac nid man i gwrdd â Duw. Pan dawelodd y cynnwrf casglodd y cleifion o gwmas yr Arglwydd ac unwaith eto gwelwyd y tynerwch oedd mor nodweddiadol ohono.

Ar ddiwedd diwrnod cofiadwy a chyffrous dychwelasom y ddwy filltir i Fethania, i gynhesrwydd y croeso oedd yn ein haros yno.

Gweddi
Wrth imi feddwl amdanat yn glanhau'r Deml, Arglwydd, gad imi gofio fod dy ddilyn di yn galw am gryfder i wneud safiad yn wyneb drygioni'r byd. Amen

Yr ail ddiwrnod

Drannoeth fe aethom yn gynnar yn ôl i Jerwsalem. Ar y ffordd fe ddigwyddodd rhywbeth rhyfedd sydd wedi peri peth penbleth i mi. Wrth gerdded tua'r ddinas daeth chwant am rywbeth i fwyta ar Iesu. Wrth inni fynd heibio gwelodd goeden ffigys yn llawn dail ac er nad oedd hi'n amser ffigys aeth ati i chwilio am ffrwyth. Wrth gwrs, nid oedd dim arni. Fe felltithiodd Iesu'r ffigysbren am dwyllo drwy wisgo dail heb fod arni ffrwyth a dechreuodd hwnnw grino. Dywedodd wrthym fod ffydd yn gallu cyflawni unrhywbeth, hyd yn oed yr hyn sy'n ymddangos yn amhosibl.

Treuliodd yr Arglwydd weddill y dydd yn y Deml yn dysgu'r bobl. Wrth gwrs gofynnodd awdurdodau'r Deml iddo pa hawl oedd ganddo i weithredu fel y gwnai. Mae'n rhaid eu bod wedi clywed erbyn hynny beth a wnaeth Iesu yn y Deml ddoe pryd dymchwelodd fyrddau'r marchnatwyr - roedd awdurdodau'r Deml eu hunain yn elwa wrth ganiatáu i'r byrddau fod yno yn y lle cyntaf. Heriodd Iesu hwy gyda chwestiwn am awdurdod Ioan Fedyddiwr. Ofnent dramgwyddo'r bobl a gwrthod ateb ac felly nid atebodd Iesu eu cwestiwn hwy chwaith.

Mae'r awdurdodau byth a hefyd yn ceisio gosod trap iddo. Yn ddiweddarach yn y dydd gofynnwyd iddo a oedd hi'n iawn i dalu treth i'r awdurdodau Rhufeinig. Atebodd na allent gwyno am dalu trethi i Rufain os defnyddient arian Rhufain.

Wrth iddo ddysgu'r bobl, adroddai Iesu straeon iddynt. Mae pobl bob amser yn hoffi clywed stori ac yn enwedig stori gan Iesu. Mae ei straeon yn aros yn fyw yng nghof pawb sy'n ei glywed ac wrth gwrs mae rhyw neges yn y stori bob amser. Siaradodd â'r bobl am amryw o bethau gan annog, dysgu a rhybuddio wrth iddo wneud hynny.

Wrth inni adael y Deml i ddychwelyd i Fethania, cyfeiriodd un ohonom at wychder yr adeiladau, ac fe'n syfrdanwyd pan ddywedodd y deuai amser pan fyddai cymaint o ddrygioni yn y byd nes y byddai'n rhaid rhoi dechrau newydd i *bopeth*. Ni allem ddychmygu dydd pan na fyddai'r Deml yn bod mwyach, ond dywedodd y deuai'r dydd hwnnw.

Gweddi
Rwyt ti'n ein herio ni'n gyson â'th neges ac mewn amryw o ffyrdd eraill, Arglwydd . Cymorth ni i ymateb i'th her. Amen

Y trydydd diwrnod

Wrth deithio eto tua Jerwsalem aethom heibio i'r ffigysbren a oedd wedi crino'n llwyr erbyn hyn a thynnais sylw'r Arglwydd ato. Ailadroddodd fod ffydd gref yn anorchfygol. Mae i weddïo mewn ffydd, heb amau dim, ganlyniadau anhygoel ond rhaid cofio fod pethau bach yn ein bywyd yn gallu erydu a lleihau a gwanhau effeithiolrwydd ein ffydd a'n gweddïau. Rhaid bod yn ymwybodol o hynny hefyd.

Mynd yn ôl i Fethania, wedi diwrnod arall yn Jerwsalem, ac roedd y pryd bwyd sy'n rhan o ddathliadau'r Pasg, wedi ei drefnu yng nghartre Simon y gwahanglwyfus. Pan oeddem yn bwyta llithrodd gwraig i'r ystafell a chanddi ffiol alabaster o ennaint gwerthfawr. Fe'i tywalltodd ar ben Iesu. Roedd hyn yn dipyn o sioc i'r bobl oedd yno, a rhaid cydnabod ein bod ni'r disgyblion yn ffromi wrth weld y gwastraff. Gwyddai Jwdas Iscariot beth yn union oedd pris yr ennaint a cheryddodd y wraig am beidio â gwneud gwell defnydd o'r arian. Dywedodd wrthi hi y dylai fod wedi ei werthu a chyflwyno'r arian i helpu tlodion y ddinas.

Fe'n ceryddwyd *ni* gan Iesu a ddywedodd rhywbeth rhyfedd nad ydym cweit yn ei ddeall. Soniodd am y weithred brydferth a wnaeth y wraig, gan ychwanegu fod tlodion yn rhan o fywyd pob dinas o hyd a deuai digon o gyfle i'w helpu hwy yn y dyfodol; ond na fyddai ef yn ein plith ni mor hir â hynny a bod yr ennaint a dywalltodd y wraig arno wedi paratoi ei gorff ar gyfer ei gladdedigaeth. Ychwanegodd y byddai'r wraig hon yn cael ei chofio drwy'r byd i gyd oherwydd yr hyn a wnaeth.

Rhaid ymgodymu â'r gwirionedd a gyhoedda Iesu ar adegau ac hyd yn oed wedi imi geisio gwneud hynny, rwyf yn aml yn dal mewn tywyllwch. Ond rwy'n sicr o un peth, gallaf ymddiried yn llwyr ynddo hyd yn oed os na ddeallaf bopeth a ddywed.

Gweddi
Arglwydd, maddau fy methiannau i gyd a'm hanffyddlondeb. Er fod rhai o'r pethau a ddywedi yn syml a digon rhwydd i'w deall, ni chaf hwy'n hawdd i'w gwneud. Ac am y pethau na ddeallaf, dyro imi ffydd i ymddiried yn llwyr ynot. Amen.

Y pedwerydd diwrnod

Galwodd Iesu arnaf fi a Ioan y bore 'ma i ddechrau paratoi ar gyfer Swper y Pasg. Dymuniad pawb yw cael bwyta'r Pasg yn Jerwsalem, a chyda help Mair a Martha, mae'n debyg, fe drefnodd Iesu inni ei gynnal yng nghanol Jerwsalem. Roedd hynny yng nghartre rhywun nad oeddem ni'n ei adnabod nac yn gwybod ble yn y byd roedd yn byw. Felly roedd Ioan a minnau i gyfarfod y gwestywr yng nghanol y dre, a hynny heb fod gan y naill na'r llall ohonom unrhyw syniad pwy ydoedd, a ninnau heb ei gwrdd erioed! Sut allem ni ei nabod yn y dyrfa a fyddai'n sicr o fod yno? Wel, dywedwyd wrthym y byddai'r dyn yn cario stenaid o ddŵr - rhywbeth nad yw dynion yn gwneud fel arfer - ac roeddem i'w ddilyn i'w gartref.

Ac er fod cannoedd ar gannoedd o bobl mewn gwisgoedd lliwgar yn crwydro o gwmpas canol y dre wrth inni gyrraedd yno, dyna a ddigwyddodd. Fe welsom ef a'i ddilyn.

Roedd y tŷ yr aethom iddo yn dŷ sylweddol gydag Oruwch Ystafell fawr ac yno y byddem yn bwyta Swper y Pasg. Bydd gwraig y tŷ yn paratoi'r pryd bwyd ac am a wn i, bydd hi a'i gŵr yn bwyta gyda ni, os na fyddant fel teulu yn bwyta lawr llawr. Mae gan y teulu nifer o ferched a bachgen hyfryd yn ei arddegau - Ioan Marc yw ei enw.

Judas Iscariot, ein trysorydd, fydd yn cwrdd â'r gost ac ar fy ysgwyddau i a Ioan y gosodwyd y cyfrifoldeb am y defodau glanhau ac o sicrhau fod y lle yn seremonïol lân ar gyfer y dathlu. Rhaid oedd glanhau'r lle ble byddem yn bwyta a gwneud yn siwr nad oedd unrhyw beth yno - hyd yn oed briwsionyn - sy'n cynnwys unrhyw furum. Dyma waith yn y tŷ y disgwylir i ninnau'r dynion gynorthwyo i'w wneud. A rhaid cydnabod ei fod yn fraint fod Iesu wedi ymddiried i mi a Ioan y cyfrifoldeb am wneud hynny, yn yr Oruwch Ystafell ei hun a'r gegin lle byddai'r bwyd yn cael ei baratoi.

Gweddi
Cofiwn, Arglwydd, fod gofalu am y pethau bach mewn bywyd yn bwysig. Cawsom gyfle i ddysgu hynny gennyt ti. Ac fe'n dysgaist hefyd nad oes dim byd yn rhy fach i ni ymgymryd ag ef yn dy enw os bydd rhywrai arall yn elwa ohono. Amen

Y pumed diwrnod

Diwrnod tawel gyda'r Iesu heddiw yn disgwyl i'r haul fachlud a Saboth arall yn dechrau. Dyna pryd fwytem Swper y Pasg gyda'n gilydd - deuddeg ohonom a'r Iesu gan fod ein gwestywr wedi penderfynu y byddai ef, ei deulu a gwahoddedigion eraill yn bwyta lawr llawr.

Yn yr Oruwch Ystafell y treuliasom y rhan fwyaf o'r dydd yn sgwrsio â'n gwestywr a dod i'w nabod ef a'i deulu a Ioan Marc, y crwt. Ond fe aethom ni'r dynion hefyd am dro i ardd Gethsemane gerllaw. Mae'n le tawel braf heb fod yn bell i ffwrdd, a phan fyddwn yn Jerwsalem bydd Iesu'n hoffi mynd yno i fyfyrio a gweddïo.

Fe ddaethom ynghyd cyn y swper i gymdeithasu. Mae'n draddodid ar adeg felly i'r mwyaf distadl yn y cwmni i olchi traed gweddill y cwmni. Wedi treulio diwrnod yn ein sandalau ar heolydd llychlyd tref neu bentref, neu hyd yn oed mewn gardd, mae'n weithred sy'n gwneud person yn fwy cyffyrddus ac yn help i ymlacio. Y cwestiwn oedd, pa un ohonom ni'r deuddeg oedd y mwyaf distadl yn y cwmni? Cystal imi gyfaddef nad ystyriwn mai fi oedd hwnnw. Roeddwn i ymhlith y cyntaf o'r disgyblion a alwodd Iesu ac onid fi, Iago a Ioan oedd bob amser yn cael mynd gydag ef ar yr adegau hynny pan na chawsai'r cwmni i gyd wneud hynny? Os oeddem i gadw traddodiad golchi'r traed, roedd eraill ymhlith y disgybion a ddylai ei wneud. Ond nid oedd yr un ohonynt yn fodlon plygu a chyfaddef mai ef oedd y mwyaf distadl.

Tra roeddwn yn meddwl fel hyn cododd Iesu a rhoi tywel o gwmpas ei ganol, tywallt dŵr i badell a mynd ati ei hunan i olchi ein traed. Wrth gwrs fe brotestiais i a phan ddaeth fy nhro i ceisiais wrthod gadael iddo wneud. Rhaid imi gydnabod imi fynd dros ben llestri braidd, a gofyn iddo olchi fy nwylo a'm pen hefyd, ond dywedodd fod golchi fy nhraed yn ddigon. A dyna wnaeth.

Wedi iddo orffen gwneud, dywedodd wrthym iddo wneud hyn fel esiampl a gwers i ni. Ni ddylai neb o'i ddilynwyr ystyried ei fod yn well na rhywun arall. Rhywbeth inni ystyried tra'n disgwyl i'r haul fachlud.

Gweddi

Arglwydd, rwyt ti'n ein hadnabod yn well na ni ein hunain. Mowldia ni i'r hyn y caret inni fod a rho inni ras a pharodrwydd i dderbyn dy fwriadau ar ein cyfer. Amen

Y chweched diwrnod - Oriau'r Nos

Mae'n anodd gwybod ble i ddechrau adrodd hanes y diwrnod hwn.

Unwaith fachludodd yr haul a'r diwrnod newydd yn dechrau, aethom ati i fwyta gwledd y Pasg. Yn ystod y wledd cymerodd Iesu'r bara croyw, ei dorri a rhoi darn i bawb ohonom a rhannu cwpan â ni ac wrth wneud hyn, soniodd rhywbeth am ddryllio'i gorff a thywallt ei waed, a'n hannog i'w gofio tan ddeuai yn ôl atom. Roedd yr hyn ddywedodd y tu hwnt i'n deall ni. Gadawodd Jwdas yn ystod y wledd i geisio hôl rywbeth i Iesu, rwy'n meddwl.

Wedi'r swper dywedodd Iesu ei fod am fynd i ardd Gethsemane i weddïo ac aethon gydag ef. Pan yno arhosodd wyth ohonom ni'r disgyblion mewn un man tra bod Iago, Ioan a fi'n mynd gydag ef ymhellach i fewn i'r ardd. Aeth ef ymlaen ymhellach eto a gadael i ni'n tri wylio a gweddïo. Roedd hi'n hwyr erbyn hyn ac ofnaf iddo'n dal yn cysgu sawl gwaith pan ddylem fod yn gweddïo.

Yna, yn y tywyllwch clywem rywrai'n dod tuag atom. Darganfod wedyn mai gwarchodlu'r Deml oeddent. Yn y gwyll gwelais fod Jwdas gyda nhw ac aeth ymlaen a chofleidio Iesu. Dyna pryd gafaelodd y gwarchodlu yn Iesu. Estynais am fy nghyllell bysgota, ond rhwystrodd Iesu fi. Arestiwyd ef gan y gwarchodlu a'i gymryd i ffwrdd.

Llwyddais i i'w canlyn heb iddynt fy ngweld. Gwelais fod rhywun arall yn canlyn hefyd - rhyw lanc ifanc; Ioan Marc rwy'n meddwl. Gwelodd rhywun ef a bu'n rhaid iddo ffoi. Fe gymerwyd Iesu i Lys yr Archoffeiriad a chan fy mod yn nabod yr un wrth y gât cefais fynediad i'r beili o flaen y llys ac eistedd gyda dynion eraill o gwmpas tân agored yno. Roeddwn am weld beth ddigwyddai. Yn anffodus roedd rhai o'r merched oedd yno yn fy nabod a dechrau dweud mod i'n un o ddilynwyr Iesu. Rhegais a gwadu hynny. Deirgwaith y gwnês i hyn. Sylweddolais ei bod yn rhy beryglus imi aros yno a dihengais yn ôl i ddiogelwch yr Oruwch Ystafell.

Gweddi

Cyffesaf, Arglwydd, imi dy wadu droeon drwy fethu dy gyffesu gerbron pobl eraill ac hefyd methais sôn amdanat pan ddaeth cyfle imi wneud hynny. Rho imi ras i'th arddel bob amser a bod yn genhadwr yn y cylch bychan lle rwy'n troi. Amen

Y Pasg - Golau Ddydd

Roedd arnom ofn symud o'r Oruwch Ystafell am weddill y dydd, ond mentrodd Ioan allan i weld beth oedd wedi digwydd. Dychwelodd wrth iddi hi nosi â chanddo stori frawychus. Roedd Iesu eisoes wedi cael ei groeshoelio, marw a'i gladdu.

O dipyn i beth cawsom y stori i gyd ganddo. Roedd Iesu wedi ymddangos gerbron y Sanhedrin er nad oedd hawl gan hwnnw i gwrdd yn oriau'r tywyllwch. Trosglwyddwyd ef i lys Herod i benderfynu beth fyddai ei dynged. Gwrthododd Herod wneud dim ac aethpwyd â Iesu gerbron Pilat a hawlio ei ddienyddio. Ni fynnai Pilat wneud am na welai ddim bai ynddo ond ildiodd i bwysau'r Archoffeiriad a chaniatáu i'r bobl ddewis pwy a ollyngai'n rhydd, Iesu Barabbas, y llofrudd, neu Iesu o Nasareth. Synnwyd ef pan ddewiswyd Barabbas. Caniatawyd croeshoelio Iesu ac wedi ei boenydio croeshoeliwyd ef ar Galfaria gyda dau droseddwr. Dim ond Ioan a rhai o'r gwragedd, gan gynnwys Mair ei fam, oedd wrth y groes pan fu farw. Tra ar y groes clywyd ef yn adrodd Salm 22. Clywyd hefyd y canwriad oedd yn goruchwylio'r croesheliad yn dweud mai mab Duw oedd Iesu. Fe'i claddwyd ym medd Joseff o Arimathea, ogof fach yng Ngolgotha. Gwnaethpwyd y cyfan cyn iddi hi dywyllu er mwyn osgoi gwneud hynny ar y Saboth.

Ymddengys fod Jwdas Iscariot wedi cael ei ddalu gan awdurdodau'r Deml i fradychu Iesu, ond wedi difaru gwneud hynny a chrogi ei hunan. Dëellais ar ôl clywed hyn arwyddocâd y pethau wnaeth Jwdas yn y dyddiau cyn i Iesu gael ei arestio gan warchodlu'r Deml.

Bum yn pendroni wedyn: fi'n gwadu Iesu, Jwdas yn ei fradychu. A oedd gweithred Jwdas yn waeth na'm gweithred i?

Y seithfed diwrnod

Bu ofn yn gyfrifol am beri inni guddio yn yr Oruwch Ystafell drwy'r dydd
- y Saboth. Nid oedd un ohonom am fentro allan.

Gweddi
Cynorthwya ni i ystyried, Arglwydd, pa bethau all ein troi ni yn fradychwyr
ac yn wadwyr. Os byddi di gyda ni yn ein nerthu, gallwn fod yn fwy na
choncwerwyr. Amen

Yr wythfed diwrnod - dydd cyntaf yr Wythnos

Tra roeddem ni'r dynion yn dal i guddio, aeth rhai o'r merched fu yn dilyn Iesu i eneinio ei gorff. Ni wyddent a fyddai modd i fynd i mewn i'r bedd. Ond nid oedd eisiau iddynt fecso, roedd y bedd yn agored - ac yn wag!

Daeth Mair Magdalen i ddweud wrthym ac fe ês i a Ioan i weld. Ioan gyrhaeddodd gyntaf ond tra roedd ef y sefyll wrth geg yr ogof rhuthrais i i fewn. Roedd y bedd yn wag a gwelais y gorchuddion a fyddai o amgylch y corff wedi eu plygu'n deidi. Ni wyddwn beth i feddwl ac aethom ein dau yn ôl i ddweud wrth y lleill.

Yn ddiweddarach daeth Mair Magdalen yn ôl, wedi cyffroi drwyddi. Erbyn hynny roedd nifer o gyfeillion Iesu wedi casglu yn yr Oruwch Ystafell ar ôl clywed si am fedd gwag. Adroddodd Mair ei stori hi wrthym. Roedd wedi dychwelyd i'r ardd i chwilio am gorff Iesu; drwy ei dagrau gwelodd un y tybiai mai'r garddwr ydoedd, a gofyn a wyddai beth oedd wedi digwydd i gorff Iesu. 'Mair!' meddai'r gŵr wrthi hi ac ar unwaith wrth glywed ei lais fe'i hadnabu. Iesu ei hun ydoedd.

Ni oedd wedi cyffroi nawr. Roeddem yn gorfoleddu, ac eto'n ansicr. A oedd Mair wedi gwneud camgymeriad? Efallai mai'r garddwr welodd hi. Ond pam oedd y bedd yn wag - a oeddem ni wedi mynd i'r bedd anghywir? Beth ddigwyddodd i'r corff? Os oedd Iesu'n fyw, pam na ddeuai atom ni? Cwestiynau fel rhain fu'n ein poeni wrth i'n cyfeillion ddod a mynd o'r Oruwch Ystafell.

Yn hwyr yn y nos dychwelodd dau a fu gyda ni yn y prynhawn. Roeddent wedi dychwelyd i'w cartref yn Emaus rhyw chwe milltir o Jerwsalem ac ar y ffordd wedi cwrdd â rhyw ddieithryn a sgwrsio ag ef. Gan ei bod hi'n hwyr roeddent wedi ei wahodd i rannu eu cartref am y nos. Derbyniodd y gwahoddiad. Nid oeddent wedi ei nabod ar y ffordd nac yng ngolau gwan y gannwyll ond wrth iddo dorri'r bara gwyddent pwy ydoedd. Roedd Iesu wedi gorchfygu angau; roedd yn fyw!

Gweddi

Arglwydd, gad inni fedru dweud gyda phobl Sychar, 'Nid trwy'r hyn a ddywedaist ti yr ydym yn credu mwyach, oherwydd yr ydym wedi ei glywed [a'i weld] drosom ein hunain, ac fe wyddom mai hwn yn wir yw gwaredwr y byd.' Amen   (Ioan 4:42)